D1677353

westermann

Autorinnen und Autoren
Claudia Christ
Waltraud Erndl
Christine Fischer
Jakob Pritscher
Angelika Schrader

Mit Beiträgen von
Ulrike Lohse

Forum

Wirtschaft und Recht

BAYERN REALSCHULE

8 II

Die Mediencodes enthalten zusätzliche Unterrichtsmaterialien, die der Verlag in eigener Verantwortung zur Verfügung stellt.

Zu diesem Schülerband ist lieferbar:
Forum 8 II Lehrerband, ISBN 978-3-14-116649-1

westermann GRUPPE

Druck A[2] / Jahr 2020
Alle Drucke der Serie A sind inhaltlich unverändert.

Redaktion: Dr. Shida Kiani
Illustrationen: Yaroslaw Schwarzstein, Hannover
Umschlaggestaltung/Layout: LIO Design GmbH, Braunschweig
Druck und Bindung: Westermann Druck GmbH, Braunschweig

ISBN 978-3-14-**116645**-3

Grundzüge des Wirtschaftens auf dem Gütermarkt

Verbraucherschutz und verantwortungsbewusstes Verbraucherverhalten

Der Jugendliche in unserer Rechtsordnung

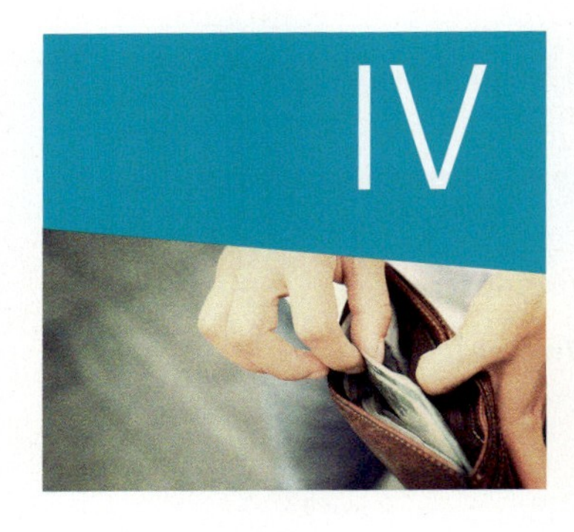

Privatrechtliche Regelungen

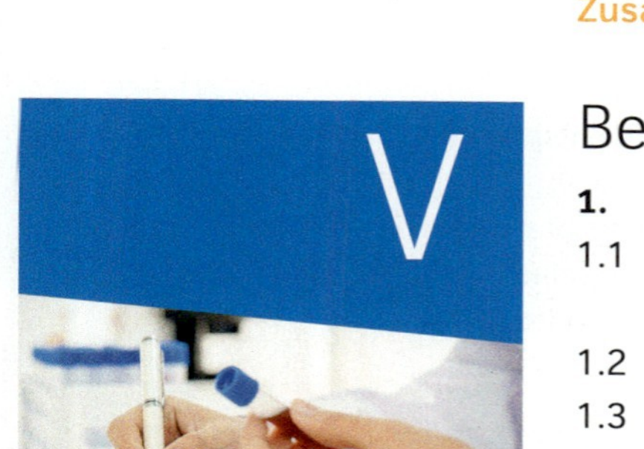

Berufliche Orientierung

Stühletausch

Vergleich und Vorstellung von Ideen, Materialien, Ergebnissen, gemeinsame Auswertung

1. Jeder Schüler löst die gestellte Aufgabe und legt sein Ergebnisblatt auf seinen Stuhl.
2. Nun sucht sich jeder Schüler einen anderen Stuhl und liest das dort ausgelegte Ergebnis. Dann notiert er eine Rückmeldung.
3. Jeder geht auf seinen Platz zurück und prüft die Rückmeldung zu seiner Lösung.
4. Gemeinsam wird in der Klasse ein auswertendes Gespräch geführt.

Placemat

Zusammenführen von individuellen Gedanken als Gesprächsanlass, um zu einem Gruppenprodukt zu kommen

1. Ein Blatt wird entsprechend der Anzahl an Diskutierenden in gleich große Felder aufgeteilt. In der Mitte bleibt ein Feld für die Ergebnisse frei. Jeder schreibt seine Ergebnisse zum Arbeitsauftrag in ein Außenfeld.
2. Diese Ergebnisse werden in der Gruppe besprochen.
3. In der Mitte wird anschließend das übereinstimmende Arbeitsergebnis notiert.
4. Die Gruppe stellt ihre Ergebnisse vor.

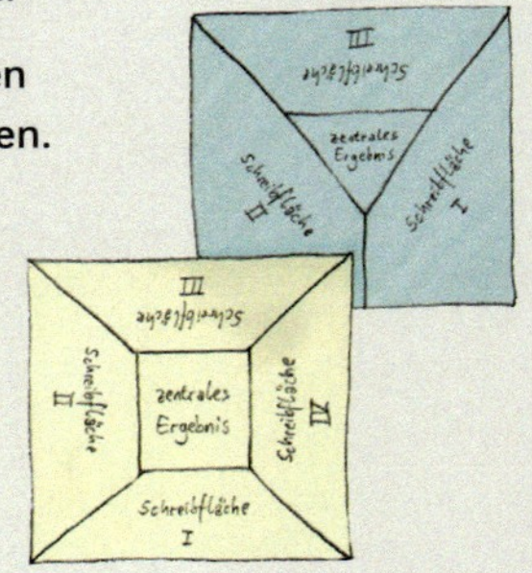

Graffiti

individuelles und kooperatives Lernen, Vorwissen oder bereits Gelerntes sammeln, strukturieren und visualisieren

1. Bildet so viele Gruppen, wie es Aufgaben gibt. Jede Gruppe erhält einen Arbeitsauftrag und einen Papierbogen.
2. Jede Gruppe beginnt mit ihrer Aufgabe. Jedes Gruppenmitglied schreibt seine Gedanken/Ideen zu der Aufgabe auf und achtet nicht darauf, was die anderen schreiben.
3. Nach einer gewissen Zeit wechselt ihr an einen anderen Gruppentisch und notiert dort eure Ideen. Ihr wechselt so lange die Tische, bis ihr wieder an dem eigenen ankommt.
4. Lest alle auf dem Bogen stehenden Ideen, ordnet sie, fasst die Ergebnisse zusammen und stellt sie der Klasse vor.

Fishbowl

Diskussionsform eines Themas in einer Kleingruppe, während eine Großgruppe zuhört und sich beteiligen kann

1. Die Arbeitsgruppe setzt sich in einen inneren Stuhlkreis und diskutiert ein Thema/Problem. Ein Stuhl bleibt für einen Gast frei.
2. Die übrigen Schüler sitzen in einem äußeren Stuhlkreis und hören zu. Die Gesprächsgruppe im Innenkreis stellt ihre Arbeitsergebnisse vor.
3. Die Zuhörer im Außenkreis können sich am Gespräch beteiligen. Wer mitdiskutieren möchte, setzt sich als Gast auf den freien Stuhl bei der Arbeitsgruppe und äußert seinen Beitrag. Danach verlässt er den Innenkreis und setzt sich wieder auf seinen ursprünglichen Platz.
4. Andere, die nicht mehr mitdiskutieren möchten, können aussteigen und sich ebenfalls in den Außenkreis setzen. Zum Abschluss erfolgt eine Reflexion des Gesagten.

Think-Pair-Share

kooperatives Lernen in einem 3-Schritt-System, Austausch von Ideen und Gedanken

1. Nachdenken:
   Denkt in Einzelarbeit über die Aufgabe nach, löst sie und macht euch Notizen.
2. Austauschen:
   Stellt eure Lösung dem Partner vor, lernt die Lösung des anderen kennen.
3. Stellt eurem Partner Fragen, tauscht euch aus und notiert ein gemeinsames Ergebnis.
4. Vorstellen:
   Stellt die gemeinsame Lösung in der Klasse vor, lernt weitere Lösungen kennen und vergleicht sie wieder mit der eigenen Lösung.

Kugellager

Vergleich und Vorstellungen von Ideen, Materialien, Meinungen, Hausaufgaben, Ergebnissen einer Einzelarbeit

1. Teilt euch in zwei Gruppen. Bildet dann einen inneren und einen äußeren Stuhlkreis. Jeweils ein Schüler aus dem Innenkreis und sein Gegenüber aus dem Außenkreis bilden Gesprächspartner.
2. Der Schüler aus dem Außenkreis stellt seine Fragen, der Schüler aus dem Innenkreis beantwortet sie.
3. Die Gesprächspartner wechseln, indem der Außenkreis sich einen Platz weiterbewegt. Jetzt stellt der Schüler aus dem Innenkreis seine Fragen und der Partner im Außenkreis beantwortet sie.
4. Der Platz- und Rollenwechsel wird zwei- bis dreimal wiederholt.

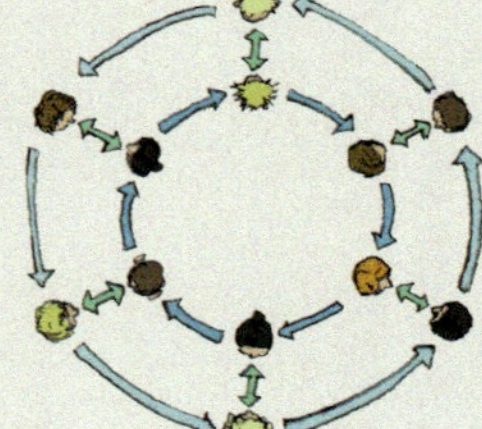

Partnervortrag

Vergleich und Vorstellung von Ideen, Materialien, Ergebnissen

1. Lest die Aufgabenstellung.
   Arbeitet in Einzelarbeit einen Vortrag aus.
2. Setzt euch mit eurem Partner zusammen und einigt euch, wer zuerst der Sprecher und wer der Zuhörer ist.
3. Der Zuhörer hört aufmerksam zu und wiederholt dann, was der Sprecher erzählt hat.
   Der Sprecher achtet darauf, ob sein Vortrag vollständig und richtig wiedergegeben wird.
4. Danach wechselt ihr die Rollen.

Galeriegang

Präsentation von Gruppenergebnissen

1. Bildet möglichst gleich große Gruppen.
2. Jede Gruppe bearbeitet ein anderes Thema.
3. Anschließend werden die Gruppen neu zusammengesetzt:
   Aus jeder alten Gruppe wechselt ein Experte in eine neue Gruppe.
4. Dort präsentiert der Experte die Arbeitsergebnisse und beantwortet Fragen.

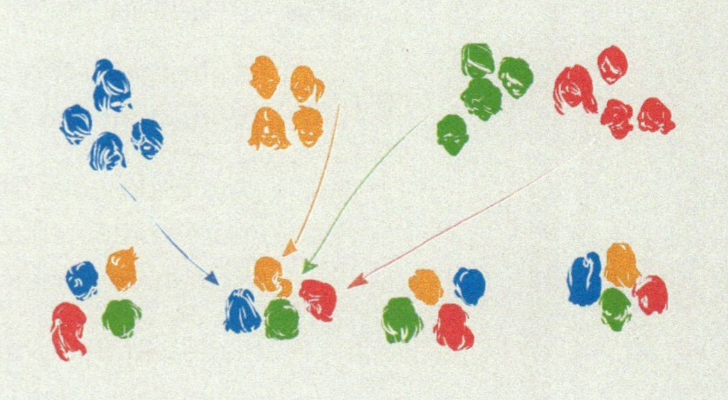

Liebe Schülerinnen und Schüler,

III Der Jugendliche in unserer Rechtsordnung

In diesem Kapitel lernst du ...

- Verhaltensregeln für dein eigenes Umfeld zu formulieren und sie auf unser Zusammenleben in der Gesellschaft zu übertragen.
- die Ordnungs- und Schutzfunktion des Rechts sowie die Unentbehrlichkeit einer Rechtsordnung zu erkennnen.
- die Rangordnung der Rechtsquellen zu charakterisieren.
- einfache Fallbeispiele den verschiedenen Rechtsgebieten zuzuordnen.
- die Notwendigkeit gesetzlicher Regelungen für verschiedene Altersstufen zu begründen und dabei einfache Rechtsfälle mithilfe von Gesetzestexten zu lösen.
- die Schutzbedürftigkeit von Kindern und Jugendlichen anhand von Beispielen zu konkretisieren

das Buch **„Forum"** wird euch in Zukunft durch das Fach Wirtschaft und Recht begleiten. Der Buchtitel stützt sich begrifflich auf den zentralen Marktplatz des historischen Römischen Reiches, das Forum Romanum. Hier wurde Politik gemacht, Handel getrieben und es wurden Gesetze erlassen. Nach diesem Vorbild entstand in vielen Städten ein Forum als **Mittelpunkt des wirtschaftlichen und öffentlichen Lebens.** Weil auch euer Buch wirtschaftliche, rechtliche und politische Fragen verbindet, trägt es diesen Namen.

Um euch die Arbeit mit dem Buch zu erleichtern, möchten wir euch die darin verwendeten Symbole kurz erläutern.

Jedes Großkapitel hat eine eigene Farbe und beginnt mit der **Auftaktseite**. Auf dieser erfahrt ihr, welche Kompetenzen und Inhalte ihr erlernen werdet.

Wir müssen **wirtschaften.**

In jedem Kapitel werden euch in den **Autorentexten** die wesentlichen Inhalte des jeweiligen Themas erklärt. Wichtige Begriffe sind fett hervorgehoben.

§ 1 BGB

Gesetzestexte sind an dem grauen Hintergrund zu erkennen.

M1

Anhand der **Materialien** mit Fallbeispielen, Bildern oder Grafiken erarbeitet ihr wirtschaftliche und rechtliche Fragestellungen. Soweit keine andere Quelle unter bzw. neben dem Material genannt ist, handelt es sich um Autorentexte.

AUFGABEN

Die **Aufgaben** leiten euch bei der Auswertung der Materialien sowie der erklärenden Autorentexte an.

Galeriegang

Für manche Aufgaben wird vorgeschlagen, sie in **Gruppenarbeit** zu bearbeiten. Die verschiedenen kooperativen Lernformen werden auf S. 6/7 erläutert.

Zu den Aufgaben mit dem **Glühlampensymbol** findet ihr Hilfestellungen im Anhang auf S. 211 bis 213.

INFO

In den **Infokästen** am Rand erhaltet ihr zusätzliche Informationen und Begriffserklärungen.

WEBCODE

Seht ihr dieses Symbol, könnt ihr kurze Erklärfilme zum jeweiligen Thema oder hilfreiche Links im Internet abrufen. Gebt dazu den **Webcode** unter der Adresse *www.westermann.de/webcode* ein.

Bei diesen Seiten/Aufgaben übt ihr den bewussten Umgang mit Medien ein.

Methode

Auf den **Methodenseiten** lernt ihr wichtige Methoden aus den Bereichen Wirtschaft und Recht kennen und wendet sie an einem Beispiel an.

Lernaufgabe

Am Ende jedes Großkapitels wird euch eine **Lernaufgabe** gestellt, bei der ihr eure Kompetenzen an einem ausführlichen Beispiel anwenden könnt. Dabei sollt ihr in Einzel- und Gruppenarbeit möglichst selbstständig arbeiten.

Zusammenfassung

Jedes Großkapitel schließt mit einer **Zusammenfassung**. Sie erklärt noch einmal wichtige Fachbegriffe und stellt die Zusammenhänge grafisch dar.

I Grundzüge des Wirtschaftens auf dem Gütermarkt

In diesem Kapitel lernst du, ...

- deine eigenen Bedürfnisse zu überprüfen und diese der Bedürfnispyramide nach Maslow zuzuordnen.
- dein wirtschaftliches Handeln zu konkretisieren und das Minimal- und das Maximalprinzip anzuwenden.
- die wirtschaftliche Entwicklung von der Selbstversorgung bis zur Weltwirtschaft zu charakterisieren und dich mit der Globalisierung auseinanderzusetzen.
- die Kennzeichen eines Marktes darzustellen und den Marktmechanismus anzuwenden.
- unterschiedliche Marktformen zu bewerten.

1 Wirtschaften – was ist das?

1.1 Bedürfnisvielfalt versus Güterknappheit

M1 Wer ist besonders stark verschuldet?

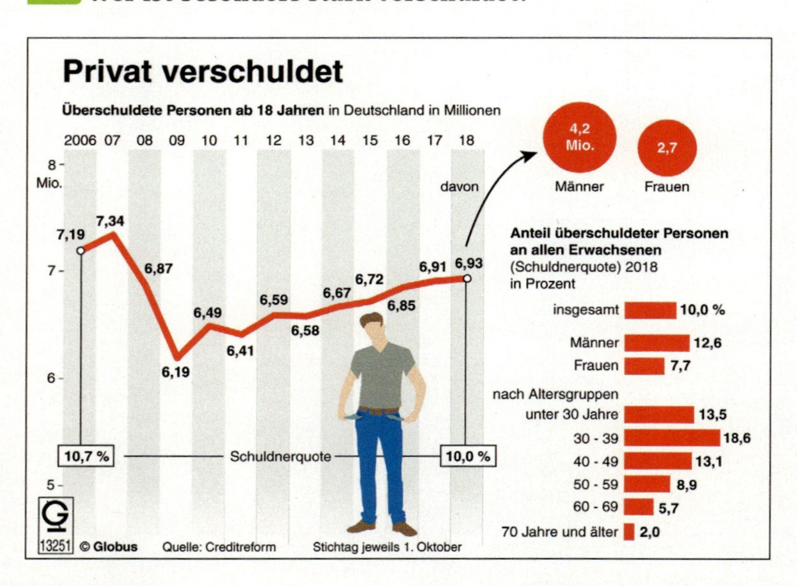

Verschuldung ist heute allgegenwärtig. Viele Menschen kaufen Waren und stellen danach fest, dass sie sich diese eigentlich nicht leisten können. Worauf ist dies zurückzuführen?

Jeder Mensch hat **Wünsche** und Vorstellungen, die er verwirklichen möchte. Jugendliche sparen oft auf das erste eigene Motorrad, auf den Führerschein und dann auf das Auto. Die Eltern möchten ein Eigenheim schaffen. Die Erfüllung dieser Wünsche ist stets mit Geld verbunden. Deshalb muss genau geplant werden, was in der Realität zum jeweiligen Zeitpunkt tatsächlich verwirklicht werden kann.

WEBCODE
WES-116645-111
Film: Einfach erklärt: Bedürfnisse

Hinzu kommt, dass es unendlich viele Wünsche gibt, die durch die Werbung noch zusätzlich gesteigert werden.

Anstelle von Wünschen spricht man in wirtschaftlichen Zusammenhängen von Bedürfnissen. Unter einem **Bedürfnis** versteht man einen **vorherrschenden Mangel**, der möglichst beseitigt werden soll.

Welche Arten von Bedürfnissen gibt es?
Bedürfnisse können in drei Stufen eingeteilt werden:

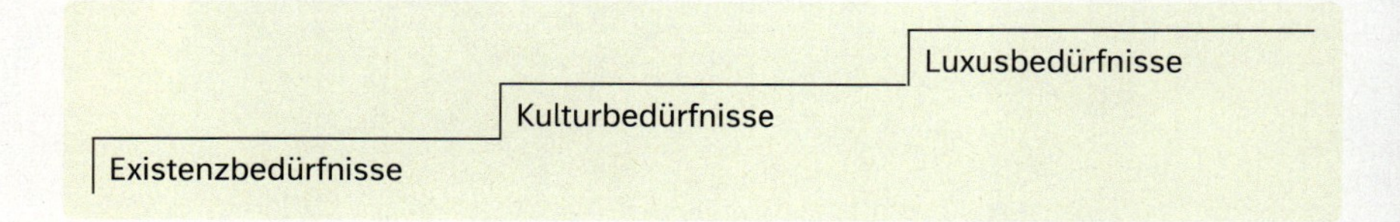

1. Zuerst gilt es, die grundlegenden Bedürfnisse (**Existenzbedürfnisse**) zu erfüllen: Essen, Trinken und Schlafen. Diese sind lebensnotwendig.
2. Danach können Bedürfnisse gestillt werden, die in unserer Gesellschaft/Kultur inzwischen zur Normalität geworden sind: Entspannung vor dem Fernseher, Kino und Sport. Auch Telefon, Autos, Computer und Reisen werden inzwischen als selbstverständlich erachtet (**Kulturbedürfnisse**).
3. Darüber hinaus gibt es Bedürfnisse, die entbehrlich erscheinen: exklusive Sportwagen, Schmuck, Luxusappartements oder teurer Wein (**Luxusbedürfnisse**).

1943 stellte der Psychologe **Abraham Maslow** allerdings fest, dass es noch weitere Bedürfnisse gibt, die nicht mit Geld erfüllt werden können (**immaterielle Bedürfnisse**). Im Gegensatz dazu können **materielle Bedürfnisse**, wie z. B. nach Tablets, Sportausrüstungen oder Autos, mit Geld gestillt werden. Alle Bedürfnisse haben je nach Individuum eine unterschiedliche Gewichtung. Deshalb hat Maslow sie mithilfe einer Pyramide dargestellt.

M2 Die Bedürfnispyramide nach Abraham Maslow

M3 Beispiele für Bedürfnisse

Schlaf	Kontakte
Musik	Arbeitsplatz
Gerechtigkeit	Wohnung
Macht	Komplimente
Mitbestimmung	Altersvorsorge

Was versteht man unter „wirtschaften“?

Geld – Geld im Überfluss zu haben, wie Dagobert Duck, das wäre der Traum vieler Menschen, um all ihre unbegrenzten Bedürfnisse zu erfüllen. Aber jeder von uns kommt nach einem kurzen Blick in den Geldbeutel schnell wieder in der Realität an. Geld im Überfluss – Fehlanzeige! Es gilt, mit den vorhandenen Mitteln zurechtzukommen: Wir müssen **wirtschaften**.

AUFGABEN

1. *Stühletausch:* Erkläre folgenden Ausspruch des Dichters Wilhelm Busch: „Ein jeder Wunsch, wenn er erfüllt, kriegt augenblicklich Junge.“
2. a) Beschreibe, welche Altersgruppe am meisten verschuldet ist (M1).
   b) Begründe, warum sich mehr Männer als Frauen privat verschulden (M1).
3. Ordne die Beispiele (M3) der Bedürfnispyramide nach Maslow (M2) zu.
4. Erstellt eure eigene Bedürfnispyramide (M2):
   - Schreibt vier Wünsche auf jeweils eine Karte.
   - Befestigt die Karten an der Tafel.
   - Ordnet eure Wünsche und heftet Doppelnennungen übereinander, sodass man sieht, wie oft diese genannt werden.
   - Versucht, eine gemeinsame Rangfolge aufzustellen.
5. Vergleicht eure Rangfolge mit der Maslow-Pyramide (M2) und reflektiert, welche Probleme sich dabei ergeben.

Wozu führt eine Güterknappheit?

Engpass bei Speicherchips: Smartphone-Anbieter reduzieren Produktion

Silicon Valley. Aufgrund eines Brandes in der größten Produktionsstätte für Speicherchips kann die Firma Ei-Chip vorhandene Aufträge nicht mehr erfüllen. Es wird Jahre dauern, bis alles wieder entsprechend aufgebaut ist.
Die großen Abnehmer sind gezwungen, ihre eigene Produktion zu drosseln. Inzwischen existiert auf dem Weltmarkt ein enormer Engpass. Der Preis der Speicherchips steigt ständig weiter. Das hat dazu geführt, dass sich bis jetzt ein Smartphone bereits um ca. 50 % verteuert hat. Leidtragende sind wieder einmal die Konsumenten.

Der Zeitungsartikel verweist auf ein normales wirtschaftliches Geschehen:

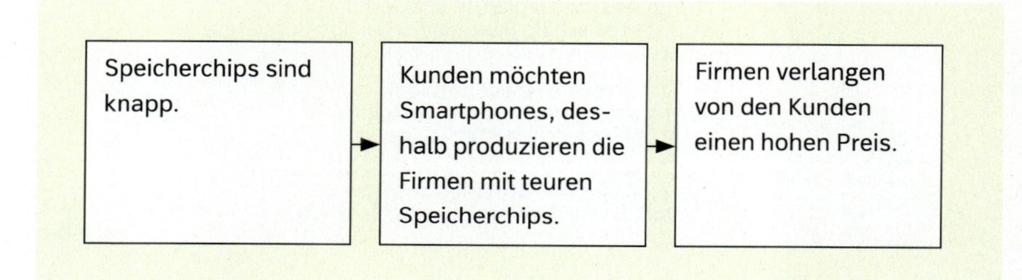

Knappheit führt dazu, dass der Preis für das knappe Gut ansteigt. **Güter** sind im wirtschaftlichen Sinne die Gesamtheit aller **Mittel**, die dazu dienen, ein **Bedürfnis zu befriedigen**. Sie können wie folgt eingeteilt werden:

Einteilung von Gütern

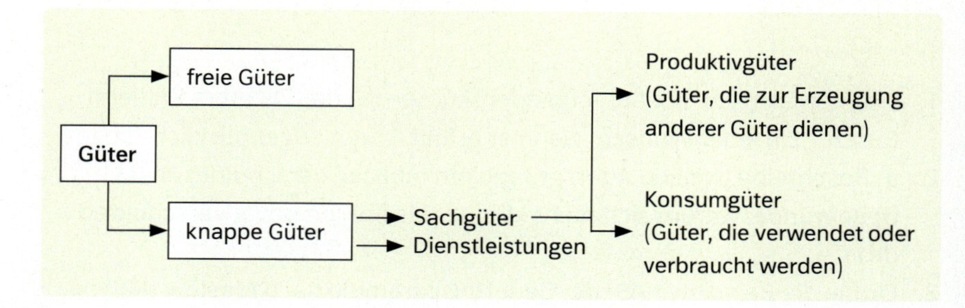

Allerdings sind heutzutage die sogenannten **freien Güter**, die auf der Erde kostenlos zur Verfügung stehen, vom Menschen bedroht. Wir alle zerstören unsere Umwelt durch Müll, verpesten die Luft durch Abgase und verseuchen den Boden durch Schadstoffe. Dies kann früher oder später dazu führen, dass etwa das freie Gut „reines, klares Wasser" zu einem **knappen Gut** wird. Betriebe verkaufen schon längst das freie Gut Wasser an uns alle: Der Verkaufsschlager Mineralwasser existiert bereits seit 1821 in Deutschland.

M4 Was ist was?

a) Dienstleistungen	b) Produktivgut	c) freies Gut	d) Konsumgut (Gebrauchs-/ Verbrauchsgut)

AUFGABEN

1. Ordne die einzelnen Güter in M4 den Güterarten von a) bis d) korrekt zu.
2. *Placemat:* Nenne weitere Beispiele für die Güterarten in M4 a) bis d).
3. Erläutere, was man unter einem Produktivgut versteht.
4. Nenne weitere Beispiele dafür, wie aus einem freien Gut ein knappes Gut werden kann.
5. Beurteile die Aussage: „Knappheit ist der Anfang allen Wirtschaftens.“

1.2 Das ökonomische Prinzip

M1 Was will ich? Entscheidungen gehören zum Leben!

Antonia, 13 Jahre, trifft sich heute mit ihren Klassenkameraden Michael, Raphael und Ayca in der Stadt. Sie planen, ins Kino (10 Euro) und dann zum Eisessen (8 Euro) zu gehen. Dafür hat Antonia von ihrer Mutter insgesamt 20 Euro bekommen. In der Stadt sieht Ayca in einem Geschäft eine tolle Hose, die auf 15 Euro reduziert ist. Ayca passt leider nicht hinein, aber Antonia sieht darin einfach traumhaft aus. Sie überlegt und grübelt: 15 Euro. Soll ich tatsächlich die 15 Euro dafür ausgeben? Dann kann ich nicht mehr mit ins Kino gehen. Antonia muss sich entscheiden. Was ist mir wichtiger? Welches Bedürfnis steht im Vordergrund? Alles zu haben ist nicht möglich.

Wie funktioniert wirtschaftliches Handeln?

Durch Antonias Beispiel ist klar: Das Geld, das zur Verfügung steht, reicht in der Regel nicht aus, um alles einkaufen zu können, was man sich wünscht. Häufig besteht ein Widerspruch zwischen den **Bedürfnissen (Wünschen)** und den **finanziellen Mitteln** (Geld).

Bedürfnisse
(Wünsche)

finanzielle Mittel
(Geld)

Mit seinem Geld möchte jeder von uns möglichst sorgfältig umgehen und es **effektiv** (wirkungsvoll) einsetzen. Daher ist es wichtig, immer den Mitteleinsatz und das Ergebnis miteinander zu vergleichen. Als Hilfe für einen bewussten Umgang mit den vorhandenen Mitteln kann das **ökonomische Prinzip** (Prinzip der Wirtschaftlichkeit) dienen. Dieses kann auf zwei Arten verwirklicht werden:

1. Minimalprinzip (Sparsamkeitsprinzip)

Antonia möchte das angesagte Smartphone der Firma TalkSmart kaufen. Sie vergleicht Angebote und recherchiert im Internet nach dem günstigsten Preis.

Antonia weiß in unserem Beispiel ganz genau, was sie will. Das Ergebnis ihres Wunsches ist festgelegt: Es muss das Smartphone der Firma TalkSmart sein. Ein anderes kommt nicht infrage. Nur der Weg dorthin ist ihr freigestellt. Selbstverständlich wird sie genau überlegen, wo sie es kauft, und auf den Preis achten.

Ergebnis vorgegeben: bestimmtes Smartphone → Minimierung der Kosten: möglichst wenig Geld ausgeben

Beim Minimalprinzip ist das Ergebnis stets vorgegeben, aber der Weg dazu (Mitteleinsatz) ist freigestellt. Jeder wird aber versuchen, das Ergebnis mit einem minimalen Mitteleinsatz zu verwirklichen. Deshalb heißt das Prinzip Minimal- oder Sparsamkeitsprinzip.

2. Maximalprinzip (Ergiebigkeitsprinzip)
Antonia erhält von ihrer Oma zum Geburtstag 50 Euro. Sie erstellt eine Liste ihrer Wünsche, startet im Internet einen Preisvergleich und überlegt genau, was sie nun mit den 50 Euro verwirklichen kann.

Antonia kann mit dem Geld kaufen, was sie möchte. Deshalb muss sie überlegen, was sie sich genau wünscht und was sie sich leisten kann. In diesem Fall ist ihr Mitteleinsatz (Geld) bekannt, aber es ist nicht sicher, was sie sich dafür kauft. Sie wird aber versuchen, ihren Nutzen zu maximieren (Maximalprinzip).

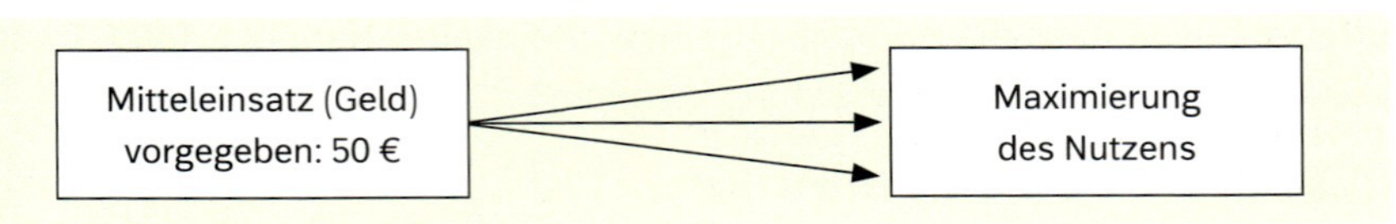

M2 Minimal- oder Maximalprinzip?

a) Der 2-Liter-Tank eines Motorrads ist voll. Es soll möglichst weit damit gefahren werden.
b) Ein Roller soll für 50 km möglichst wenig Sprit verbrauchen.
c) Frau Winter gibt ihrer Tochter Annette 60 Euro für den Einkauf zu ihrer Geburtstagsparty.
d) Tai möchte sich den neuen Drucker der Firma Planet Druck kaufen. Er recherchiert im Internet.
e) Emil geht mit einem Einkaufszettel einkaufen.

AUFGABEN

1. Beschreibe das Dilemma, in dem Antonia steckt (M1).
2. Diskutiert zu zweit, wie ihr an Antonias Stelle entscheiden würdet (M1).
3. a) Schreibe für eine Woche (Mo. – Fr.) auf, wie viel Geld du zur Verfügung hast und was du dir dafür gekauft hast.
   b) Überprüft zu zweit, ob eure Ausgaben aus Aufgabe 3a sinnvoll waren.
4. Erkläre die zwei Formen des ökonomischen Prinzips in eigenen Worten.
5. Fasse das ökonomische Prinzip in einer Mindmap zusammen.
6. Ordne die Fälle in M2 begründet dem Minimal- oder Maximalprinzip zu.
7. Du möchtest mit deinem Taschengeld eine Hose kaufen. Schildere, wie du nach dem a) Minimalprinzip und b) Maximalprinzip vorgehen würdest.
8. Beurteile, nach welchem Prinzip ein Unternehmer handelt, der seinen Standort ins Ausland verlagert.

2 Von der Selbstversorgung zur Weltwirtschaft

2.1 Die Entwicklung des Wirtschaftens

WEBCODE

WES-116645-121
Film: Einfach erklärt: Geld

WES-116645-122
Film: Einfach erklärt: Globalisierung

Betrachtet man z. B. im Supermarkt die Produktionsländer der Waren, ist offensichtlich, dass ein europäischer bzw. weltweiter Handel erfolgt. Doch wie konnte es zu dieser Entwicklung kommen?

M1 Werdegang der Landwirtschaft

In der Steinzeit arbeitete die ganze Familie zusammen: Der Mann war für den Hausbau und für die Jagd zuständig. Die Frau sammelte Beeren und Früchte und war für die Zubereitung des Essens verantwortlich. Jeder wurde nach seinem Leistungsvermögen eingesetzt. Man versorgte sich selbst und verteilte die anfallende Arbeit innerhalb der Familie (**Hauswirtschaft**).

Im Mittelalter entstanden im Bereich von Klöstern oder Burgen die ersten Städte. Durch die unterschiedlichen Fähigkeiten der Menschen entwickelten sich verschiedene Berufe, wie Töpfer, Metzger, Schuster oder Gerber. Diese Berufsgruppen waren vor allem in der Stadt anzutreffen, hatten allerdings oft noch ein eigenes Feld für ihren privaten Anbau. Falls nun ein Landwirt einen Topf benötigte, fuhr er in die Stadt und tauschte z. B. ein Schwein gegen einen Topf ein. Weil es jedoch nicht so einfach war, abzuschätzen, ob ein Schwein tatsächlich dem Wert eines Topfes entsprach, wurden Naturalien als Tauschmittel durch Geld ersetzt. Das Land stellte nun Lebensmittel für die Stadt her und verkaufte diese Produkte auf einem Markt in der Stadt gegen Geld (**Stadtwirtschaft**).

Dies war auch noch so zur Zeit des Deutschen Reiches. 1882 lebte immerhin noch fast jede zweite Familie von der Landwirtschaft. Die Arbeit war schwer. Pferde zogen Pflüge, die Felder wurden von Hand bestellt und im Anschluss wurde z. B. mithilfe der Sense geerntet. Pferde zogen die Ernte auf Holzwagen heim. Es wurde in erster Linie für den Eigenbedarf angebaut und nur ein kleiner Teil verkauft.

1950 waren noch 25 Prozent der Menschen in der Landwirtschaft beschäftigt. Dies änderte sich erst in den 1970er-Jahren, als effizientere Maschinen erfunden wurden und von den Landwirten auch finanziert werden konnten. Pferde wurden durch Traktoren ersetzt und der Funktionsumfang der landwirtschaftlichen Geräte wurde beständig ausgeweitet. Die Anzahl der Menschen, die in der Landwirtschaft arbeiteten, reduzierte sich laufend: Heute arbeitet nicht einmal mehr ein Prozent der Erwerbstätigen in der Landwirtschaft. Zudem kristallisierte sich heraus, dass aufgrund der unterschiedlichen Bodenverhältnisse nicht alle Gebiete in Deutschland für den Anbau bzw. für die Produktion der gleichen Produkte geeignet sind (**Volkswirtschaft**).

Nun produzierten die einen Gebiete Weizen, andere wiederum Obst. Diese Arbeitsteilung wurde durch die ständige internationale Zusammenarbeit auf die ganze Welt ausgedehnt. Deshalb kommt heutzutage Fleisch aus Südamerika zu uns, Soja und Weizen wird oft aus den USA geliefert. Der Konsument profitiert von dieser internationalen Zusammenarbeit und Konkurrenz (**Weltwirtschaft**).

Viele Unternehmen sind aufgrund der Digitalisierung und weltweiten Vernetzung längst international aktiv und wurden zu „Global Players". Es wird global eingekauft und der weltweite Markt wird bedient. Die **Globalisierung** ist fortgeschritten: Viele Unternehmen haben Standorte in verschiedenen Ländern, um sich Kostenvorteile zu sichern (Lohn, Auflagen, Umweltschutz) und um Kunden auf der ganzen Welt zu gewinnen. Zudem analysieren die Unternehmen genau, ob ein Standort profitabel ist. Falls nicht, wird der Standort geschlossen. Ziel dieses Vorgehens ist die Erhöhung des Betriebsgewinns.

AUFGABEN

1. Erstelle einen Zeitstrahl zu den Wirtschaftsstufen (M1). Gehe dabei genau auf die jeweilige Arbeitsteilung ein.
2. Recherchiere, wie hoch die Selbst- bzw. Fremdversorgung in deiner Familie vor 50 Jahren, vor 25 Jahren und jetzt war bzw. ist.
3. *Placemat*: Nenne jeweils drei Vor- und Nachteile der Arbeitsteilung.
4. Notiere nach dem nächsten Einkauf zu zehn Produkten, woher sie kommen. Tragt eure Ergebnisse auf einer Weltkarte ein.
5. Suche in deinem oder dem nächsten Ort den größten industriellen Arbeitgeber. Recherchiere,
   a) ob er noch weitere Standorte hat,
   b) was dort produziert wird,
   c) wie viele Arbeitskräfte an den einzelnen Standorten beschäftigt sind.

2.2 Globalisierung kontrovers

M1 Weltweite Aktivitäten der Unternehmen

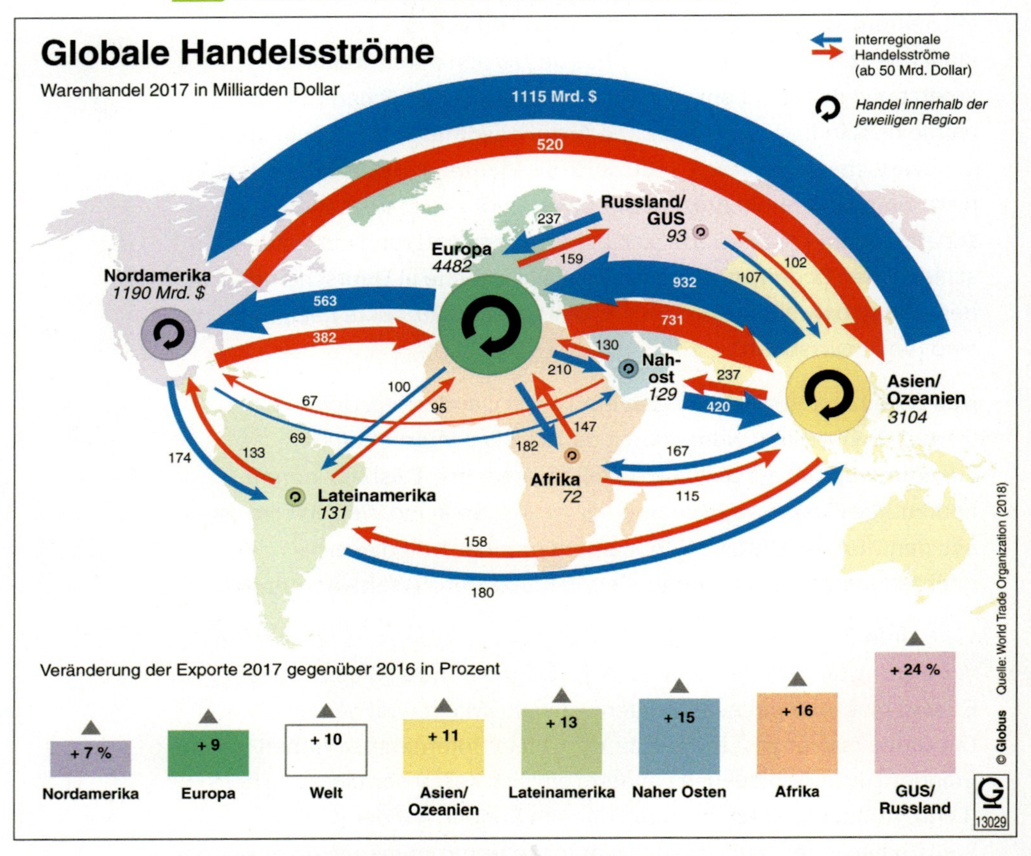

INFO

Globalisierung
weltweite Verzahnung in verschiedenen Bereichen, z. B. Wirtschaft, Politik, Kultur usw.

Der weltweite Handel boomt und jeder von uns trägt dazu bei. Wir essen gerne Erdbeeren im Winter, lieben ganzjährig Bananen, finden das neue Smartphone, das gerade in den USA oder China auf den Markt kommt, ebenfalls toll und kaufen weltweit im Internet ein. Es sind vielfältige **Handelsströme** durch diese **weltweite Verflechtung** (**Globalisierung**) entstanden. Dieser globale Handel wird heutzutage aber oft kontrovers diskutiert:

Das globale Huhn:
Europa entsorgt schwer verkäufliches Hühnerfleisch in Afrika zu Spottpreisen. Afrikanische Bauern ruiniert.

Eine deutsche Krabbe – weit gereist:
in Deutschland gefangen, in Marokko gepult, in Deutschland verkauft.

Arbeitsplätze in Industrieländern zu teuer. Produktion in Billiglohnländern verlagert.

Arbeitsplätze in Indien durch Globalisierung gesichert.

Gerade wir Konsumenten profitieren von dieser Entwicklung und der weltweiten Konkurrenz. Die **Preise** reduzieren sich, weil die Unternehmen durch die (Teil-)Produktion im Ausland **Kostenvorteile** nutzen. Allerdings dürfen die negativen Aspekte, wie die **Umweltbelastung** durch den enormen Weg oder die teils unwürdigen Arbeitsbedingungen, nicht außer Acht gelassen werden.

M2 Der globale Weg einer Jeans

Bis wir eine „Nicht-Ökojeans“ im Laden kaufen können, hat diese bereits eine enorme Strecke zurückgelegt: bis zu 60 000 km.

Die Baumwolle wird u. a. in Kasachstan unter Verwendung enormer Mengen von Wasser angebaut. Um die Knospe vor Schädlingen zu schützen, werden zudem viele Pestizide eingesetzt. Nach der Ernte wird die Baumwolle in die Türkei geliefert und dort zu Wolle gesponnen. Die Wolle wird anschließend nach China zum Färben verfrachtet. In Polen wird aus der gefärbten Wolle Stoff hergestellt, um dann in Bangladesch zu einer Jeans verarbeitet zu werden. Die nötigen Knöpfe kommen meist aus Italien und das Innenfutter aus der Schweiz.

Um die Jeans zu veredeln, wird diese wieder nach China geflogen. Dort wird sie – wenn nötig – gebleicht oder sie wird sandgestrahlt. Das Sandstrahlen ist äußert kritisch, denn der feine Staub, der dabei entsteht, wird eingeatmet und schädigt die Atemwege. Es kommt zur sogenannten Staublunge. Diese ist unheilbar und verläuft in der Regel tödlich. Deshalb verzichten viele Unternehmen darauf. Allerdings wird dieses Verfahren immer noch in China oder Bangladesch angeboten. Die Nachfrage muss somit noch teilweise vorhanden sein.

Über Belgien oder die Niederlande kommt die Ware vom Großhändler zu den deutschen Einzelhändlern und zu den Konsumenten. Nach ihrer Nutzung wird die Jeans über die Altkleidersammlung noch in Afrika genutzt oder entsorgt.

Text und Tabelle nach: Mirja-Stefanie Schweigert, Die Weltreise einer Jeans (Arbeitsblatt), in: www.schule-bw.de/faecher-und-schularten/gesellschaftswissenschaftliche-und-philosophische-faecher/gemeinschaftskunde/materialien-und-medien/globalisierung/weltreise-einer-jeans (Zugriff: 29.1.2019) (verändert gemäß der Grafik Globale Warenketten (am Beispiel Jeans), siehe Webcode)

Von einer Jeans, die für 50 Euro bei uns verkauft wird, erhalten:		
50 %	25,00 €	Einzelhandel, Verwaltung, Mehrwertsteuer
25 %	12,50 €	Markenname, Verwaltung, Werbung
13 %	6,50 €	Material, Gewinn der Fabrik im Billiglohnland
11 %	5,50 €	Transport, Steuern, Import
1 %	0,50 €	Lohn der Arbeiterin im Billiglohnland

WEBCODE

WES-116645-123
Grafik: Globale Warenketten (am Beispiel Jeans)

AUFGABEN

1. Nenne drei Waren, die eine lange Reise haben, bevor sie bei uns in Deutschland verkauft werden.
2. Stelle in einer Tabelle Vor- und Nachteile der Globalisierung gegenüber.
3. Werte die Infografik M1 aus (*Methode* auf S. 184) und beschreibe, in welche Gebiete Europa exportiert bzw. importiert.
4. Beurteile die Veränderung der Exporte von Afrika (M1) sowie die daraus resultierenden wirtschaftlichen Folgen für die dort lebenden Menschen.
5. Beschreibe den Weg einer Jeans (M2).
6. Erläutere die positiven Effekte des Beispiels der Jeans (M2) für Unternehmen und Verbraucher.
7. *Fishbowl*: Bewertet die Aufteilung des Verkaufspreises (Tabelle in M2).

INFO

exportieren
Waren ausführen

importieren
Waren einführen

3 Kennzeichen des Marktes

Angebot und Nachfrage – unterschiedliche Interessen?

M1 Interessenslagen – eine Zeitung berichtet

Rekordernte in Bayern

München. Optimale Temperaturen und genügend Niederschlag haben dazu geführt, dass die diesjährige Qualität der Kartoffeln optimal ist und die Landwirte eine Rekordernte einbringen können. Um die Lage der Bauern und der Verbraucher richtig einschätzen zu können, möchten wir zwei Betroffenen Gehör verschaffen:

Landwirt Meier, den wir interviewen konnten, sieht die Rekordernte kritisch: Hat er sonst für 1 Kilo Kartoffeln 2,00 Euro erhalten, so kann er jetzt wahrscheinlich nur mit 1,20 Euro rechnen. Hinzu kommt, dass die Kosten für den Anbau aufgrund der höheren Benzinpreise gestiegen sind. An das Zusatzangebot, das aus dem europäischen Ausland kommen wird, möchte er gar nicht denken. Es wird für ihn immer schwerer, seine Produkte zu verkaufen. Um den Preis nicht komplett kaputt zu machen, hat er beschlossen, einen Teil seiner Ernte an die Schweine zu verfüttern bzw. als Brennstoff in der Biogasanlage zu nutzen. Landwirt Meier meint: „Wenn ich das nicht mache, gehe ich pleite", und hofft, dass andere Anbieter ähnlich reagieren werden.

Frau Horneber ist von dem Verhalten der Landwirte entsetzt. Endlich können eine gute Ernte eingefahren und viele Konsumenten damit versorgt werden. Durch das große Angebot an Kartoffeln (egal ob aus Deutschland oder aus dem Ausland) können die Kartoffeln günstig erworben werden. Dadurch muss weniger Geld vom Einkommen für Kartoffeln ausgegeben werden und es können andere Dinge angeschafft werden. Die Nachfrage nach Kartoffeln wird doch sicherlich steigen, wenn die Kartoffeln nur 1,00 Euro bis 1,20 Euro pro Kilogramm kosten. Sie hofft, dass dadurch die Preise für Kartoffeln zukünftig geringer sind.

Herr Meier und Frau Horneber sehen die Rekordkartoffelernte aus einer unterschiedlichen Sichtweise:

a) Herrn Meier, der die Kartoffeln anbaut, erntet und verkaufen möchte (**Verkäufer bzw. Anbieter**), ist es wichtig, einen angemessenen Preis zu erzielen. Er bezieht durch den Verkauf sein Einkommen. Er muss das Saatgut, den Dünger und die Produktionskosten für das nächste Jahr mit dem Gewinn finanzieren. Gelingt dies nicht, ist sein Betrieb gefährdet.

b) Frau Horneber möchte möglichst wenig Geld für Kartoffeln ausgeben (**Käufer bzw. Nachfrager**). Sie hat ein festes finanzielles Budget zur Verfügung und es ist für sie von Vorteil, wenn ein Produkt billiger wird, da sie dann weitere Produkte erwerben kann. Die Existenz eines Betriebes ist für sie nachrangig.

Somit haben **Verkäufer** und **Käufer** unterschiedliche **Interessen**.

Einflussfaktoren auf Angebot und Nachfrage

Angebot	Nachfrage
• Preis	• Preis
• Herstellungskosten	• vorhandenes Einkommen
• Konkurrenz	• Bedürfnisse
• vorhandene Kapazitäten	• Preis anderer Güter
• Gewinnhöhe	• persönliche Einstellung

Es zeigt sich, dass die **Anbieter** für ihre Produkte einen möglichst **hohen Preis** erhalten möchten, damit ihre Herstellungskosten gedeckt sind und sie noch einen Gewinn erzielen. Dadurch schaffen sie sich ein Polster für schlechte Zeiten. So sind sie auch gegenüber der Konkurrenz gewappnet. Eine wichtige Rolle spielt somit auch die Anzahl der Konkurrenten (siehe dazu S. 29–31).

Für die **Nachfrager** ist oft zuerst der Preis entscheidend. Sie hoffen auf einen **geringen Preis**. Dadurch können sie ihr vorhandenes Einkommen aus ihrer Sicht effektiver einsetzen und noch weitere Güter von derselben Geldmenge kaufen. Allerdings kann die persönliche Einstellung dazu führen, dass Regionalität, Qualität oder Service in den Vordergrund rücken und deshalb freiwillig mehr Geld für das Produkt gezahlt wird. Dies geschieht auch bei Einkäufen unter Zeitdruck oder aufgrund mangelnder Information (siehe dazu S. 28).

AUFGABEN

1. Erläutere, warum
   a) Landwirt Meier trotz Rekordernte befürchtet, dass er pleitegeht (M1).
   b) Frau Horneber die Rekordernte äußerst positiv sieht (M1).
2. Stelle die Pro- und Kontra-Argumente von Herrn Meier und Frau Horneber gegenüber.
3. *Partnervortrag:* Erkläre, was unter Angebot und Nachfrage verstanden wird.
4. Stelle die Faktoren, die Angebot und Nachfrage prägen, in einer Tabelle gegenüber.
5. Im Supermarkt kostet eine Wassermelone 1,79 Euro und im Bioladen 3,99 Euro. Herr Neureiter entscheidet sich für die teurere. Nenne zwei Gründe dafür und zwei dagegen.
6. Überprüfe deine Einkaufsgewohnheiten darauf, inwiefern der Preis für dich entscheidend ist. Begründe dies.

Ein Preis-Mengen-Diagramm erstellen

Herr Meier und Frau Horneber haben der Redaktion nach dem erfolgten Interview einen Überblick gegeben, wie viele Kartoffeln sie zu welchem Preis anbieten bzw. kaufen würden.

Für die Erstellung des Preis-Mengen-Diagramms werden die einzelnen Werte auf der x-Achse (Menge) und dann auf der y-Achse (Preis) einzeln eingetragen und schließlich miteinander verbunden.

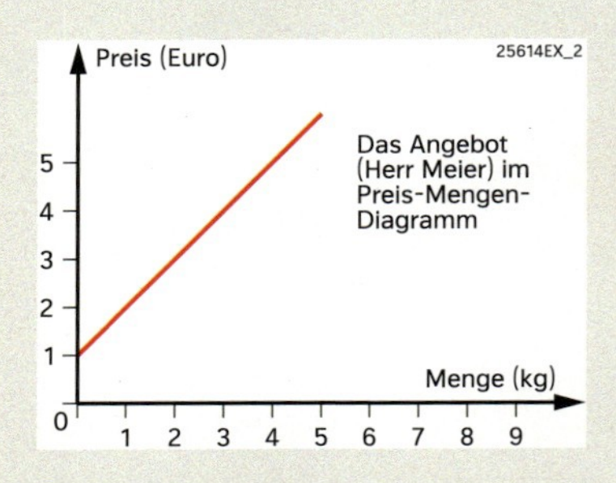

a) Herr Meier:

Menge in kg	0	1	2	3	4
Preis in €	1,00	2,00	3,00	4,00	5,00

Dies kann mittels eines Preis-Mengen-Diagramms dargestellt werden.

Es sind zwei Dinge ersichtlich:
- Herr Meier verkauft unter einem gewissen Preis gar keine Kartoffeln.
- Je höher der Preis ist, desto mehr Kartoffeln möchte er verkaufen.

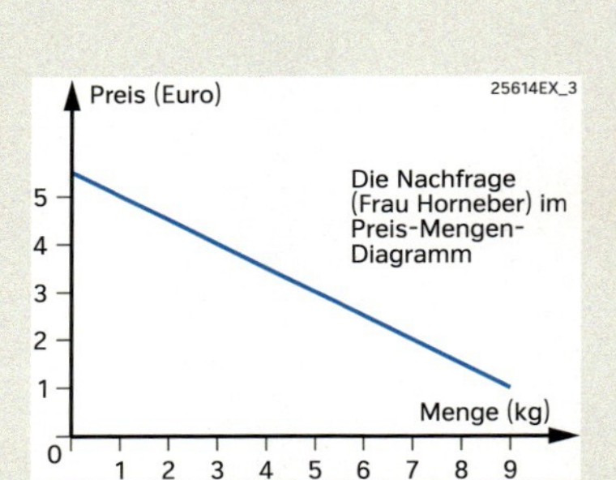

b) Frau Horneber:

Menge in kg	9	7	5	3	1
Preis in €	1,00	2,00	3,00	4,00	5,00

Dies kann ebenfalls im Preis-Mengen-Diagramm dargestellt werden.

Hier sind ebenfalls zwei Dinge erkennbar:
- Frau Horneber kauft weniger Kartoffeln, wenn sie teuer sind.
  Ab einem gewissen Preis würde sie überhaupt keine Kartoffeln mehr kaufen.
- Sind sie allerdings billig, so kauft Frau Horneber mehr Kartoffeln.

Markt: Treffpunkt zwischen Angebot und Nachfrage
Es kann folglich ein Zusammenhang zwischen der Menge und dem Preis sowohl im Nachfrage- als auch im Angebotsbereich festgestellt werden. Beide Gruppen treffen auf einem Markt, z. B. dem Wochenmarkt, zusammen.

Dieses Zusammentreffen kann auch anhand beider Diagramme dargestellt werden.

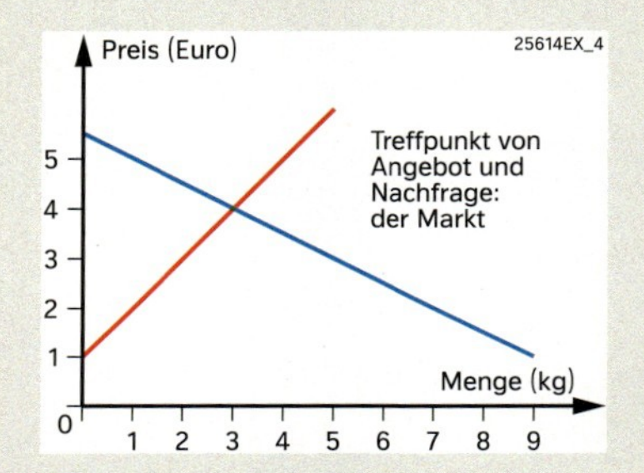

Gleichgewichtspreis und Gleichgewichtsmenge
Beim Zusammentreffen von Angebot und Nachfrage entsteht ein Schnittpunkt. An diesem Schnittpunkt möchte der Kunde genau die entsprechende Menge zu dem Preis kaufen und der Verkäufer genau die entsprechende Menge zu dem gleichen Preis verkaufen. An diesem Punkt sind beide Seiten zufrieden und es ist ein Gleichgewicht entstanden.

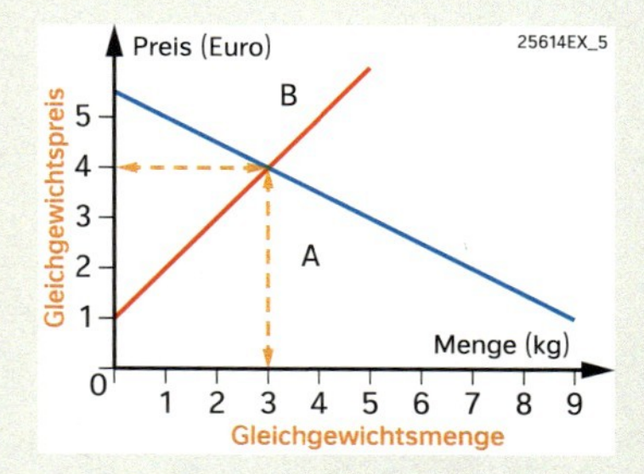

In diesem Gleichgewicht kann sowohl ein Preis (**Gleichgewichtspreis**) als auch eine Menge (**Gleichgewichtsmenge**) abgelesen werden. In unserem Fall wären dies 3 Kilogramm Kartoffeln und ein Preis von 4,00 Euro.

Für die Volkswirtschaft ist der **Gleichgewichtspreis** stets das Optimum. Denn die Anbieter können ihre Ware zu dem Preis vollständig verkaufen und alle Nachfrager, die zu diesem Preis einkaufen möchten, können dies tun. Es entsteht keine Lagerhaltung und die Wirtschaft läuft optimal.

Was passiert vor dem Erreichen des Gleichgewichtspreises und der Gleichgewichtsmenge (Bereich A)?
Im Bereich A liegt der Preis zwischen 1,00 Euro und 4,00 Euro. Frau Horneber möchte hier viel einkaufen (bei 1,00 Euro sogar 9 Kilogramm), aber dem Anbieter ist der Preis zu niedrig: Es herrscht ein **Nachfrageüberhang**. Der Anbieter lagert in dieser Situation lieber die Kartoffeln ein, als diese zu dem niedrigen Preis zu verkaufen. Das Angebot wird in dieser Situation vermindert.

Was passiert nach dem Erreichen des Gleichgewichtspreises und der Gleichgewichtsmenge (Bereich B)?
Im Bereich B liegt der Preis zwischen 4,00 Euro und 5,00 Euro. Der Anbieter Herr Meier ist bereit, für diesen hohen Preis eine große Menge anzubieten. Der Nachfragerin Frau Horneber hingegen ist der Preis zu hoch, sodass sie wenig nachfragt. Es besteht ein **Angebotsüberhang**.

Die bisher dargestellte **Preisbildung** ist allerdings nur **modellhaft**. Das bedeutet, dass sie auf diese Weise in der Praxis nicht stattfindet. Bisher sind wir davon ausgegangen, dass die Anbieter, die mehr als den Gleichgewichtspreis verlangen, nichts verkaufen. Ein Nachfrager, der weniger als den Gleichgewichtspreis bezahlen möchte, würde keine Kartoffeln erhalten. **In der Wirklichkeit** werden unterschiedliche Preise verlangt und auch bezahlt. Der Grund hierfür ist, dass es z. B. Verkäufer gibt, die froh sind, überhaupt etwas zu verkaufen und dadurch zumindest einen Teil ihrer Kosten decken können.

AUFGABEN

1. Beschreibe den Zusammenhang zwischen Menge und Preis sowohl von der Nachfrage- als auch von der Angebotsseite her.
2. *Stühletausch:* Erkläre, wie der Gleichgewichtspreis entsteht.
3. Charakterisiere die Situation bei
   a) Nachfrageüberhang (Bereich A) und
   b) Angebotsüberhang (Bereich B).
4. Es liegen dir folgende Werte der Angebots- und Nachfrageseite vor:

Angebotsmenge in kg	50	150	250	350	450
Nachfragemenge in kg	550	450	350	250	150
Preis in €	1,00	2,00	3,00	4,00	5,00

   Erstelle mit den vorgegebenen Werten ein Preis-Mengen-Diagramm und bestimme zeichnerisch Gleichgewichtspreis und -menge.

Arbeit mit Modellen I: das Marktmodell

Es ist schwer, die Wirklichkeit immer korrekt abzubilden. In der Geografie hat man deshalb früh mit Modellen gearbeitet: 1492 wurde von Martin Behaim der erste Globus gebaut: ein Modell der Erde. Mithilfe des Globus kann die Vorstellung von der Erde anschaulich gemacht werden, aber jedem ist klar, dass es sich nicht um das Original handelt. Oft ist es auch zu umfangreich, alle Einzelheiten abzubilden. In diesem Fall greift man zu **Modellen**.

Dies wird auch im Fach **Wirtschaft und Recht** praktiziert. Dort werden Denkmodelle eingesetzt, um komplexe wirtschaftliche Gegebenheiten darstellen zu können und sie damit greifbar zu machen. So hat sich z. B. das sogenannte **Marktmodell** entwickelt.

Grundannahmen im Modell des vollkommenen Marktes

Im Marktgeschehen gibt es viele unterschiedliche Situationen, die analysiert werden können. Um grundlegende Aussagen treffen zu können, müssen allerdings verschiedene **Annahmen** getroffen werden:

- Alle Beteiligten verfügen über **alle Informationen**: Sie kennen alle Waren und die jeweiligen Eigenschaften. Das Produktangebot ist für sie völlig transparent.
- Es existieren **keine persönlichen Vorlieben** (Präferenzen). Weder Freundschaften, Ortsnähe oder Zeitpunkt spielen eine Rolle.
- Die Produkte haben die **gleiche Qualität** und es gibt keine sachlichen oder räumlichen Unterschiede.
- Es besteht **vollkommene Konkurrenz**: Es gibt viele Anbieter und viele Nachfrager. Keiner beherrscht den Markt.

Wenn diese Annahmen gelten, dann bestimmen Angebot und Nachfrage selbstständig den Preis. Man nennt dies den **vollkommenen Markt**.

Generell gilt: Ist ein Produkt teuer, so wird wenig davon gekauft, bei einem niedrigen Preis dagegen viel.

Der Marktmechanismus im Überblick

Daraus kann man den sogenannten Marktmechanismus ableiten:

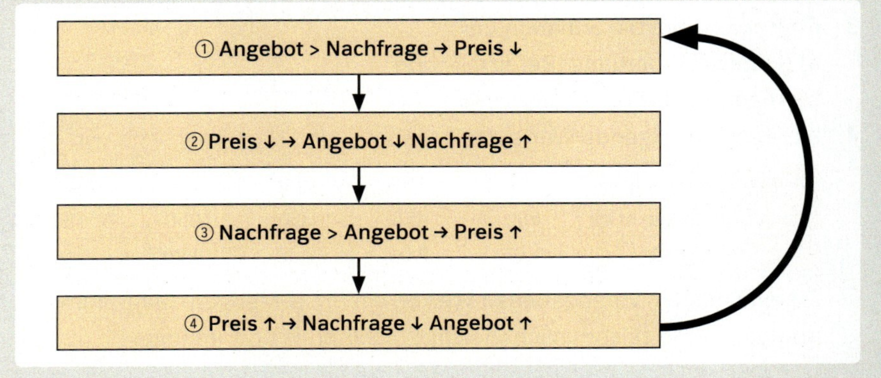

INFO

Lesehilfe:
Wenn mehr angeboten wird, als nachgefragt wird, und die Händler ihre Produkte verkaufen möchten, senken sie den Preis. (Angebot > Nachfrage → Preis ↓) Dadurch steigt der Anreiz bei den Käufern, das Produkt zu kaufen ...

Der Marktmechanismus konkret

M2 Spargelernte

Auf dem Münchner Viktualienmarkt wird im April Spargel angeboten. Es handelt sich um den ersten Spargel im Jahr. Dieser ist von der Kundschaft heiß begehrt. Deshalb verlangt der Verkäufer einen hohen Preis für die edlen Stangen.
Als er feststellt, dass ihm der Spargel ausgeht, lässt er sich noch schnell weiteren liefern. Er beschließt, mehr Geld für den Bund zu verlangen, da der Andrang so groß ist. Durch den höheren Preis und durch die Sättigung der Käuferschaft nimmt die Nachfrage ab. Der Verkäufer merkt, dass er nun kaum noch Spargel verkauft.
Kurz vor Schließung des Geschäfts dreht er wieder an der Preisschraube: Er möchte keinen Spargel mehr mit nach Hause nehmen und senkt den Preis. Daraufhin wird der Spargel schnell von der Kundschaft aufgekauft.

Mithilfe des Marktmodelles können somit schnell Situationen am Markt erfasst und ihre Folgen abgelesen werden.

AUFGABEN

1. *Think-Pair-Share:* Beschreibe, was man unter einem Modell versteht.
2. Erläutere, warum im Fach Wirtschaft und Recht Modelle eingesetzt werden.
3. Stelle die Annahmen des vollständigen Marktes in einem Schaubild dar.
4. Analysiere, welche Annahmen des vollkommenen Marktes in folgenden Beispielen angesprochen werden:
   a) Frau Reichelt kauft ihr Brot immer kurz vor 18 Uhr. Sie erhält es dann für 50 Prozent des ursprünglichen Preises.
   b) Aufgrund des regen Gesprächsaustauschs trinkt Herr Schwarz täglich seinen Cappuccino im Café „Xaver".
   c) Frau Balewa fährt immer zur billigsten Tankstelle. Es stört sie nicht, wenn sie im nächsten Ort ist.
   d) Herr Aumüller kauft seine Äpfel entweder im Supermarkt oder beim Nachbarn.
5. Überprüfe, ob die Grundannahmen des vollkommenen Marktes der Realität bzw. deinen Erfahrungen entsprechen.
6. Werte M2 aus und erkläre daran den sogenannten Marktmechanismus.
7. Nenne weitere Beispiele, an denen man den Marktmechanismus erkennen kann.
8. Leite mithilfe des Marktmechanismus die Folgen dieser Situation ab: Die ersten Kirschen sind auf dem Markt. Alle Kunden möchten welche haben.

WEBCODE

WES-116645-131
Film: Einfach erklärt:
Das Marktmodell

Arbeit mit Modellen II: der einfache Wirtschaftskreislauf

Seit der Entstehung der ersten Berufe im Mittelalter kam es dazu, dass Familien Arbeitskräfte beschäftigten. In der Landwirtschaft waren es früher Mägde und Knechte, die ihre Arbeitskraft dem Landwirt zur Verfügung stellten und dafür Kost und Logis (Unterbringung) erhielten.

Der Einsatz von Arbeitskräften hat sich heutzutage auf alle Wirtschaftsbereiche ausgedehnt: Betriebe (**Unternehmen**) stellen Produkte her und verkaufen sie. Für die Herstellung sind Arbeitskräfte nötig. Diese erhalten von den Unternehmen für ihre geleistete Arbeit Lohn bzw. Gehalt. Mit dem erzielten Entgelt (Lohn/Gehalt) bestreiten die sogenannten (**privaten**) **Haushalte** ihr Leben: Miete, Essen und sonstige Wünsche werden damit finanziert. Sie kaufen dabei wiederum Güter bei den Unternehmen ein, die somit mehr Güter produzieren können. So entsteht ein Kreislauf, der das wirtschaftliche Geschehen abbildet.

Deshalb wird er als **Wirtschaftskreislauf** bezeichnet. In unserem Beispiel wird nur die Beziehung zwischen den beiden **Sektoren Unternehmen** und **Haushalte** dargestellt und die Realität wird dadurch stark vereinfacht. Aus diesem Grund spricht man hier vom **einfachen Wirtschaftskreislauf**.

INFO

Unternehmen
alle Firmen, die Sachgüter oder Dienstleistungen gegen Entgelt herstellen

(private) Haushalte
Wirtschaftseinheit, die aus nur einer Person oder mehreren zusammenwohnenden Personen besteht

Sektor
Teil eines Ganzen

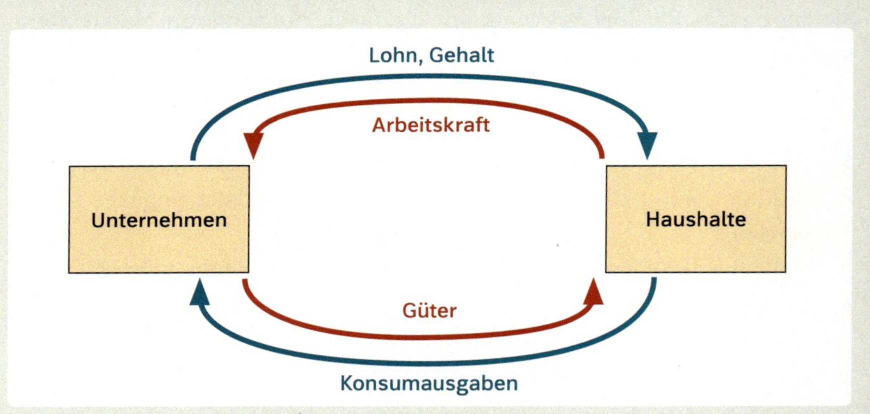

Der hier dargestellte Kreislauf besteht aus **zwei Strömen**:

Geldstrom: Hier finden sich das Einkommen (Lohn, Gehalt, **Zinsen, Pacht**) der privaten Haushalte und die Konsumausgaben, die die privaten Haushalte davon finanzieren.

Güterstrom: Die privaten Haushalte stellen den Unternehmen Arbeit, **Kapital** oder auch Boden zur Verfügung. Von den Unternehmen fließt ein Güterstrom zu den privaten Haushalten. Es handelt sich um die Waren und Dienstleistungen, die an die privaten Haushalte verkauft werden.

Anhand der Geld- und Güterströme wird klar, dass sowohl Unternehmen als auch Haushalte aufeinander angewiesen sind: Fragen die Haushalte weniger Produkte nach, so werden weniger produziert. Dafür werden allerdings auch weniger Arbeitskräfte benötigt.

INFO

Zinsen
Preis für das Überlassen von Geld, z. B. bei einem Kredit

Pacht
vertraglich vereinbartes Überlassen einer Sache zur Nutzung auf Zeit, z. B. eines Ackers

Kapital
hier: Geld für Investitionen

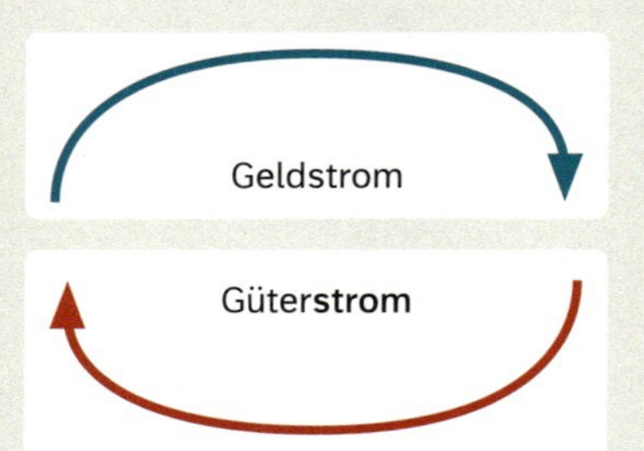

Unternehmen und Haushalte sind aufeinander angewiesen.

Generell bildet der Wirtschaftskreislauf das wirtschaftliche Geschehen **innerhalb eines bestimmten Zeitraumes in einer Volkswirtschaft** ab.

Da die wirtschaftlichen Abläufe in einer Volkswirtschaft sehr vielfältig und komplex sind, hat man beschlossen, im Modell des Wirtschaftskreislaufs nur noch den **Geldstrom** darzustellen, damit es nicht zu unübersichtlich wird. Die Güterströme werden also in der Regel im Kreislaufmodell weggelassen.

Im **einfachen Wirtschaftskreislauf** wird außerdem angenommen, dass die Haushalte ihr komplettes Einkommen wieder für Konsumgüter ausgeben. Dies entspricht natürlich nicht ganz der Realität, aber für das Verständnis des wirtschaftlichen Geschehens leistet der einfache Wirtschafskreislauf einen wertvollen Beitrag.

AUFGABEN

1. *Partnervortrag:* Erkläre das Modell des einfachen Wirtschaftskreislaufs.
2. Frau Müller arbeitet im Hotel Arena in Nürnberg. Sie erhält monatlich 1.200 Euro. Davon zahlt sie 700 Euro für Miete, 200 Euro für Essen, 200 Euro für Kleidung, 8 Euro für Kino und 92 Euro für Benzin. Erstelle mit diesen Werten ein Schaubild des einfachen Wirtschaftskreislaufs und vermerke die einzelnen Geldströme.
3. a) Betrachte den Wirtschaftskreislauf auf S. 26 und reflektiere, inwiefern er die Realität vereinfacht.
   b) Erkläre, warum im wirtschaftlichen Bereich nur der Geldstrom interessant ist.
4. *Galeriegang:* Folgere, was im Modell des einfachen Wirtschaftskreislaufs passiert, wenn
   a) die Arbeitnehmer eine Lohnerhöhung erhalten.
   b) die privaten Haushalte beschließen, weniger Güter einzukaufen.
   c) die Unternehmer weniger Produkte herstellen.
5. Überprüfe, ob in der Realität weitere Akteure/Sektoren am Wirtschaftskreislauf beteiligt sind. Beschreibe diese.

WEBCODE

WES-116645-132
Film: Einfach erklärt:
Der Wirtschaftskreislauf

4 Marktformen

4.1 Preisbildung in der Realität

M1 Nicht nur der Preis bestimmt die Nachfrage ...

Das Angebot und die Nachfrage steuern den Preis. Doch das Angebot und die Nachfrage werden nicht allein vom Preis beeinflusst, sondern von vielen verschiedenen Faktoren (siehe z. B. die Beispiele aus M1 sowie auch S. 21). Denn wir alle haben bestimmte **Vorlieben oder Standpunkte**, die uns beim Einkauf lenken. Solche Dinge spielen sowohl auf der Angebots- als auch auf der Nachfrageseite eine entscheidende Rolle:

- Sowohl Anbieter als auch Nachfrager haben **persönliche Gründe**, warum jemand ihr Geschäftspartner wird.
- Oft sind **örtliche Gegebenheiten** und die **Fahrzeit** entscheidend.
- Berufstätige Menschen sind häufig unter **Zeitdruck**. Sie stellen weniger Preisvergleiche an und kaufen schnell ein.
- Das **Angebot** ist für die Nachfrager **nicht immer transparent:** Sie kennen z. B. weder die Qualität noch alle Konkurrenzprodukte.

Außerdem ist es für die Entwicklung von Angebot und Nachfrage wichtig, ob es auf einem Markt nur **einen, wenige oder viele Anbieter oder Nachfrager** gibt, denn je nachdem können Preisanpassungen leichter durchgesetzt werden. Diese Situationen wirken tagtäglich auf uns ein.

AUFGABEN

1. Hinterfrage, welche Faktoren dich beim Einkaufen beeinflussen (M1).
2. Diskutiert eure Ergebnisse aus Aufgabe 1 und erstellt dazu eine Mindmap.

4.2 Verhalten der Marktteilnehmer

Das **Verhalten der Marktteilnehmer** wird davon geprägt, **wie viele Anbieter und Nachfrager es gibt**. Je nachdem, wie viele Marktteilnehmer beteiligt sind, werden **drei Marktformen** unterschieden.

WEBCODE

WES-116645-141
Film: Einfach erklärt:
Wettbewerb und Kartelle

Das Monopol

Fallbeispiel:

Wasserwerke lassen sich feuchtes Nass teuer bezahlen

München. Aufgrund der steigenden Verunreinigungen des Wassers mit Plastikpartikeln steigen die Kosten der Reinigung und Überprüfung des Wassers. Deshalb haben die Wasserwerke in ganz Bayern beschlossen, den Preis um 30 Prozent zu erhöhen. Wie immer sind die Leidtragenden die Verbraucher – sie können sich nicht wehren. Denn Wasser muss von den Wasserwerken abgenommen werden.

INFO

Monopol
(von lat.: monopolium bzw. griech.: monopolion = (Recht auf) Alleinverkauf) bezeichnet die marktbeherrschende Stellung nur eines (griech.: mónos) Anbieters oder Nachfragers, der daher die Preise diktieren kann.

Wie aus dem Beispiel hervorgeht, gibt es **nur einen Anbieter**. Die Verbraucher sind gezwungen, das Wasser abzunehmen, und müssen die vom Anbieter verlangten Preise bezahlen. Dies ist das Charakteristikum eines **Monopols**:

Bei einem **Monopol** gibt es für ein Produkt entweder **nur einen Anbieter** oder **nur einen Nachfrager** auf dem Markt. Deshalb unterscheidet man das **Angebots- und das Nachfragemonopol**.

a) Für jedes Unternehmen ist ein (**Angebots-)Monopol** ein Traum: Es kann einen beliebig hohen Preis verlangen und die Verbraucher sind gezwungen, diesen zu bezahlen. Konkurrenten, die den Preis unterbieten, gibt es nicht.

INFO

Wenn nur von einem „**Monopol**" gesprochen wird, ist in der Regel das **Angebotsmonopol** gemeint.

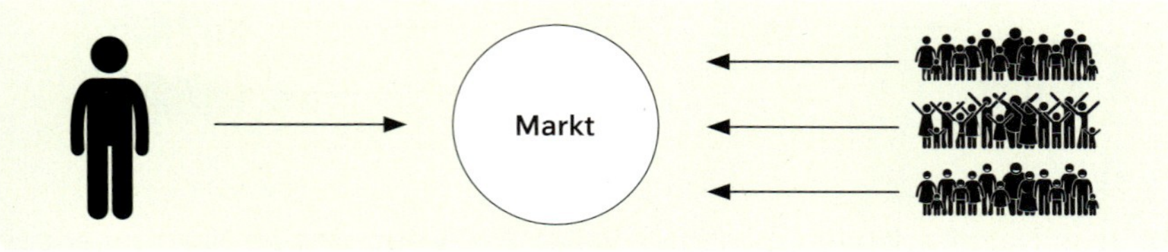

Die staatliche Politik ist bestrebt, dass es möglichst wenige Monopole gibt. Beim Wasser ist es dem Staat wichtig, dass es zentral überwacht wird. Deshalb existiert hier das Angebotsmonopol. Andere (große) Monopolstellungen wurden im Laufe der Jahre abgebaut: Die Deutsche Post hatte bis 2007 ebenfalls ein Angebotsmonopol im Bereich Briefverkehr. Selbstverständlich hat der einzige Metzger im Ort ebenfalls eine Monopolstellung inne. Allerdings kann es bei nicht lebensnotwendigen Gütern passieren, dass die Käufer auf das Produkt verzichten, wenn der Monopolist den Preis zu hoch ansetzt.

b) Beim **Nachfragemonopol** existieren mehrere Anbieter, die nur für einen Nachfrager produzieren. Der Nachfrager kann dann den Preis bestimmen. Ein Nachfragemonopol hat z. B. die Bundeswehr als Käufer von Panzern.

INFO

Von einem **Oligopol** spricht man, wenn der Markt von einigen wenigen (griech.: olígos = wenige) Anbietern oder Nachfragern beherrscht wird.

Das Oligopol

Fallbeispiel:

Jede Autofahrerin und jeder Autofahrer kennt es: Der Tank ist leer und es ist nötig, das Auto wieder vollzutanken. An der ersten Tankstelle kostet Super 1,60 Euro, an der zweiten Tankstelle 1,63 Euro und an der dritten Tankstelle 1,56 Euro. Da tanken wir und sind glücklich, den günstigsten Preis erwischt zu haben.

In diesem Fallbeispiel wird klar, dass es **ein paar wenige Anbieter** gibt, die alle das gleiche bzw. ein ähnliches Produkt verkaufen. Sie treffen auf **viele Nachfrager**, die im Großen und Ganzen auf das Produkt angewiesen sind. Diese Konstellation „wenige – viele" wird als **Oligopol** bezeichnet.

Auch hier wird zwischen einem **Angebots-** und einem **Nachfrageoligopol** unterschieden.

a) Beim **Angebotsoligopol** stehen wenigen Anbietern viele Nachfrager gegenüber. Typische Beispiele sind die Autohersteller oder die Hersteller von Benzin.

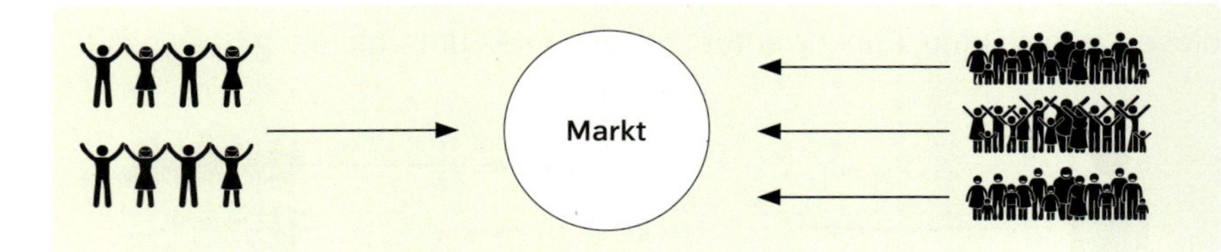

b) Beim **Nachfrageoligopol** stehen vielen Anbietern wenige Nachfrager gegenüber. Ein typisches Beispiel sind die vielen Landwirte, die ihre Milch an die wenigen Molkereien verkaufen.

Beim **Angebotsoligopol** besteht eine gewisse Abhängigkeit der Anbieter voneinander. Dies wird an den Tankstellen deutlich: Erhöht ein Anbieter den Preis, dann rücken die anderen entsprechend nach. Ebenso ist es bei einer Preissenkung.

Im Extremfall kann es zu einem gewaltigen **Preiskampf** kommen, falls ein Anbieter einen Konkurrenten ausschalten will oder die alleinige Marktherrschaft erreichen möchte. Daneben gibt es auch eine andere Möglichkeit: **Preisabsprachen** zwischen den Anbietern. Diese sind allerdings nach dem **Gesetz gegen Wettbewerbsbeschränkungen** verboten.

§ 1 Gesetz gegen Wettbewerbsbeschränkungen

Vereinbarungen zwischen Unternehmen, Beschlüsse von Unternehmensvereinigungen und aufeinander abgestimmte Verhaltensweisen, die eine Verhinderung, Einschränkung oder Verfälschung des Wettbewerbs bezwecken oder bewirken, sind verboten.

Das Polypol

Fallbeispiel:

Alice möchte für einen leckeren Apfelkuchen 1 kg Äpfel auf dem Wochenmarkt kaufen. Es gibt dort viele Anbieter, die alle Äpfel der Güteklasse A verkaufen. Deshalb beschließt sie, Preise zu vergleichen. Die Äpfel kosten bei Anbieter A 2,20 Euro, bei Anbieter B 1,90 Euro und bei Anbieter C 1,95 Euro.

Wenn auf einem Markt **viele Anbieter auf viele Nachfrager** treffen, spricht man von einem **Polypol**. Es gibt viele Konkurrenten auf beiden Seiten (**vollständige Konkurrenz**), sodass keiner den Markt beherrscht.

Wenn nun Anbieter A aus unserem Fallbeispiel seine Preisvorstellung nicht senkt, wird er keinen Umsatz machen. Denn die Kunden werden zu Anbieter B wechseln. Anbieter B kann es aber passieren, dass alle Nachfrager zu ihm kommen und seine Äpfel in kürzester Zeit ausverkauft sind.

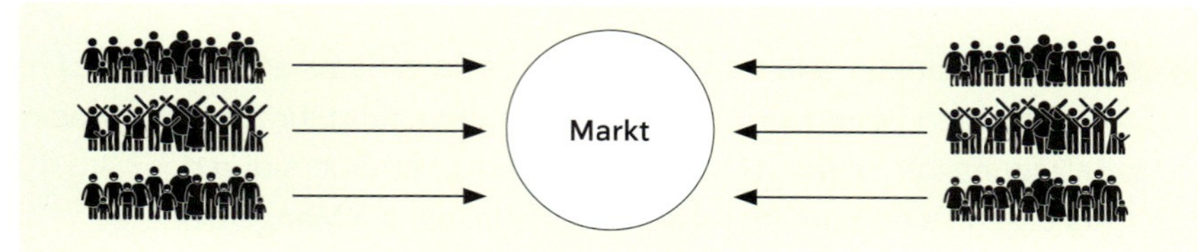

INFO

Polypol heißt die Marktform, bei der sich jeweils viele (griech.: polýs = viele) Anbieter und Nachfrager miteinander im Wettbewerb befinden.

AUFGABEN

1. Ordne folgende Begriffe den Marktformen Monopol, Oligopol und Polypol zu. Erstelle dazu eine Tabelle: Preiskampf, Marktmacht, keine Konkurrenz, viele Konkurrenten, hohe Gewinne, kein Wettbewerb, ein Anbieter, optimaler Preis für den Anbieter, optimaler Preis für den Nachfrager, dasselbe Produkt wird von vielen angeboten, wenige Anbieter.
2. *Placemat:* Schätze ein, welche Folgen Monopole haben können.
3. Begründe, warum das Polypol für die Verbraucher die optimale Marktform ist.
4. Entscheide, welche Marktform in den nachfolgenden Fällen vorliegt, und begründe deine Antwort.
   - Es gibt drei Getränkemärkte in deinem Wohnort.
   - Wasserversorgung an deinem Wohnort.
   - Es gibt einen Bäcker in deinem Wohnort.
   - Es gibt fünf Eisdielen in deinem Wohnort.
5. Die Hersteller von Benzin erhöhen den Preis für 1 Liter Super auf 3,20 Euro. Diskutiert, was die Verbraucher machen können, damit der Preis wieder fällt.

Projekt „Billigere belegte Semmeln“

In dem Schulkiosk an deiner Schule ist der Preis für belegte Semmeln nach den Sommerferien plötzlich massiv gestiegen. Ihr seid entsetzt und sprecht den Betreiber des Kiosks darauf an.

Der Betreiber begründet die Preissteigerung damit, dass die Zutaten immer teurer würden und er aufgrund der wachsenden Nachfrage auch immer mehr Semmeln vor Unterrichtsbeginn fertigstellen müsse, was sehr viel Aufwand bedeute. Hat eine belegte Semmel zuvor 1,20 Euro gekostet, so muss der Betreiber des Schulkiosks nun aus seiner Sicht 1,90 Euro verlangen. Natürlich möchte er trotzdem weiterhin möglichst viele Semmeln absetzen.

Die Semmeln des Kiosks erfreuen sich in der Schülerschaft in der Tat großer Beliebtheit, denn sie schmecken einfach lecker. Außerdem spart man sich die Zeit und die Arbeit, jeden Morgen selbst eine Semmel zu belegen. Allen ist auch bewusst, dass man für die Semmeln beim Schulkiosk mehr Geld ausgeben muss als beim Backshop im Supermarkt gegenüber. Die Qualität ist schon fantastisch. Allerdings seid ihr überhaupt nicht damit einverstanden, dass der Preis pro Semmel so stark gestiegen ist. Du gehörst zu einer Gruppe von Schülerinnen und Schülern, die überlegt, was man nun tun könnte ...

1 Um festzustellen, wie sich die Nachfrage nach Semmeln und das Angebot von Semmeln zueinander verhalten, führt ihr zunächst eine Befragung der Schülerschaft und des Kioskbetreibers durch.
Als Ergebnis erhaltet ihr folgende Tabelle, die die Menge belegter Semmeln in Abhängigkeit vom Preis darstellt:

Angebotsmenge (St.)	50	125	200	350	500
Nachfragemenge (St.)	300	250	200	100	0
Preis in €	1,00	1,25	1,50	2,00	2,50

a) Stelle anhand der Tabelle einen Zusammenhang her zwischen dem Preis und
- der Angebotsmenge,
- der Nachfragemenge.

b) Ermittle, bei welchem Preis und bei welcher Menge Angebot und Nachfrage im Gleichgewicht sind.

c) Erstelle mithilfe der *Methode* auf S. 22/23 ein Preis-Mengen-Diagramm mit obigen Werten.

d) Bestimme mithilfe des erstellten Preis-Mengen-Diagramms die Gleichgewichtsmenge und den Gleichgewichtspreis.

e) Berechne den Gewinn im Gleichgewichtspunkt, wenn dir bekannt ist, dass der Anbieter Kosten in Höhe von 0,60 Euro/Stück hat.

f) Begründe, welchen Mechanismus der Preis von 1,25 Euro auslösen würde.

2 *Partnervortrag:* Erkläre, warum der Schulkioskbetreiber seinen Preis durchsetzen kann, und verwende dabei die Fachsprache.

3 Die Schülerschaft will diese Situation jedoch nicht einfach hinnehmen.
a) *Think-Pair-Share:* Entwickelt Vorschläge, was ihr als Schülerschaft konkret dagegen unternehmen könntet.
b) Schätzt gemeinsam in der Klasse ein, wie erfolgreich eure Maßnahmen sein werden.

4 Nach langen Gesprächen mit der Schulleitung habt ihr die Erlaubnis, eine Schülerfirma zum Thema „Pausenverkauf“ zu gründen, mit der ihr günstigere Semmeln anbieten wollt. Der Schulkioskbetreiber ist davon allerdings wenig begeistert.
a) Gestaltet in Arbeitsgruppen sowohl ein Plakat für die Sichtweise der Schülerschaft (Pro/Kontra) als auch eines für die Sichtweise des Schulkioskbetreibers (Pro/Kontra).
b) Arbeitet heraus, wie sich durch die Etablierung der Schülerfirma die Marktform geändert hat.
c) *Fishbowl:* Diskutiert, welche Vor- und Nachteile die nun geschaffene Marktform hat.

5 Der Schulkioskbetreiber möchte mit euch ins Gespräch kommen und eine Angleichung der Preise erreichen. Diskutiert in der Klasse, was dafür und was dagegen spricht.

6 In der Realität sind Preisabsprachen wie in Aufgabe 5 verboten.
a) Nenne zwei Gründe dafür.
b) Recherchiere im Internet zwei weitere Gründe (siehe hierzu auch die *Methode* Internetrecherche auf S. 43).

7 Begründe, welche Marktform du dir in deiner Schule wünschen würdest.

8 Erstelle eine Tabelle, die dir einen Überblick bezüglich der drei Marktformen gibt. Diese soll wie folgt aussehen:

Kriterien	Monopol	Oligopol	Polypol
Anzahl der Anbieter			
Höhe des Preises			
vorhandener Wettbewerb			

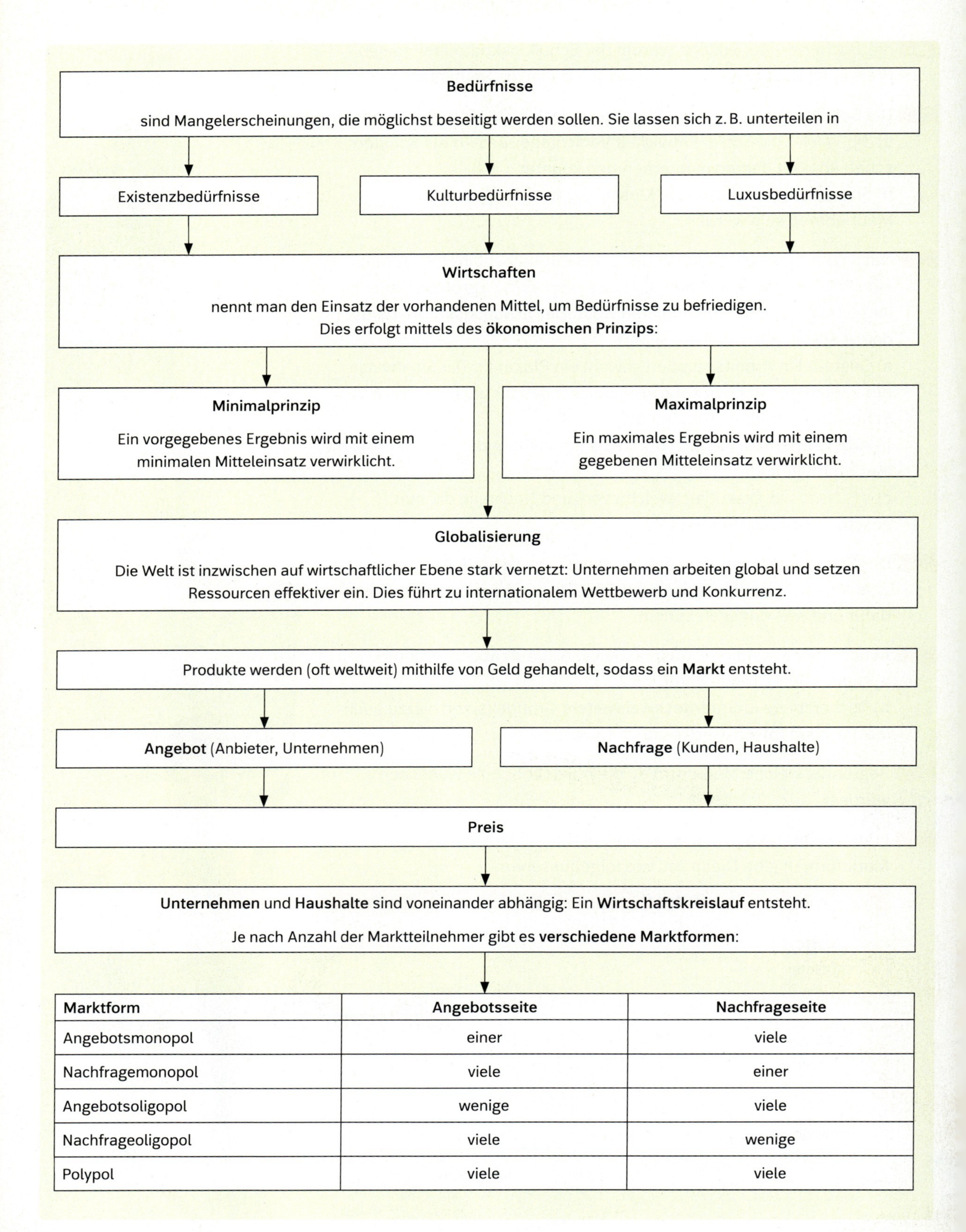

Marktform	Angebotsseite	Nachfrageseite
Angebotsmonopol	einer	viele
Nachfragemonopol	viele	einer
Angebotsoligopol	wenige	viele
Nachfrageoligopol	viele	wenige
Polypol	viele	viele

II Verbraucherschutz und verantwortungsbewusstes Verbraucherverhalten

In diesem Kapitel lernst du, ...

- verschiedene Quellen für Verbraucherinformationen zu bewerten und dein eigenes Konsumverhalten am Prinzip der Nachhaltigkeit auszurichten.
- die Angebote unabhängiger Institutionen zur Verbraucherberatung und rechtliche Bestimmungen zum Verbraucherschutz als Informationsquelle zu nutzen.
- verschiedene Marketingstrategien und ihre Wirkungen auf Konsumenten zu analysieren.
- Möglichkeiten und Gefahren von E-Commerce (z. B. Preissuchmaschinen) zu beurteilen, um Vorteile zu nutzen und Risiken zu minimieren.
- Social-Media-Angebote zu bewerten und mit deinen persönlichen Daten im Internet sensibel umzugehen.

1 Informationsbeschaffung und Informationsverarbeitung

M1 Richtig einkaufen – aber wo und was?

1.1 Quellen für Verbraucherinformation

Das **produzierende Gewerbe** verfolgt das Ziel, seine Produkte am Markt bestmöglich abzusetzen. Dem großen und sich aufgrund technischer Neuerungen immer wieder verändernden Angebot steht der **Verbraucher** gegenüber und hat die „Qual der Wahl". Bei der **Auswahl des „richtigen" Produkts** sind viele Aspekte zu berücksichtigen, wobei jeder für sich selbst entscheiden muss, was ihm besonders wichtig ist.

M2 Welche Informationen können bei der Entscheidung für ein spezielles Angebot helfen?

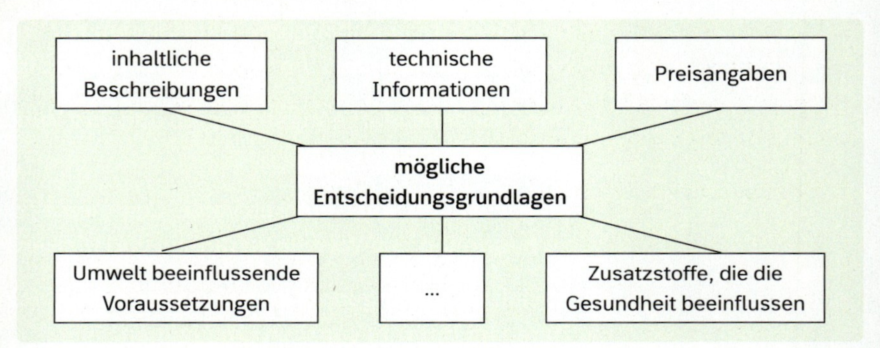

Auch für **junge Verbraucher** stellt sich schon dieses Entscheidungsproblem. *Beispiel:* Du wünschst dir ein eigenes Tablet, das du für deine privaten, aber auch für schulische Zwecke nutzen kannst. Du gehst in den Fachhandel und stehst vor vielen verschiedenen Geräten in unterschiedlichen Preiskategorien. Welches Tablet ist nun das richtige?

Möglicherweise hilft dir ein **Gespräch mit dem Verkäufer**, der dir etwas empfehlen kann. So eine Beratung kann durchaus informativ sein. Allerdings erhalten manche Verkäufer Provisionen für den Verkauf eines bestimmten Produkts. Auch dies kann ein möglicher Grund für eine Empfehlung sein.

Auch die **Werbung** verspricht vieles. Sie ist aber selten für eine realistische Entscheidungsfindung brauchbar (zu Marketingstrategien siehe S. 54–57).

Daher versuchen viele Verbraucher, andere Informationsquellen zu finden, die seriös und aussagekräftig sind. In der heutigen Zeit wird viel im **Internet** recherchiert. Aber auch hier ist Vorsicht geboten, denn es gibt viele Portale, die zwar auf den ersten Blick dem **Produkt- und Preisvergleich** dienen, letztendlich aber von den dahinterstehenden Unternehmen manipuliert werden, welche den Portalen Vermittlungsprovisionen bei Vertragsabschlüssen zahlen. So kommen über Vergleichsportale häufig andere Empfehlungen als bei unabhängigen Institutionen heraus (zum Preisvergleich siehe S. 58–60).

Daneben gibt es auch **Testberichte privater Anbieter** und **Kundenrezensionen**, sowohl zu Verbrauchsgütern als auch zu Hotels oder Gaststätten. Stell dir z. B. vor, du möchtest dir einen neuen Füller kaufen. Es gibt viele Produkte in den verschiedensten Preisklassen, aber worin unterscheiden sie sich genau?

M3 Füller im Vergleichstest Schreib-Ass

Modell	Füller 1	Füller 2	Füller 3	Füller 4	Füller 5	Füller 6
Testergebnis Schreib-Ass	1,3 (sehr gut)	1,7 (gut)	1,9 (gut)	2,1 (gut)	2,1 (gut)	2,6 (befriedigend)
Kundenbewertung	★★★★★ (1 Bewertung)	★★★★☆ (28 Bewertungen)	★★★★☆ (53 Bewertungen)	★★★★☆ (5 Bewertungen)	★★★☆☆ (2 Bewertungen)	★★★★★ (68 Bewertungen)

Manche Kunden finden das gekaufte Produkt gut, andere sehen an dem gleichen Produkt nur viele negative Dinge. Das Internet ist „geduldig", aber eine schlechte Bewertung kann einem Unternehmen auch sehr schaden, was für die Konkurrenz wiederum gut ist. Man weiß in der Regel nie sicher, wer die Rezension verfasst hat, außer man wählt einen Bericht einer unabhängigen Institution, die du später im Kapitel noch kennenlernen wirst.

M4 Zwei Kundenrezensionen zu einem Füller

★★★★★
Der Füller ist mein absolutes Lieblingsschreibgerät! Er liegt durch den geriffelten Griff optimal in der Hand. Die Feder ist auch gut haltbar. Immerhin schreibe ich nun seit einigen Wochen fast jeden Tag damit. Und ich habe sogar das Gefühl, dass ich damit weniger Tinte verbrauche. Ich bin so begeistert, dass ich direkt noch zwei Füller bestellt habe, einen für mich (für rote Schrift ;-)) und einen als Geschenk. Also, bei diesem Füller ist alles topp!

★☆☆☆☆
Zuerst war ich vom Design ganz angetan, aber nach zwei Monaten Nutzung bin ich total enttäuscht. Die Feder war schnell verbogen, nun schmiert der Füller und läuft ständig aus. Er ist bei längerem Schreiben auch unangenehm anzufassen, da der geriffelte Griff an der Hand reibt. Die Verschlusskappe wird wohl auch bald zerbrechen, da man sie immer mühsam abziehen muss. Und das bei dem Preis!!! Ich kann nur jedem vom Kauf abraten ... ☹

AUFGABEN

1. Diskutiere anhand von M1, welche Vor- und Nachteile die unterschiedlichen Formen der angebotenen Produkte haben.
2. Nenne auf Grundlage deiner eigenen Erfahrungen weitere mögliche Entscheidungsgrundlagen, die bei der Produktauswahl hilfreich sind (M2).
3. a) Bewerte die Rezensionen in M4 und reflektiere dabei, warum man für das gleiche Produkt zwei so unterschiedliche Bewertungen bekommt.
   b) Erläutere, wie sich diese Kundenrezensionen und der Testbericht aus M3 auf dein Kaufverhalten auswirken könnten.
4. Beurteile die Aussagekraft der besten Bewertung in M3.
5. *Fishbowl:* Diskutiert im Klassenverband, wie man Kundenrezensionen als Informationsquelle einschätzen kann.
6. a) Wähle ein Produkt aus und recherchiere mithilfe der *Methode* auf S. 43, welche Bewertungen und Empfehlungen du im Internet finden kannst.
   b) Überprüfe die gefundenen Seiten auf Aktualität und Seriosität.

1.2 Entscheidungskriterien beim Kauf

M1 Wofür Jugendliche ihr Geld ausgeben

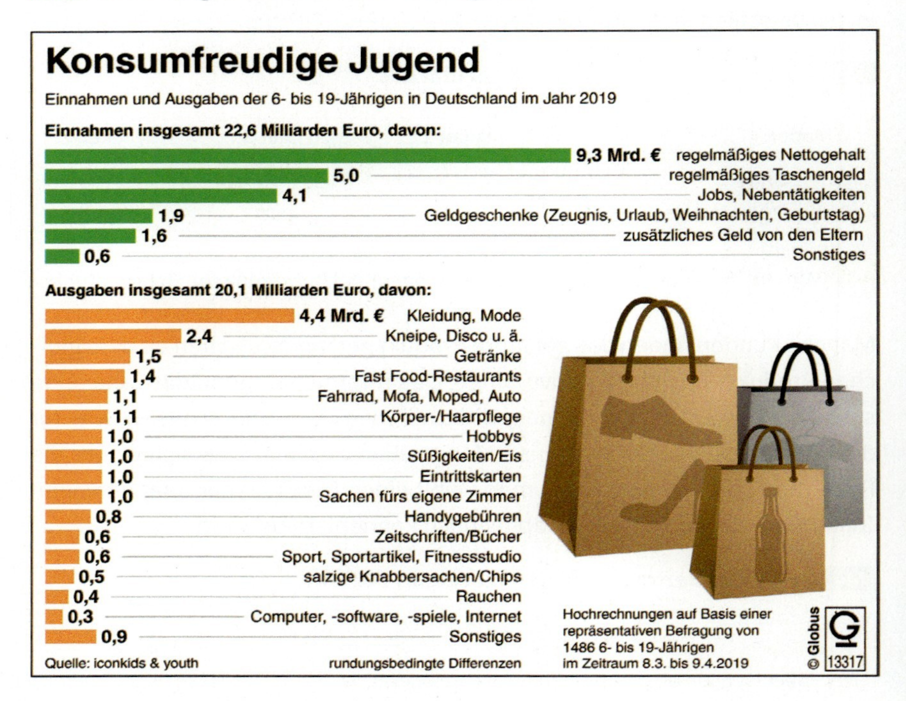

Wovon hängt es ab, wofür man sein Geld ausgibt? Kaufentscheidungen müssen alle **Verbraucher** treffen. Auch du als junge Verbraucherin oder junger Verbraucher bekommst vermutlich Taschengeld und vielleicht auch mal Geldgeschenke oder besserst (in Zukunft) dein Taschengeld durch einen Ferienjob auf.

Bei jeder **Kaufentscheidung** gibt es grundlegende **Entscheidungskriterien.** Je nachdem, was einem persönlich wichtig ist, entscheidet man sich für oder gegen Markenprodukte, schützt mit seiner Kaufentscheidung die Umwelt oder berücksichtigt gesundheitliche oder soziale Aspekte.

Ökonomische Aspekte

Jeder Verbraucher hat nur **begrenzte finanzielle Mittel zur Verfügung** und sollte sich daher folgende Fragen vor seiner Kaufentscheidung stellen:

- **Was kaufe ich ein?** Viele Menschen neigen zu unüberlegten Spontankäufen und geben Geld für Produkte aus, die sie eigentlich nicht brauchen. Um dies zu vermeiden, hilft es, wenn man sich z. B. anhand eines Einkaufszettels bereits vorher genau überlegt, was man wirklich benötigt.
- **Wo kaufe ich ein?** Es ist immer gut, Preise zu vergleichen. Kaufe ich im Supermarkt, im Discounter, im Fachhandel oder über das Internet ein? Beim Preisvergleich sollte man sich aber auch über die unterschiedlichen Serviceleistungen klar werden.

- **Wie viel kaufe ich ein?** Es gibt immer wieder Rabattaktionen, bei denen Produkte ab einer bestimmten Menge günstiger sind. Aber braucht man die größere Menge wirklich? Im Versandhandel ist die Lieferung häufig ab einem bestimmten Bestellwert kostenfrei.
- **Wann kaufe ich ein?** Bei Obst und Gemüse ist der Preis von der jeweiligen Saison abhängig. Günstigere Preise gibt es häufig auch beim Saisonwechsel.

Wichtig sollte ebenfalls sein, ob man mit der **Qualität der Ware** zufrieden ist. Wie aber läuft eine Kaufentscheidung in der Realität ab?

M2 Der Einkauf

Pauls Mutter holt nach der Arbeit Pauls kleine Schwester Josefine vom Kindergarten ab und fährt noch beim Supermarkt vorbei, weil sie Nudeln und Karotten für das Mittagessen benötigt. Josefine hat schon einen riesigen Hunger und quengelt. Deswegen kauft Pauls Mutter ihr gleich eine Breze.
Heute Morgen war ihr Mann entsetzt, dass gar kein Kaffee mehr in der Dose war. Neben dem Kaffee landen auch noch Kiwi, Bananen und Birnen in dem Einkaufswagen. Die sind nämlich im Angebot. Da Paul sich über Chips freut und Pauls Papa Erdnüsse liebt, nimmt sie gleich beides. Pauls Mama weiß nicht, ob noch genügend Toilettenpapier zu Hause ist und nimmt daher lieber noch eine Packung mit. Dann sieht sie auf einmal die Werbung im Laden: Spiele sind heute 10 % billiger. Sie denkt an die kommenden Geburtstage ihrer Neffen und Nichten und greift zu. An der Kasse will Josefine unbedingt noch Gummibärchen und Traubenzucker haben und bricht deswegen in Tränen aus. Pauls Mama ist nun völlig genervt. Sie muss doch dringend nach Hause. Der Einkauf hat sowieso schon viel zu lange gedauert. Um weiterem Gequengel ihrer Tochter zu entgehen, erfüllt sie ihr ihren Wunsch. Über die hohe Rechnung ist die Mutter geschockt.

AUFGABEN

1. a) Beschreibe die Grafik M1 (*Methode* auf S. 184).
   b) Wähle ein Produkt, das du dir selbst gerne kaufst, und begründe, warum du genau dieses Produkt (z. B. Marke, Hersteller ...) bevorzugst.
2. Stelle dar, wie du beim Einkaufen von folgenden Produkten ökonomische Entscheidungen treffen kannst: a) Fruchtgummis, b) Getränke und Brotzeit für den Wandertag, c) Hefte, d) vitaminreiches Obst und Gemüse.
3. a) Bewerte, wie der Einkauf der Mutter in M2 verlaufen ist.
   b) Erstelle eine Liste mit Tipps, wie man ökonomischer einkaufen könnte. Diskutiert eure Ergebnisse in der Klasse.

Ökologische Aspekte

M3 Produktion, Transport, Entsorgung – zum Schaden der Umwelt?

Mit unserem Kaufverhalten beeinflussen wir die Umwelt auf vielfältige Weise. Eine große Rolle spielen die Umstände der **Produktion**, der **Versorgung** bzw. des Transports sowie der **Entsorgung** der Produkte. Daher sollte man sich bei jedem Kauf auch fragen, wie die Ökobilanz des Produktes ist.

INFO

Der übermäßige Ausstoß des Gases **Kohlendioxid** (CO_2) gilt als eine der Hauptursachen für die Erwärmung des Erdklimas.

Bei der **Ökobilanz** wird u. a. gemessen, welche Rohstoffe und wie viel Energie für die Herstellung des Produkts aufgewendet werden müssen. Ebenfalls wird berücksichtigt, ob es sich um erneuerbare Rohstoffe handelt und wie lange das Produkt genutzt werden kann. Auch die Fleischproduktion wirkt sich aufgrund des CO_2-Ausstoßes z. B. von Rinderherden auf die Ökobilanz aus.

Um die Ökobilanz des Kaufverhaltens insgesamt zu verbessern, sind u. a. folgende Faktoren von Bedeutung.

WEBCODE

WES-116645-211
Film: Einfach erklärt: Nachhaltigkeit

a) Nachhaltige Produktion

Unter **Nachhaltigkeit** versteht man, dass von den knappen natürlichen Ressourcen unseres Planeten nur so viel verbraucht werden sollte, dass sich das ökologische System wieder erholen kann. Dies heißt z. B., nicht immer mehr zusätzliche Anbauflächen zu roden, um Produkte anzubauen. Die gerodeten Anbauflächen wirken sich negativ auf die Ökobilanz eines Produktes aus, weil dafür Bäume gefällt werden, die für die lebenswichtige Sauerstoffproduktion und die Senkung des CO_2-Anteils in der Luft verantwortlich sind.

b) Reduzierung der Schadstoffbelastung beim Transport

Viele Güter müssen transportiert werden, weil Produktionsort und Absatzmärkte auseinanderliegen. Die **Art des Transportmittels** und die **Transportentfernungen** spielen bei der Frage, wie ökologisch ein Produkt ist, eine wichtige Rolle. Eine per Flugzeug eingeflogene Kartoffel aus Ägypten hat z. B. eine viel schlechtere Ökobilanz als eine per Lkw transportierte Kartoffel aus Frankreich und diese wiederum eine schlechtere Bilanz als eine Kartoffel aus Bayern.

c) Reduzierung der Abfallmenge

Wichtig für die Ökobilanz ist ebenfalls, wie hoch die **Verkaufsquote** der betreffenden Produkte ist. Ein Großteil der hergestellten Waren wird nämlich gar nicht verkauft, sondern nach der Produktion sofort entsorgt.

Dies betrifft vor allem die **Lebensmittelindustrie**. Lebensmittel, die das Mindesthaltbarkeitsdatum überschritten haben, werden meist direkt im Supermarkt weggeworfen. Leider geschieht das auch mit Obst und Gemüse, das in Form und Aussehen nicht der Norm entspricht, aber in Geschmack und Qualität völlig einwandfrei ist. Es kommt oft nicht einmal in den Handel, weil die Verbraucher meist äußerlich einwandfreies Obst und Gemüse bevorzugen.

Aber auch **technische Geräte und Kleidungsstücke** landen häufig im Müll, ohne je verkauft worden zu sein. Das betrifft z. B. Rücksendungen von Onlinebestellungen, die oft nicht erneut in den Verkauf gehen, weil das Wegwerfen für das einzelne Unternehmen unaufwendiger und damit kostengünstiger ist.

Die privaten Haushalte handeln z. T. ebenfalls wenig nachhaltig, z. B. wenn noch genießbare Lebensmittel in den Abfall wandern oder zahlreiche Kleidungsstücke nur ungetragen im Schrank hängen bleiben und schließlich weggeworfen werden. Überlegt einmal, wie viele Dinge ihr besitzt, die ihr nicht nutzt bzw. ungenutzt entsorgt? Es gibt bestimmt jemanden, der für die Sachen Verwendung hätte. Vielleicht kannst du sie ja an jemanden weitergeben?

Auch die **Entsorgung** ist ein großes Problem. Es entsteht immer mehr Müll. Ein Grund dafür ist, dass Produkte viel zu umfangreich eingepackt werden, ohne dass es notwendig ist – z. B. um die Werbefläche zu vergrößern oder den Diebstahlschutz zu erhöhen. Als Verbraucher kann man darauf achten, nur Produkte zu kaufen, die auf eine übermäßige Verpackung verzichten oder wiederverwertbare Verpackungen verwenden.

Der Weg der effektiven Reduzierung des **Plastikmülls** ist sicherlich noch sehr lang. Die dramatische Vermüllung der Meere zeigt uns aber, wie dringend nötig ein Umdenken hier ist.

M4 Was passiert mit dem Plastik?

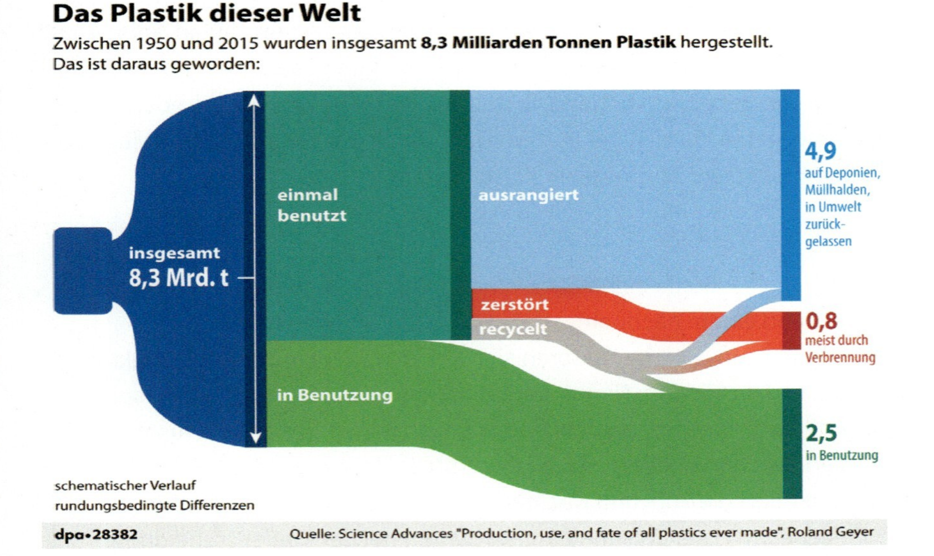

d) Vermeidung gesundheitsschädlicher Stoffe

Mit jedem Produktkauf beeinflussen wir neben der Umwelt auch die **Gesundheit**. Vor allem wenn wieder einmal ein Lebensmittelskandal die Schlagzeilen der Presse füllt, wird uns dies deutlich bewusst. Erhöhte Werte des Pflanzenschutzmittels Fibronil in Hühnereiern und die Diskussionen um den Einsatz des Unkrautvernichtungsmittels Glyphosat zeigen uns, dass eine immer höhere Produktion von Lebensmitteln meist mit einer zunehmenden Belastung der produzierten Lebensmittel mit **Schadstoffen** verbunden ist.

Seit Jahrzehnten wird über die Probleme und Gefahren **nicht artgerechter Tierhaltung** diskutiert. Der Tierschutz hat im Jahr 2002 sogar eine Verankerung als Staatsziel im Grundgesetz (Art. 20 a) erfahren. Die Tierhaltung hat auch Auswirkungen auf die Gesundheit des Menschen. Z. B. führt die häufige Verabreichung von großen Mengen Antibiotika in der Fleischproduktion dazu, dass bakterielle Keime resistent gegen Antibiotika werden und die Antibiotika deswegen auch im Einsatz beim Menschen nicht mehr wirken. Dies ist ein großes Problem bei der Behandlung von Infektionserkrankungen.

e) Mülltrennung und Recycling

Neben der Müllvermeidung kann bei der Kaufentscheidung auch die Möglichkeit der **Wiederverwertung der Materialien**, d. h. das **Recycling**, im Mittelpunkt stehen. Dies hat zwei große Vorteile. Zum einen wird der Abfall verringert und zum anderen werden die immer knapperen Rohstoffe nicht weiter verbraucht. Zusätzlich zu diesen positiven Effekten für die Umwelt entstand ein neuer, eigener Wirtschaftszweig der Aufarbeitung und Verarbeitung des Mülls.

Sehr gut wiederverwendet werden können Altglas, Papier, Kunststoffabfälle und organische Abfälle. Um den Verpackungsmüll zu reduzieren, wurde zu Beginn der 1990er-Jahre das Sammel- und Verwertungssystem **„Der Grüne Punkt"** durch die „Duales System Deutschland GmbH" gegründet. Heute sind in Deutschland ingesamt neun anerkannte duale Systeme aktiv.

INFO

Am 1.1.2019 trat das neue **Verpackungsgesetz** in Kraft. Es trifft Regelungen für alle, die Verpackungen gewerbsmäßig in Deutschland in den Verkehr bringen. Beispielsweise müssen sie sich bei der „Zentralen Stelle Verpackungsregister" registrieren, ihre Beiträge entrichten und Daten melden.

Durch den Kauf von Produkten, die zum **Mehrwegsystem** zählen, kann Abfall vermieden werden. Dabei werden Verpackungen gesammelt. Nach der Reinigung und Befüllung können z. B. Getränkeflaschen und -kisten oder Joghurtgläser von den Kunden gekauft werden. Damit die Verpackungen wieder zurückgebracht werden, wird ein Pfand verlangt.

AUFGABEN

1. *Graffiti:* Stelle einen Zusammenhang zwischen den drei Bildern in M3 und einem nachhaltigen Verbraucherverhalten her.
2. Schätze ein, welche Faktoren sich auf die Ökobilanz eines Produktes auswirken können. Nimm dafür ein Produkt deiner Wahl als Beispiel.
3. Erläutere, welche Möglichkeiten du selbst hast, umweltbewusstes Verbraucherverhalten zu zeigen. Erstelle dazu eine Mindmap.
4. Diskutiert die Vor- und Nachteile des Mindesthaltbarkeitsdatums (siehe S. 41) als Entscheidungskriterium bei der Kaufentscheidung.

Sichere Internetrecherche

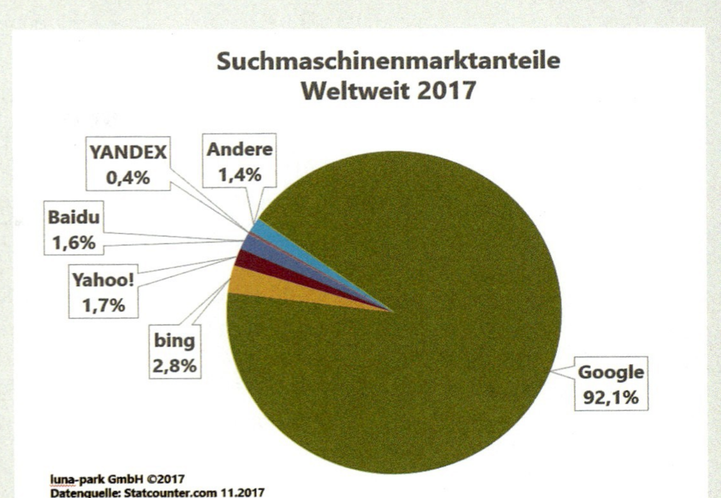

Bei einer Internetrecherche solltest du u.a. auf diese Punkte achten:

- Wähle eine **geeignete Suchmaschine** oder einen **Webkatalog** aus.
- Achte auf einen **richtigen und genauen Suchbegriff/Suchtext**: Je exakter man das zu findende Ergebnis einschränkt, desto besser passen die Ergebnisse.
- Achtung: Es gibt Internetseiten, die für die vorrangige **Auflistung** bezahlen und so immer weit oben auf der Ergebnisliste erscheinen.

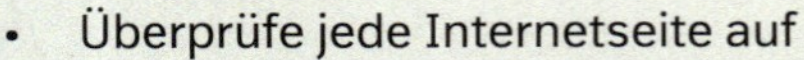

- Überprüfe jede Internetseite auf
  - die **Seriosität** des Erstellers (Impressum beachten: Es enthält den Namen und die Adresse des Inhabers der Seite inklusive Kontaktmöglichkeit per E-Mail oder Telefon sowie bei gewerblichen Anbietern die Rechtsform)
  - die **Aktualität** der Inhalte (Stand, Erstellungsdatum)
  - den **Wahrheitsgehalt** durch Abgleich mit weiteren Quellen, z.B. mit anderen Internetseiten, einem Lexikon, Gesprächen im Familienkreis, der Schule ...
- Beachte: Jeder Ersteller einer Internetseite/des Artikels vertritt nur seine subjektive Meinung bzw. Einschätzung. Stets sollte man herausfinden, aus welcher **Interessenslage** der Ersteller handelt. Du kannst für weitere Informationen eine sogenannte **Whois-Abfrage** starten.
- Auch die **Webadresse** (URL) solltest du dir genauer ansehen: So sind Seiten, die mit „https" beginnen, in der Regel sicherer als solche, die mit „http" beginnen. Dann besitzen die Betreiber ein Zertifikat zum Identifizieren ihrer Website. In vielen Browsern wird dies außerdem durch ein Schlosssymbol am Beginn der URL angezeigt.

INFO

Whois-Abfrage
(von engl.: who is = wer ist)
Mithilfe einer Whois-Abfrage können Informationen zu den Inhabern einer Internet-Domain abgefragt werden. Daten für .de-Domains lassen sich nur über die DENIC eG (Deutsches Network Information Center) recherchieren, .com oder .net-Domains z.B. über die ICANN (Internet Corporation for Assigned Names and Numbers). Daneben gibt es diverse Online-Anbieter für Whois-Abfragen.

AUFGABEN

5. a) Analysiere die Grafik M4 (*Methode* auf S. 184).
   b) Führe eine Erkundung dazu durch, was alles in Plastik verpackt ist, und reflektiere dabei mögliche Widersprüche und Probleme.
   c) Erstelle eine Liste mit Möglichkeiten, wie man im Alltag Plastikmüll vermeiden kann.
6. Recherchiert in Gruppen mithilfe der obigen *Methode*, was bei einer artgerechten Tierhaltung berücksichtigt werden muss, und erstellt ein Infoblatt für andere Verbraucher.
7. „Was der Umwelt schadet, schadet am Ende auch der Gesundheit der Menschen." Belege diese Aussage anhand von Beispielen.

WEBCODE

WES-116645-213
Film: Einfach erklärt: Fair Trade

Soziale Aspekte

Bei der Kaufentscheidung sollten auch soziale Aspekte eine Rolle spielen. Oftmals ist es allerdings recht schwierig herauszufinden, ob soziale Aspekte bei der Produktion, beim Transport oder Verkauf überhaupt beachtet wurden. Einem Kleidungsstück im Laden sieht man auf den ersten Blick meist nicht an, wie es genau produziert und nach Deutschland transportiert wurde.

Es gibt jedoch Möglichkeiten, mehr darüber in Erfahrung zu bringen. Dabei kann man u. a. danach fragen:

- ob das Produkt in Zwangs- oder Kinderarbeit oder unter anderen menschenunwürdigen Arbeitsbedingungen produziert wurde,
- ob alle Arbeitnehmerrechte beachtet wurden und z. B. der Betriebsrat bei seiner Interessenwahrnehmung nicht behindert wurde,
- ob Mindeststandards des Umweltschutzes und des Gesundheitsschutzes eingehalten wurden,
- ob alle an der Produktionskette Beteiligten fair bezahlt wurden und ob die Arbeitnehmer sozial abgesichert sind,
- ob alle an der Produktionskette beteiligten Firmen ordnungsgemäß Steuern und Sozialabgaben abgeführt haben.

M5 Soziale Aspekte der Kaufentscheidung

Ein erstes Anzeichen ist der **Preis** der Ware. Je billiger eine Ware angeboten wird, desto weniger sind vermutlich soziale Mindeststandards eingehalten worden. Aber auch bei höheren Preisen kann man sich nicht sicher sein.

Sozialsiegel versuchen hier, die Kunden aufzuklären. Sie sollen bestätigen, dass die Produktion unter menschenwürdigen Bedingungen erfolgte. Unter dem Dach der Organisationen, die das Siegel vergeben, wird ein Produkt ausgezeichnet, wenn es den Anforderungen entspricht, und auch ein fairer Mindestpreis für das Produkt festgelegt. Dadurch wird sichergestellt, dass den Produzenten ein höheres und sicheres Einkommen zur Verfügung steht.

Dafür werden die Produkte, die ein Siegel tragen sollen, immer wieder durch unangekündigte Kontrollen überprüft. Die Warenproduktion findet allerdings häufig nicht in Deutschland statt. Daher ist die Kontrolle zum Teil schwierig.

Es gibt viele unterschiedliche Siegel. Als Verbraucher muss man genau prüfen, wofür das Siegel vergeben wurde und wer das Siegel vergeben hat.

Einige Beispiele für Siegel:

- Das **Siegel Fairtrade** ist das bekannteste Siegel für den fairen Handel. Fairtrade International (FLO) hat Kriterien für Plantagen entwickelt und faire Löhne sowie Mindestpreise für die Produkte eingeführt. Es wurden sogenannte offene Standards festgelegt, die veränderten Bedingungen angepasst werden können und von den beteiligten Partnern weiterentwickelt werden sollen. Auch andere Organisationen greifen auf diese bestehenden Standards zurück.

Das Siegel für Fairen Handel.

- Die **Siegel von FSC®**, einer internationalen unabhängigen Organisation, werden für Holz und Holzprodukte sowie u. a. Papier-, Kautschuk- oder Bambusprodukte aus nachhaltiger Forstwirtschaft vergeben. FSC ist die Abkürzung für Forest Stewardship Council. Unter nachhaltiger Forstwirtschaft versteht man, dass nicht mehr Bäume gefällt werden dürfen, als auch gleichzeitig wieder aufgeforstet werden oder von Natur aus nachwachsen. Darüber hinaus berücksichtigen die Siegel von FSC soziale, ökologische, aber auch ökonomische Aspekte.

- Das **Siegel GoodWeave** wird z. B. für Teppiche aus Indien, Pakistan oder Nepal von einer gemeinnützigen Organisation vergeben, die gegen die Kinderarbeit in diesen Ländern vorgeht. Anhand der Nummer kann nachvollzogen werden, wo genau der Teppich hergestellt wurde. Das Siegel GoodWeave hat seit Herbst 2009 das Siegel RugMark ersetzt. Auf älteren Teppichen ist also noch Letzteres zu finden.

AUFGABEN

1. a) Beschreibe anhand von M5, warum du dich beim Einkaufen auch für die Herstellungsbedingungen der Ware interessieren solltest.
   b) *Stühletausch:* Erkläre, warum soziale Aspekte für die Kaufentscheidung wichtig sind.
2. a) Stelle dar, welche sozialen Aspekte du bei deinen Kaufentscheidungen berücksichtigst.
   b) Ergänzt in Partnerarbeit weitere Möglichkeiten.
3. Diskutiert folgende Thesen in eurer Klasse:
   a) „Soziale Aspekte können nur die Familien bei ihrer Kaufentscheidung berücksichtigen, die über ein hohes Einkommen verfügen."
   b) „Höhere Preise führen zu mehr sozialer Gerechtigkeit!"
4. *Galeriegang*: Überprüft arbeitsteilig z. B. mithilfe einer Internetrecherche (*Methode* auf S. 43), welche Voraussetzungen für die Siegel erfüllt sein müssen.
5. a) Wähle eines der drei Siegel aus und überprüfe bei deinem nächsten Einkauf, auf welchen Produkten du es findest.
   b) Vergleicht eure Ergebnisse in der Klasse.

2 Einrichtungen und Bestimmungen zum Verbraucherschutz

2.1 Einrichtungen zum Verbraucherschutz

Stiftung Warentest

Die **Stiftung Warentest** wurde 1964 auf Beschluss des Deutschen Bundestages gegründet. Sie prüft anonym und nach wissenschaftlichen Kriterien Waren und Dienstleistungen in ganz Deutschland und veröffentlicht ihre Testberichte. Dabei erhält das Unternehmen eine staatliche Förderung, damit die Tests objektiv und unabhängig durchgeführt werden können.

Auszüge aus einem Warentest: Geräuschreduzierende Bluetooth-Kopfhörer

Produkt	1	2	3	4	5
Preisspanne ca. (Euro)	305 bis 390	284 bis 385	279 bis 355	157 bis 219	400 bis 500
Mittlerer Preis ca. (Euro)	**335**	**310**	**296**	**172**	**455**
Erstmals veröffentlicht	Neu	Neu	Neu	Neu	test 1/2018
test - QUALITÄTSURTEIL 100%	**GUT (2,0)**	**GUT (2,0)**	**GUT (2,2)**	**GUT (2,3)**	**GUT (2,4)**
Ton 25%	**gut** (1,9)	**gut** (1,9)	**gut** (1,9)	**gut** (2,1)	**gut** (2,2)
Unterdrückung von Umgebungsgeräuschen 25%	**sehr gut** (1,4)	**sehr gut** (1,5)	**gut** (2,3)	**gut** (2,0)	**gut** (2,4)
Reduktion der Umgebungsgeräusche	++	++	+	+	O
Rauschpegel bei aktiver Reduktion	++	+	+	+	++
Handhabung 25%	**befriedigend** (2,8)	**gut** (2,3)	**befriedigend** (2,8)	**befriedigend** (2,8)	**befriedigend** (2,8)
Gebrauchsanleitung	–*)	O	⊖	O	⊖
Bluetooth	++	+	+	+	+
Bedienelemente und Anzeigen	O	O	⊖	O	O
Transport/Reinigen	++/++	++/++	++/++	⊖/++	O/+
Tragekomfort 15%	**gut** (1,7)	**gut** (2,5)	**gut** (1,8)	**gut** (2,4)	**gut** (2,3)
Aufsetzen und Anpassen	+	+	+	+	++
Tragekomfort im Alltag/bei Bewegung	+/+	O/O	+/+	+/O	+/O
Eignung für Brillenträger	++	+	++	+	+
Akku und Umwelt 10%	**befriedigend** (2,6)	**gut** (2,1)	**gut** (1,7)	**gut** (2,4)	**gut** (2,4)
Akku	+	+	++	+	+
Schallabstrahlung	O	O	+	+	O
Verarbeitung und Fallfestigkeit	+	+	+	+	+
Schadstoffe 0%	**befriedigend** (2,9)	**sehr gut** (1,0)	**sehr gut** (1,0)	**befriedigend** (3,5)	**sehr gut** (1,0)

Bewertungsschlüssel der Prüfergebnisse (bei gleichem Qualitätsurteil Reihenfolge nach Alphabet)

++	= sehr gut (0,5–1,5)
+	= gut (1,6–2,5)
O	= befriedigend (2,6–3,5)
(–)	= ausreichend (3,6–4,5)
–	= mangelhaft (4,6–5,5)

Nach: Stiftung Warentest, Test Geräuschreduzierende Bluetooth-Kopfhörer, in: test 05/2018, S. 26 f. (gekürzt und Produktnamen neutralisiert)

Methode

Einen Warentest durchführen

- **Produktauswahl:** Welches Produkt soll getestet werden?
- **Angebot prüfen:** Welche Angebote, also z. B. welche Marken dieses Produkts, sollen getestet werden?
- **Beschaffung** der zu testenden Angebote im Handel
- **Ziel des Testes:** Was soll durch den Test herausgefunden werden? Was ist uns bei dem Produkt wichtig?
- **Festlegung der Beurteilungskriterien:** z. B. Preis, Aussehen, Zusätze ...
- **Festlegung der Testmethode:** Ein verdeckter Test ist z. B. aussagekräftiger als ein Test, bei dem die Marke gleich erkennbar ist.
- **Testdurchführung** (ggf. arbeitsteilig) und **Auswertung**

In allen 16 Bundesländern bieten die **Verbraucherzentralen** Beratung und Information zu Fragen des Verbraucherschutzes, helfen bei Rechtsproblemen und vertreten die Interessen der Verbraucher auf Landesebene.

Die **Verbraucherzentrale Bayern** ist, ebenso wie die anderen Verbraucherzentralen, eine überwiegend öffentlich finanzierte, gemeinnützige Organisation. Die 16 Beratungsstellen sind in ganz Bayern verteilt. Daneben gibt es noch eine große Anzahl an **Energieberatungsstellen**.

INFO

Weitere hilfreiche **Informationsquellen für Verbraucher** sind z. B. das Verbrauchermagazin Ökotest, die Fernsehsendung Montags-Check im Ersten (früher ARD-Ratgeber) sowie die Internetseiten und Publikationen der Länderministerien für Ernährung, Umweltschutz und Verbraucherschutz.

Screenshot von der Homepage der Verbraucherzentrale Bayern e. V. unter der Rubrik Beratung, www.verbraucherzentrale-bayern.de/beratung-by (Zugriff: 29.1.2019)

Aufgaben der Verbraucherzentralen

- Verfolgen von Rechtsverstößen, z. B. gegen das Gesetz gegen unlauteren Wettbewerb, durch Abmahnungen und Klagen
- Vertretung der Verbraucherinteressen auf politisch-parlamentarischer Ebene
- Information der Öffentlichkeit und der Medien über wichtige Themen des Verbraucherschutzes
- Zusammenarbeit mit Schulen und Einrichtungen der Jugend- und Erwachsenenbildung

AUFGABEN

1. Die Stiftung Warentest ist eine objektive Informationsquelle. Begründe aus Sicht der Verbraucher, weshalb man solche Institutionen braucht.
2. Führt in der Klasse einen eigenen Warentest (*Methode* auf S. 46) durch.
3. Recherchiere im Internet (*Methode* auf S. 43),
   a) wo es die nächste Verbraucherzentrale gibt,
   b) welche Möglichkeiten dir die Verbraucherzentralen anbieten, um Rat einzuholen,
   c) Bereiche, in denen die Verbraucherzentralen Beratungen anbieten.
4. *Think-Pair-Share*: Deine Tante möchte sich ein neues Smartphone kaufen. Begründe, welche Kriterien sie deiner Meinung nach bei ihrer Kaufentscheidung berücksichtigen sollte.

2.2 Bestimmungen zum Verbraucherschutz

WEBCODE

WES-116645-221
Film: Einfach erklärt:
Verbraucherschutz

Kennzeichnung von Produkten

Um den Verbrauchern eine Orientierungshilfe zu bieten, hat der Staat Produktkennzeichnungen geschaffen, für die bestimmte Merkmale erfüllt sein müssen.

a) Güte- oder Handelsklassen

Sie kennzeichnen **Erzeugnisse der Landwirtschaft**, z. B. Kartoffeln, Eier, Obst, Gemüse, oder Produkte der Fischerei. **Handelsklasse** ist eine Bezeichnung innerhalb der Bundesrepublik. In der Europäischen Union spricht man von **Güteklassen**.

Die Handelsklassen und Güteklassen stufen die Produkte nach **Qualität und Beschaffenheit** ein. Die Qualitätseinstufung erfolgt aber eher anhand der äußerlich sichtbaren Qualität. Rückschlüsse z. B. auf den Vitamin-, Nährstoff- und Mineralstoffgehalt der Produkte oder die Verwendung von Konservierungsstoffen und Chemikalien zu ziehen, ist dagegen nicht möglich.

Die Einteilung in Güteklassen hat **Vor- und Nachteile**. Bei Obst und Gemüse macht die Einteilung in Güteklassen nach gleichem Aussehen den Transport und die Verpackung deutlich einfacher. Es fallen jedoch auch viele Waren durch das Raster, gelangen nicht in den Verkauf und werden letztlich entsorgt (z. B. „schrumpeliges" oder krummes Gemüse).

Eier werden zuerst einmal in vier **Größenklassen** eingeteilt: S, M, L und XL. Der aufgedruckte Code, der in der EU vorgeschrieben ist, setzt sich folgendermaßen zusammen.

Die erste Ziffer des Erzeugercodes ist die Art der Legehennenhaltung:

0	ökologische Erzeugung
1	Freilandhaltung
2	Bodenhaltung
3	Kleingruppenhaltung/Käfighaltung

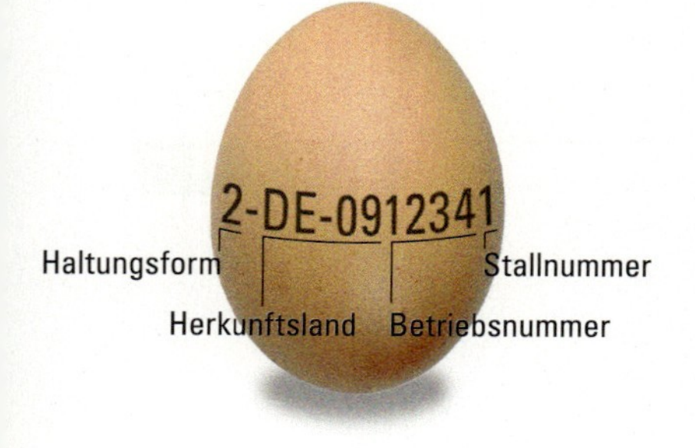

Die Buchstaben weisen darauf hin, in welchem Land der Erzeugerbetrieb registriert ist. (z. B. DE für Deutschland). Danach folgt als erster Teil der Zahlenfolge die Angabe des Bundeslandes (z. B. 09 für Bayern). Dann gibt es in Deutschland noch eine individuelle Betriebsnummer, bei der exakt der Betrieb und der Stall abgelesen werden können (z. B. Betrieb mit der Registriernummer 1234, Stall Nr. 1).

So kann man nachvollziehen, woher ein Ei stammt. Dies ist vielen Menschen auch besonders wichtig, da es fast jährlich zu großen Skandalen im Lebensmittelbereich kommt. Bei **regionalen Produkten** besteht ein größeres **Verbrauchervertrauen**. Darüber hinaus sind auch die **Transportlieferwege** bei regionalen Produkten kürzer, was zum einen dem Umweltschutz dient und zum anderen auch der **Qualität der Ware** zugute kommt.

b) Warenkennzeichen

Bekannte Kennzeichen sind z. B. **„Reine Schurwolle“** oder **„Echtes Leder“**. Durch diese Kennzeichnung ist es für die Verbraucher leichter, die Ware von Imitaten oder anderen Materialien zu unterscheiden. Die Kennzeichnung dient auch der richtigen Materialpflege.

c) Gütesiegel, Qualitätszeichen

Die Kennzeichnung von Waren mit Gütesiegeln verfolgt den Zweck, den Verbrauchern das nötige Vertrauen zu geben, dass diese Produkte gut sind.

Das **staatliche Bio-Siegel** gibt es in Deutschland seit 2001. Menschen, die auf eine hohe Qualität Wert legen und Umwelt- und Tierschutz unterstützen möchten, greifen immer mehr zu Bioprodukten, obwohl diese in der Regel teurer sind. Die höheren Preise ergeben sich, weil die Felderträge aufgrund der Anbauvorschriften geringer sind und eine am Tierwohl orientierte Tierhaltung höhere Kosten verursacht. Die Grundlagen des ökologischen Landbaus sind genau festgelegt.

Seit 1. Juli 2010 ist das **EU-Bio-Logo** eingeführt. Alle vorverpackten, ökologisch erzeugten Lebensmittel, die einen Verarbeitungsschritt in der EU erfahren und den vorgeschriebenen Bionormen entsprechen, müssen das Logo tragen. Bei unverpackten Lebensmitteln kann das EU-Bio-Logo freiwillig verwendet werden.

Auch **nicht staatliche Organisationen** vergeben Siegel (siehe auch S. 45). Produkte aus der ökologischen Landwirtschaft tragen z. B. häufig Siegel, die aussagen, dass sich der Produzent bei der Herstellung oder Erzeugung an die festgelegten Vorgaben des Verbandes gehalten hat. Das Siegel gibt dann z. B. an, dass die Produkte „biologisch“ oder „frei von chemischen Zusatzstoffen“ erzeugt wurden. Die Betriebe werden von ihrem Verband regelmäßig überprüft.

Alle Siegel sollte man mit Vorsicht genießen. Man muss sich immer informieren, worüber sie genau Auskunft geben. Das Siegel „CE“ sagt z. B. nichts über die Qualität der Produkte aus. Es ist eine **Selbsterklärung des Herstellers**. Er erklärt mit Anbringen des CE-Kennzeichens, dass sein Produkt den gesetzlichen – insbesondere europäischen – Bestimmungen entspricht.

Leider gibt es immer wieder „schwarze Schafe“, die Siegel fälschen oder verwenden, wenn sie nicht angebracht sind. Firmen kreieren z. T. auch selbst Siegel, die nur geringe Aussagekraft haben. Diese Firmen haben die Erfahrung gemacht, dass sich solche Siegel verkaufsfördernd auswirken und die meisten Kunden den Aussagegehalt des Siegels ohnehin nicht kennen.

d) Prüfsiegel

Das Siegel „GS“ oder das Siegel, das bei der Hauptuntersuchung für Kraftfahrzeuge angebracht wird, sind die bekanntesten Prüfsiegel. Dabei werden die Produkte oder Fahrzeuge von staatlich zugelassenen Prüfstellen technisch überprüft, damit Risiken und Gefahren durch den Umgang ausgeschlossen werden können. Auch müssen z. B. Spielgeräte auf öffentlichen Spielplätzen regelmäßig auf Sicherheit überprüft werden.

e) Normungen

Normungen sollen es den Verbrauchern erleichtern, sich passende Produkte zu kaufen. Darüber hinaus helfen Normungen bei der Herstellung und beim Transport von Produkten.

Durch Normungen werden Gegenstände **vereinheitlicht**. Dabei sind keine Gesetze oder Vorschriften Grundlage. Normungen gehen lediglich auf **Empfehlungen** zurück, an die sich aber viele halten, was einen großen Nutzen für die Allgemeinheit mit sich bringt.

So unterliegen viele Produkte – z. B. Glühbirnen, Papiergrößen und Schrauben – Normungen, aber nicht alle. In vielen Ländern gibt es etwa noch unterschiedliche Stromstecker und Netzspannungen.

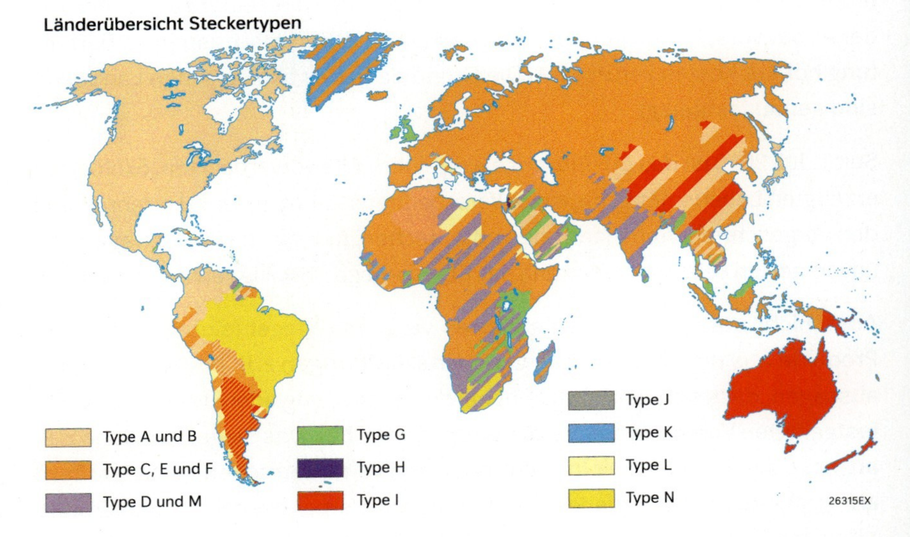

INFO

Die unterschiedlichen **Typen bei den Steckkontakten** ergeben sich durch die unterschiedlichen Stromspannungen und die unterschiedlichen Formen der Steckkontakte.

In Deutschland gibt es das **D**eutsche **I**nstitut für **N**ormung. Alle genormten Artikel tragen den Zusatz **DIN**. Das bedeutet, dass diese Produkte innerhalb Deutschlands immer gleiche Maße oder andere Gemeinsamkeiten haben.

DIN A 4 bedeutet z. B., dass ein Blatt Papier exakt 210 mm x 297 mm groß ist. Jeder Drucker oder Kopierer verwendet die gleichen Formate. Auch die Stecker an den Elektrogeräten passen bei uns in jede Steckdose, aber nicht überall im Ausland, wo für Geräte Adapter benötigt werden.

M1 Unterschiedliche Ladekabel und Speicherkarten

f) E-Nummern

Auf allen **Lebensmitteln** müssen die **Bestandteile und Zusammensetzungen** der Produkte angegeben werden. Die Anordnung erfolgt nach abnehmender Menge. Aufgrund von zunehmenden Allergien und Lebensmittelunverträglichkeiten ist es besonders wichtig zu wissen, was in den Lebensmitteln wirklich enthalten ist. Es gibt auch Verbraucher, die sich vegan oder vegetarisch ernähren wollen. Tierische Produktbestandteile verstecken sich sehr häufig in Lebensmitteln, von denen man es gar nicht erwartet.

M2 Was steckt im Joghurt?

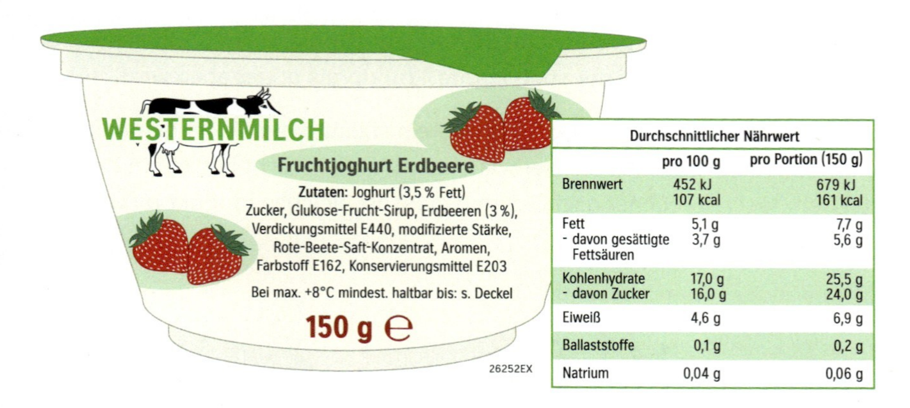

Durchschnittlicher Nährwert	pro 100 g	pro Portion (150 g)
Brennwert	452 kJ 107 kcal	679 kJ 161 kcal
Fett - davon gesättigte Fettsäuren	5,1 g 3,7 g	7,7 g 5,6 g
Kohlenhydrate - davon Zucker	17,0 g 16,0 g	25,5 g 24,0 g
Eiweiß	4,6 g	6,9 g
Ballaststoffe	0,1 g	0,2 g
Natrium	0,04 g	0,06 g

Alle **Zusatzstoffe**, die in der Europäischen Union zugelassen sind, sind mit **E-Nummern** gekennzeichnet. Dazu zählen z. B. unterschiedliche Farbstoffe oder Konservierungsstoffe. Auf diese Weise erfährt man etwa, ob in einem Joghurt frisches Obst, natürliche Aromastoffe oder nur Aroma (siehe Info) verwendet wurden. Natürliche Aromastoffe werden aus Früchten, Obst oder Gemüse hergestellt, dagegen wird Aroma künstlich erzeugt.

INFO

Auf einigen Lebensmitteln findet sich die **Bezeichnung „Typ"** oder **„Geschmack"**, z. B. Typ Erdbeere. Dann enthält das Produkt entweder gar keine oder nur sehr geringe Mengen der eigentlichen Zutat und der Geschmack kommt nur durch künstliche Aromen zustande.

AUFGABEN

1. Es gibt eine Vielzahl von Güte- oder Prüfsiegeln (Abschnitt a–d). Erkläre den Unterschied und diskutiere die Bedeutung für deine Situation als Verbraucher.
2. Überprüfe im Internet (*Methode* auf S. 43), welche Voraussetzungen erfüllt werden müssen, damit ein landwirtschaftlicher Betrieb seine Produkte mit dem staatlichen Biosiegel vertreiben darf (Abschnitt c).
3. Beurteile, ob eine Vereinheitlichung der Ladekabel oder Speichermedien (M1) von Vorteil wäre:
   a) aus Sicht der Verbraucher, **b)** aus Sicht der Unternehmen.
4. *Stühletausch:* Begründe an einem von dir selbst gewählten Beispiel, wie sich Normungen (Abschnitt e) positiv auf andere technische Entwicklungen auswirken.
5. Recherchiere, welche Zusatzstoffe in der EU zugelassen sind (Abschnitt f).
6. **a)** Wähle ein Produkt und vergleiche die Zutatenliste mit M2.
   b) Bewerte, ob die Angaben verständlich und hilfreich für Verbraucher sind.

Preisangabenverordnung

Preise haben in unserer Wirtschaftsordnung eine herausragende Funktion. Händler haben ein Interesse daran, den Preis ihrer Ware gering erscheinen zu lassen, und wenden hierbei auch verkaufspsychologische Tricks an. So ist euch sicherlich schon aufgefallen, dass eine Ware z. B. nicht mit 2,00 Euro ausgezeichnet wird, sondern meist mit nur 1,99 Euro, weil durch die Verwendung dieser sogenannten **Schwellenpreise** der Preis geringer erscheint.

Der Gesetzgeber regelt mit der **Preisangabenverordnung**, was er bei der Preisauszeichnung für zulässig ansieht und was nicht. Er verlangt unter anderem, dass alle ausgestellten Waren mit Preisen ausgezeichnet sind, dass diese Preise stets die gesetzliche Umsatzsteuer beinhalten und dass neben dem Gesamtpreis auch der sogenannte Grundpreis angegeben wird.

Der **Grundpreis** ist der Preis, der sich auf eine bestimmte Mengeneinheit (z. B. 1 kg, 1 l, 100 g) bezieht. Der Verbraucher möchte ja nicht bei jedem Produkt mit dem Taschenrechner nachrechnen müssen, welches Produkt wirklich das günstigere ist.

M3 Welches Angebot ist das beste?

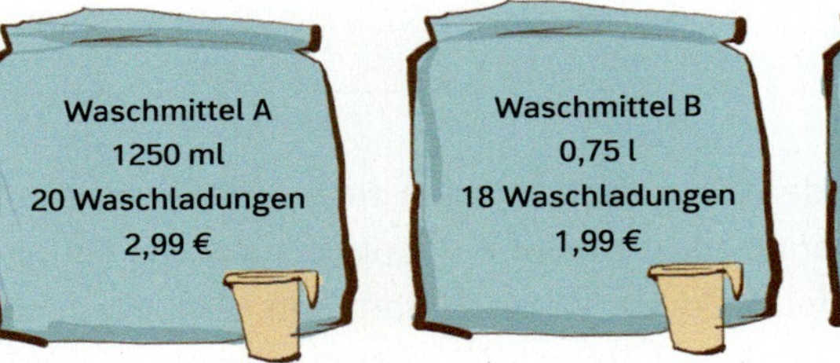

Neben der Preisangabenverordnung gibt es sehr viele andere Vorschriften, die Verbraucher schützen sollen. Ein weiteres Beispiel sind die **Gesundheitsvorschriften**, die im Lebensmittelbereich und in den Restaurants beachtet werden müssen.

AUFGABEN

1. *Placemat:* Verbraucherschutzverbände prangern häufig sogenannte Mogelpackungen an. Erläutere, was man unter einer Mogelpackung versteht.
2. Im Einzelhandel gibt es viele verkaufspsychologische Tricks. Gehe aufmerksam durch einen Discounter oder Supermarkt und
   a) beschreibe, wie die Waren dort angeordnet sind.
   b) erläutere, warum der Händler diese Anordnung gewählt hat.
   c) begründe, warum Eltern in der Kassenzone eines Supermarktes über die sogenannte „Quengelware“ schimpfen könnten.
3. Begründe, für welches Waschmittel aus M3 du dich bei den gegebenen Informationen entscheiden würdest.
4. *Fishbowl:* Diskutiert, ob die Musterfeststellungsklage die Zweifel in M4 entkräften kann.

Musterfeststellungsklage
Im Jahr 2015 wurde festgestellt, dass mehrere Hersteller von Dieselfahrzeugen die Abgaswerte ihrer Fahrzeuge manipuliert hatten. Die betroffenen Verbraucher konnten daraufhin ihre Fahrzeuge teilweise nur noch eingeschränkt nutzen und der Wert ihrer Fahrzeuge brach ein. Unter dem Eindruck dieses Dieselabgasskandals führte der Gesetzgeber das Verfahren der **Musterfeststellungsklage** ein. Sie soll die Durchsetzbarkeit der Verbraucherrechte erhöhen, wenn viele Verbraucher von gleichgelagerten Fällen betroffen sind.

M4 Kann ich mich als Verbraucher alleine wehren?

Herr Zweifler hat eine Gebühr von seiner Bank in Höhe von 7,48 Euro in Rechnung gestellt bekommen, die seiner Ansicht nach unwirksam ist. Er beschwert sich bei seiner Bank, die die Erstattung jedoch ablehnt. Auf der einen Seite will sich Herr Zweifler das nicht gefallen lassen und vor Gericht seine Ansprüche durchsetzen, auf der anderen Seite gehen ihm aber folgende Gedanken durch den Kopf:

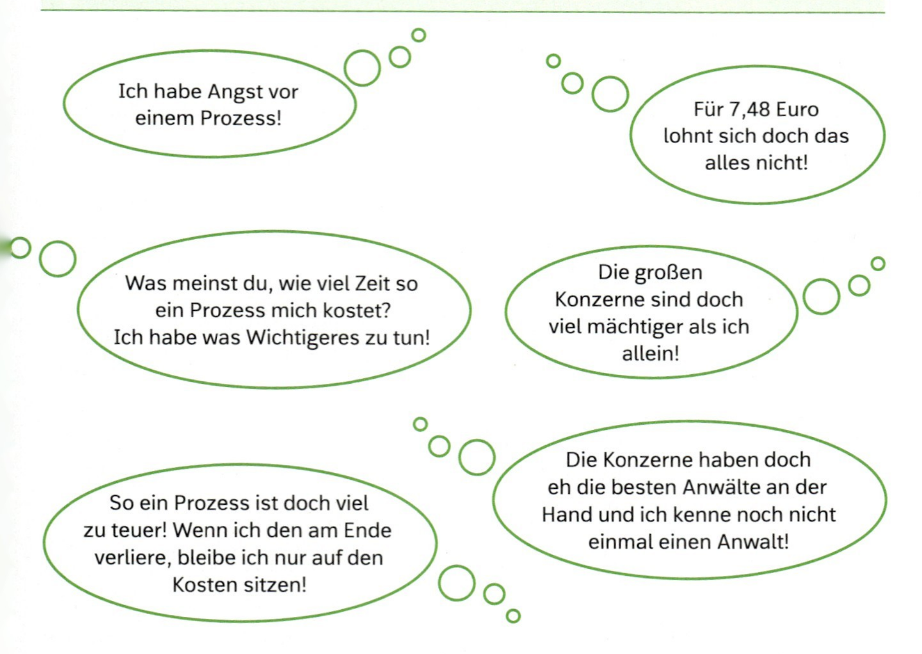

Bei **gleichartigen Massenverfahren** können jetzt **bestimmte Verbraucherschutzverbände** eine Musterfeststellungsklage vor Gericht einreichen. Die betroffenen Verbraucher müssen sich nur noch in einem Register registrieren lassen. Gewinnt der Verbraucherschutzverband die Musterfeststellungsklage, dann erspart es den Verbrauchern zwar nicht automatisch, einen eigenen Prozess zu führen. Für diesen eigenen Prozess sind aber die wesentlichen rechtlichen Fragen bereits entschieden. In dem Einzelprozess wird dann in der Regel nur noch über die konkrete Höhe des eingetretenen Schadens des Verbrauchers verhandelt.

3 Marketingstrategien und ihr Einfluss auf unser Kaufverhalten

3.1 Marketingstrategien

Marketing – was ist das?
Finn bekommt zum Geburtstag ein neues Handy. Das alte möchte er verkaufen, schließlich funktioniert es ja noch einwandfrei. Doch wie soll er das anstellen?

Er überlegt, welche seiner Freunde noch kein Handy besitzen und Interesse an seinem haben könnten. Zudem könnte er es optisch ein bisschen auf Vordermann bringen, es säubern und wieder in die Originalschachtel verpacken. Für verschiedene Internetverkaufsportale überlegt er sich einen Text, der sein Handy als besonders gut anpreist. Außerdem fragt er sich, wie hoch er denn den Preis ansetzen könnte. Es handelt sich schließlich um ein beliebtes Markenprodukt. Dazu sucht er im Internet gleiche Modelle, vergleicht den Zustand und den Preis.

Finn handelt, ohne es zu merken, nach Marketingstrategien. Sein Ziel ist es, sein altes Handy zu einem möglichst guten Preis zu verkaufen.

Marketing ist also alles, was den **Verkauf, den Absatz, einer Ware fördert**.

INFO

Marketingstrategien
alle Überlegungen und Maßnahmen, um ein Produkt gut auf dem Markt absetzen zu können

potenziell
(lat.: potentia = Kraft, Macht, Vermögen) möglich, denkbar

kreieren
(lat.: creare) erfinden, entwickeln, entwerfen

Marketingstrategien
Wie ist Finn nun vorgegangen? Schauen wir uns dazu noch mal seine Vorgehensweise an und vergleichen sie mit den Strategien von Unternehmen.

Marktforschung
Finn hat zunächst überlegt, wie die Situation in seinem Umfeld, also auf dem Markt, aussieht. Wer könnte Interesse an seinem Produkt haben? Er hat in seinem Freundes- und Bekanntenkreis gefragt. Dasselbe machen Unternehmen in **Umfragen auf dem Markt**. Sie möchten durch Meinungsforschung und Interviews herausfinden, wer ihre **potenziellen Käufer** sind und worauf es ihnen ankommen könnte.

Durch die Preisrecherche im Internet sieht Finn zugleich, wie viele von seinen Handys es aktuell auf dem Markt gibt und ob sich das Produkt gut verkaufen lässt. Auch Unternehmen prüfen den Markt darauf, ob es schon **ähnliche Produkte** gibt und ob sie gut angenommen werden. Zudem erforschen sie **Bedürfnisse und Wünsche der Kunden**, um ihr Produkt gegebenenfalls anzupassen oder sogar neu zu **kreieren**.

Produktpolitik
Finns Handy ist ein beliebtes Markenprodukt. Damit hat es schon einmal eine Eigenschaft, auf die viele Käufer Wert legen. Ziel eines jeden Unternehmens ist es, seine **Ware mit bestimmten Gefühlen und Stimmungen zu verbinden**. Ein bestimmtes Auto soll z. B. Familien ein Gefühl von Sicherheit und Komfort

geben, jüngeren Fahrern aber eher ein Gefühl von Schnelligkeit und Sportlichkeit. Ein Betrieb muss stets beachten, welche Käufer das Produkt kaufen sollen, ob Jung oder Alt, Arm oder Reich. Schon vor der Entwicklung eines neuen Erzeugnisses muss klar sein, wer es kaufen soll, damit man es so gestalten kann, wie der Kunde es möchte.

Preispolitik
Für die Bildung eines Preises auf dem Markt sind **Angebot und Nachfrage** entscheidend. Ebenso müssen **Absatzpreise** kalkuliert werden, also der Preis, den ein Unternehmen für ein bestimmtes Produkt auf dem Markt erzielen kann. Man kann schließlich nicht auf Dauer mehr Geld für die Herstellung ausgeben, als man beim Verkauf einnimmt. Finn muss diesen Aspekt nicht beachten, denn auch sein altes Handy hat er als Geschenk bekommen und musste selbst kein Geld einsetzen.

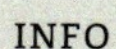

INFO

Betrachte dazu die Einkaufs- und Verkaufskalkulation im Fach Betriebswirtschaftslehre/ Rechnungswesen (BwR).

Allerdings möchte Finn einen angemessenen Preis erhalten. Er macht einen **Preisvergleich**. Auch für ein Unternehmen ist es wichtig zu wissen, wie viel Geld die Konkurrenz für ein bestimmtes Produkt verlangt. Nicht selten entscheiden Kunden bei ähnlicher Qualität und Leistung anhand des Preises. Nichtsdestotrotz spielt die Qualität heute oft eine größere Rolle als der Preis.

Kommunikationspolitik – Werbung und Öffentlichkeitsarbeit
Um Produkte und Dienstleistungen verkaufen zu können, müssen die Kunden erst einmal davon wissen. Darauf zielt Werbung ab. Hier gilt die **AIDA-Regel**. Zunächst muss der Kunde auf das Erzeugnis aufmerksam gemacht werden (**Attention**), dann muss sein Interesse an dem Produkt geweckt werden (**Interest**), anschließend der Wunsch, dieses zu haben (**Desire**), und schließlich soll es gekauft werden (**Action**).

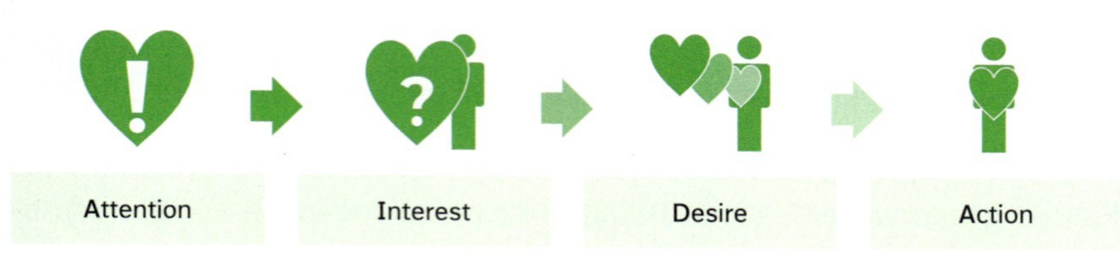

Vor allem im **Internet** wird Werbung sehr gezielt eingesetzt, da es hier viele Gestaltungsmöglichkeiten gibt. Unternehmen können ihre Produkte sehr kurzfristig, zeitlich genau und immer aktuell bewerben. Außerdem wird hier **Werbung personalisiert**, d.h. auf jeden einzelnen Nutzer abgestimmt.

WEBCODE

WES-116645-231
Film: Einfach erklärt:
Werbung durch Influencer

Nutzer, die in sozialen Netzwerken einen besonderen Einfluss oder eine herausragende Wirkung auf andere im Internet haben, werden als **Influencer** im Marketing eingesetzt. Beliebte **Blogger**, die regelmäßig Beiträge auf ihrer Seite veröffentlichen, eignen sich besonders als Influencer. Sie benutzen oft bestimmte Marken oder Produkte und machen auf diese Weise Werbung dafür. Influencer müssen keine echten Personen sein, sondern werden oft eigens erfunden und animiert, um neue Trends zu setzen.

INFO

Der Begriff **Influencer** ist abgeleitet von engl.: to influence = beeinflussen.
Blogger nennt man die Verfasser eines Weblogs, kurz Blog. Dies ist eine Art öffentliches Onlinetagebuch.

3.2 Informationsquellen und Formen der Kundenbindung

Informationsquellen

Noch vor einigen Jahren war das Internet die wichtigste **Informationsquelle** für Käufer. Inzwischen spielt auch die persönliche Auskunft wieder eine größere Rolle, wenngleich das Internet weiterhin von zentraler Bedeutung ist.

M1 Woher nehmen wir die Informationen für einen Kauf?

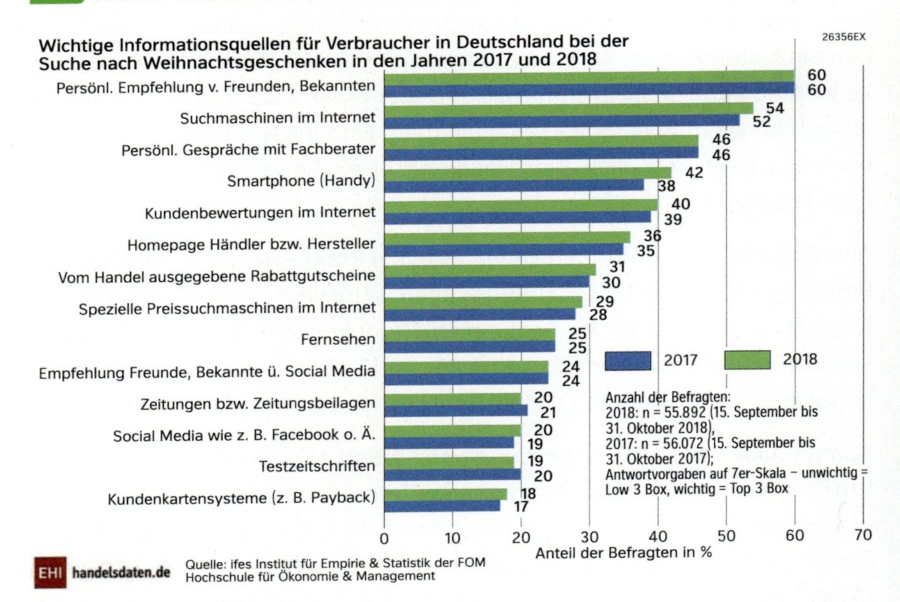

Formen der Kundenbindung

Kundenfreundlichkeit war schon immer wichtig, um Kunden an ein Unternehmen zu binden. Nur wer seine Käufer aufmerksam und nett behandelt, wird diese öfter in seinem Geschäft begrüßen können. Dies gilt auch im Internet.

Mit **Kundenbindungssystemen** wollen Unternehmen die Beziehung zu ihren Kunden gezielt weiter festigen. Häufig profitieren Kunden z. B. von **Bonusprogrammen**, wenn sie regelmäßig im gleichen Laden kaufen. Es gibt Prämien, Geschenke, Treuerabatte und sonstige Angebote, wie kostenlose Lieferung. Eine bevorzugte Behandlung, etwa geringere Wartezeiten, kann Kunden zu Stammkunden machen. **Kundenkarten** und **Newsletter** mit besonderen Aktionen oder ein VIP-Status bei bestimmten Kaufmengen binden die Kunden an ein Unternehmen oder eine Marke. Zugleich ermöglichen es solche Programme, **Daten über das Kaufverhalten der Kunden** auszuwerten.

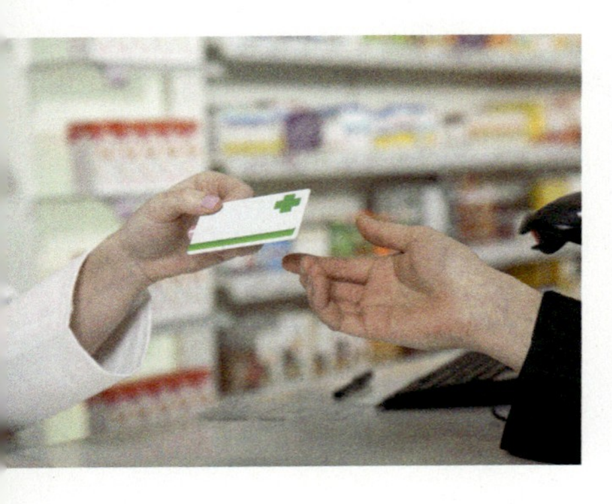

Einige Unternehmen arbeiten noch vielschichtiger. Sie möchten aus einem zufriedenen Kunden einen begeisterten Kunden machen, der das Label (die Marke) weiterempfiehlt und der sich **emotional** an das Unternehmen **bindet**. Dies geschieht z. B. durch persönlich gestaltete Dressbooks von Modelabeln oder durch die Schaffung einer limitierten (begrenzten) Käuferschaft, der nur ein – angeblich – erlesener Kreis angehört.

M2 Warum Kunden untreu werden und woanders einkaufen

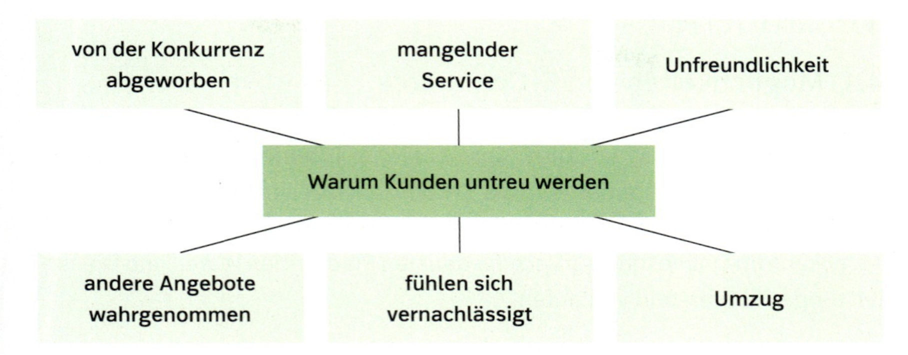

AUFGABEN

1. Ihr möchtet mithilfe der Hinweise auf S. 54/55 eine eurer gebrauchten Sachen verkaufen. Bildet Kleingruppen und
   a) entscheidet, welches Produkt ihr verkaufen möchtet.
   b) erstellt eine Umfrage, wer in der Klasse Interesse an dieser Ware haben könnte. Benutzt dazu ein Tabellenkalkulationsprogramm.
   c) gestaltet gemeinsam einen Werbeprospekt, der euer Produkt anpreist. Recherchiert nach einem realistischen Preis. Schätzt auch ein, worauf der Kunde besonders achten wird.
   d) stellt euer Produkt in der Klasse vor. Fragt, wer es nun tatsächlich kaufen würde und warum.
2. Einige Influencer (S. 55) haben Millionen Follower. Diskutiert, wie groß der Einfluss von Influencern auf euer eigenes (Kauf-)Verhalten ist.
3. Wenn du im Internet eine Seite öffnest, wird am Rand oft Werbung von Dingen eingeblendet, nach denen du kürzlich gesucht hast.
   a) Hinterfrage, auf welche Weise dies zustande kommen könnte.
   b) Entwickle Ideen, wie du das umgehen könntest.
   c) Diskutiert in der Klasse, ob euch diese Art der Werbung beeinflusst.
4. Du möchtest einen neuen Schulrucksack kaufen, weißt aber noch nicht welches Modell. Begründe im Gespräch mit einer Partnerin oder einem Partner, wie du vorgehst. Nutze dazu auch M1.
5. Beurteile die Informationsquellen in M1 hinsichtlich ihrer Seriosität.
6. *Think-Pair-Share*:
   a) Nenne ein Geschäft oder einen Onlineshop, in dem du gern einkaufst.
   b) Besprecht zu zweit, warum ihr gerne dort Kunden seid.
   c) Diskutiert in der Klasse, welche Gründe es dafür geben könnte, dass ihr dort nicht mehr einkaufen würdet. Nutzt dazu auch M2.
7. Bestimmt bist du auch schon mit Maßnahmen zur Kundenbindung (S. 56) in Berührung gekommen. Falls nicht, recherchiere ein Beispiel.
   a) Beschreibe ein dir bekanntes Beispiel für Kundenbindung.
   b) Begründe, ob du ein Kundenbindungssystem, bei dem du deine persönlichen Daten hinterlegen sollst, nutzen würdest oder nicht.
   c) Diskutiert eure Ansichten zu Aufgabe 6 b in der Klasse.

4 Nutzung elektronischer Medien als Verbraucher

4.1 Möglichkeiten von E-Commerce

WEBCODE

WES-116645-241
Informationen des Bayerischen Ministeriums für Umwelt und Verbraucherschutz zum wirtschaftlichen Verbraucherschutz bei Internet und E-Commerce

Immer mehr Verbraucher tätigen ihre Käufe im Internet. Der elektronische Handel, auch Onlinehandel, wird als E-Commerce bezeichnet und meint den **Ein- und Verkauf mittels Internet**. Dazu muss man kein Unternehmer sein. Jeder kann im Onlineshop auf verschiedensten Plattformen Waren und Dienstleistungen kaufen und verkaufen.

Die **Vorteile aus Kundensicht** sind vielfältig:

- **Unabhängigkeit von Öffnungszeiten**
  Bequem vom Sofa aus kann der Kunde zu jeder Zeit seinen Einkaufsbummel machen, rund um die Uhr, 24/7 (Stunden/Tage), völlig unabhängig von jeglichen Öffnungszeiten.
- **Größere Produktauswahl**
  Vor Ort hat ein Verbraucher oft nur wenige Geschäfte, die sein Wunschprodukt anbieten. Im Onlineshop jedoch findet er eine weltweite Auswahl an Marken, Preisen und Varianten vor. Manchmal ist sogar eine individuelle Anpassung an den Kundenwunsch möglich. Es gibt viele Waren, die nur noch online verfügbar sind.
- **Schneller Produktvergleich möglich**
  Im Onlinehandel kann man schnell die unterschiedlichen Eigenschaften miteinander vergleichen und auch auf Details achten. In Vergleichsportalen können Preise und Qualität einfach verglichen werden, sodass der Kunde schnell das beste Angebot finden kann. Genaue Produktbeschreibungen und Kundenrezensionen (siehe Kap. II.1, S. 37) können bei der Auswahl helfen.
- **Lieferung**
  Eine schnelle Lieferung, oft über Nacht, an einen Wunschort ist möglich.

4.2 Gefahren von E-Commerce

Zeichnung: HSB-Cartoon

Der Onlinehandel hat nicht nur Vorzüge. Die Schattenseiten werden jedoch vom Verbraucher oft gar nicht wahrgenommen.

Die Bestellung am Wochenende von der Couch aus kann auch ihren Preis haben, im wahrsten Sinne des Wortes. Ein **Preisvergleich** zu verschiedenen Wochentagen oder Uhrzeiten kann sich lohnen. Oft sind die Angebote am Sonntagabend teurer als z. B. am Dienstagvormittag.

Für viele ist es nach wie vor wichtig, das Produkt anzufassen und auszuprobieren. Vor allem bei **Größen, Material und Qualität** sieht die Realität oft anders aus, als das Bild im Internet verspricht.

Zudem sollten Kunden **einige Dinge beachten**, wenn sie online bestellen:

- Sind die **Preise** tatsächlich Endpreise? Sind alle Verpackungs- und Versandkosten berücksichtigt? Ist die Mehrwertsteuer auch beim Kauf im nichteuropäischen Ausland enthalten?
- Ist eine **Rücksendung** einfach und kostenfrei möglich?
- Hat der Onlinehändler seine **echte Anschrift und Telefonnummer** angegeben? Wie teuer ist die **Kundenservicenummer**?
- Sind die **Allgemeinen Geschäftsbedingungen** (siehe Kap. IV.2, S. 130) einfach zu finden und verständlich formuliert?
- Werden meine **Kundendaten** sicher verwahrt oder womöglich zu Werbezwecken an Dritte weitergegeben?
- Kann ich auch bestellen, ohne ein **Kundenkonto** anlegen zu müssen?

Wenn Verbraucher klassische **Suchmaschinen**, spezielle **Preissuchmaschinen oder Vergleichsportale** nutzen, dann sollten sie wissen, dass

- manche Händler versuchen, **Suchmaschinen zu beeinflussen**, oder dafür **zahlen** (Sponsorenlinks), um oben in der Ergebnisliste zu stehen,
- **Preissuchmaschinen** und **Vergleichsportale** oft **nicht völlig unabhängig** sind, da sie z. B. von Werbung und Vermittlungsprovisionen leben,
- sogenannte **Bots** eigens produziert werden, um z. B. Kundenrezensionen zu schreiben und damit die Beliebtheit eines Produkts zu ändern,
- die Verweildauer und die Augenbewegungen eines Kunden auf Internetseiten gemessen wird, um zu sehen, was er genauer betrachtet (**Eye-tracking-Verfahren**).

Die **Bezahlung im Onlineshop** ist meist auf verschiedene Weisen möglich.

Herkömmliche Bezahlverfahren

In vielen Fällen können Verbraucher auf **Rechnung**, auch **invoice**, bestellen, was allerdings oft mit Kosten verbunden ist. Häufig ist auch eine Bezahlung per **Nachnahme**, per **Vorkasse** oder klassisch per **Überweisung** möglich.

Elektronische Bezahlverfahren

- Bei der Zahlung mit **Kreditkarte** gibt man die Kartennummer, Gültigkeitsdauer der Karte und den Sicherheitscode ein.
- Für **Online-Überweisungen** (Onlinebanking) gibt es verschiedene Systeme wie z. B. giropay, paydirekt oder die Sofortüberweisung.
- Bei der elektronischen **Lastschrift** erhält der Händler eine Einzugsermächtigung vom Kundenkonto über das **SEPA**-Verfahren.
- **Inkasso- oder Billingsysteme** sind zwischen den Anbieter und den Kunden geschaltet. Der Kunde erhält eine Kundennummer und ein Passwort.
- Durch den **Ratenkauf** verpflichtet sich der Kunde zur Zahlung der Teilbeträge an eine Bank, die zwischen dem Händler und dem Kunden arbeitet.
- Speziell bei Musikdownloads wird der Betrag oft direkt über die **Handyrechnung** verrechnet.

INFO

Bot
(von engl.: robot) Computerprogramm, das bestimmte Aufgaben automatisiert ausführt; Social Bots ahmen in sozialen Medien reale Menschen nach und können u. a. kommentieren, liken und retweeten, z. B. um Werbung zu verbreiten.

Eye-tracking-Verfahren
Websites zeichnen auf, welche Produkte ein Kunde auf einer Seite genauer betrachtet hat. Diese Daten werden dem Kundenprofil hinzugefügt.

Vorkasse
Bezahlung des Preises vor Übersendung der Ware

Die anderen Verfahren kennst du schon aus BwR in Klasse 7.

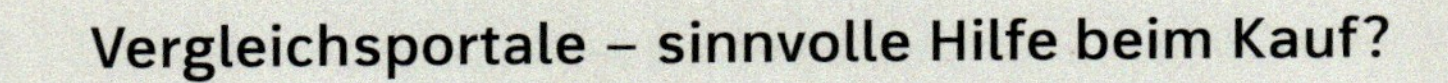

Vergleichsportale – sinnvolle Hilfe beim Kauf?

Du möchtest gern eine Fitnessuhr haben. Leider haben deine Eltern keine Zeit, mit dir einkaufen zu gehen. Du siehst also im Internet nach.

Schnell wirst du fündig. Du hast zwei Uhren entdeckt, die dir auf Anhieb gefallen.

Allerdings soll nicht nur die Optik entscheiden. Dir sind auch Kriterien wichtig wie Preis, Gewicht und Qualität.

AUFGABEN

1. a) Recherchiere im Internet nach zwei Uhren unterschiedlicher Marken.
   b) Gehe in ein Vergleichsportal und vergleiche die Uhren.
   c) Erstelle eine Übersicht, in der du einträgst, wie die Uhren in den dir wichtigen Kriterien abschneiden. Diese kann so aussehen:

	Uhr A		Uhr B	
Preis	49,95 €	++	37,99 €	+++
Optik	schlank, Display groß	+++	rund, klobig	+
Farbdisplay	nein	+	ja	+++
wasserdicht	ja	+++	nur Spritzwasser	+
kompatibel zu Handy	ja, sogar Nachrichten lesbar	+++	ja, aber nur Signalton	+
Rezension	4,5 von 5 Punkten	+++	3,8 von 5 Punkten	++

2. Begründe, für welches Produkt du dich entscheiden würdest.
3. Schildere, welche Rolle bei deiner Entscheidung die Rezensionen anderer Kunden spielten.
4. a) Einigt euch zu zweit auf eine Fitnessuhr und recherchiert dazu auf drei verschiedenen Angebotsplattformen. Vergleicht diese Seiten bezüglich
   - Preis,
   - Versandkosten,
   - Layout der Plattformen und
   - Hinweise zum Datenschutz.

   b) Begründet, wo ihr eure Uhr tatsächlich kaufen würdet. Vergesst nicht, dass es auch ein Geschäft vor Ort sein könnte.
5. Diskutiert, inwiefern der Gebrauch einer solchen Uhr für euren persönlichen Datenschutz gefährlich sein kann.
   a) Beachtet, was diese Uhren alles können.
   b) Nutzt dazu die unter dem Webcode angegebenen Internetseiten.

WEBCODE

WES-116645-242
Informationen des Bayerischen Staatsministeriums für Umwelt und Verbraucherschutz zum Thema Datensicherheit im Internet

5 Möglichkeiten und Gefahren sozialer Medien

5.1 Formen und Ziele sozialer Medien

Soziale Medien, oder auch Social Media, sind Plattformen, Websites oder Apps im Internet, auf denen die Nutzer (User) Interessen, Meinungen und Wissen teilen können. Es gibt verschiedenste Plattformen, die ähnliche, aber doch unterschiedliche Schwerpunkte haben und verschiedene Zwecke erfüllen. Das **zentrale gemeinsame Merkmal** ist, dass man **interaktiv** tätig werden kann und mit den anderen Usern kommunizieren kann.

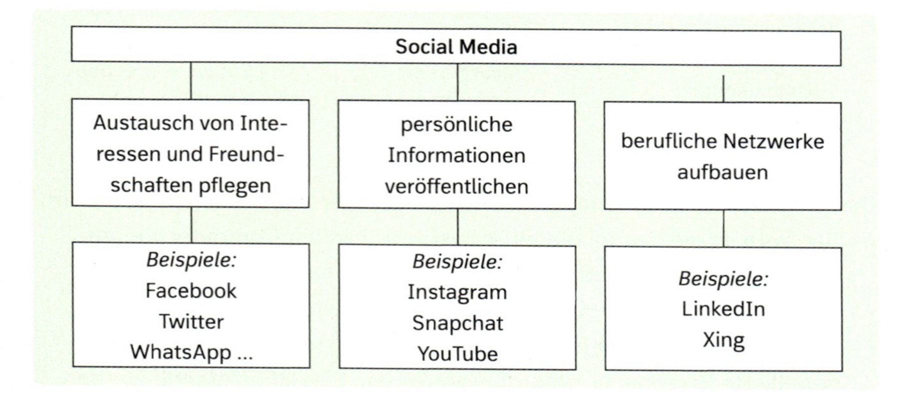

Bevor man jedoch als **User** an den sozialen Medien teilnehmen kann, muss man ein **Profil** mit bestimmten persönlichen Daten anlegen. Auf nahezu allen Plattformen kannst du dann Inhalte auf Dauer veröffentlichen, z. B. als **Posts** oder **Newsfeeds**.

Es gibt aber auch die Möglichkeit, deine Veröffentlichungen automatisch wieder verschwinden zu lassen, wie z. B. durch sogenannte Stories oder **Statusmeldungen**. Auf diesen Wegen können auch die anderen Nutzer mit dir kommunizieren und auf deine Meldung antworten und reagieren.

Soziale Medien leben von den **Mitgliedern**, die sich miteinander verbinden, unabhängig davon, ob sie sich im realen Leben kennen oder nicht. Man kann dann auch zu bestimmten Interessen offene oder geschlossene Gruppen (**Communities**) gründen.

Eine weitere Erfindung der Social Media sind **Hashtags** (#), die es seit 2007 gibt und die Schlagworte in Posts kennzeichnen, damit man deren Inhalte und Themen in sozialen Netzwerken leichter finden kann.

INFO

Post/Posting
Beitrag in einem Internetforum, den sozialen Netzwerken oder in einem Blog

Newsfeed
„Nachrichtenstrom", über den ein Anbieter die Nutzer ständig über Neuigkeiten informiert

Story
„Erzählung", z. B. in Form von Bildern

Statusmeldung
Möglichkeit, über einen Messenger-Dienst mit seinen Kontakten Texte, Bilder oder Videos zu teilen

Hashtag
Ein Hashtag ist ein Rautekreuz #, das Schlagworte einleitet, z. B. #Schulbuch. Setzt man Hashtags unter einen Post, wird er leichter gefunden.

AUFGABEN

1. Gib an, welche Inhalte du hinter dem Hashtag #Schule vermutest.
2. Diskutiert, wie User die tatsächlichen Inhalte hinter einem Hashtag beeinflussen können.

5.2 Rechtliche und ökonomische Aspekte

Seit dem Jahr 2018 gelten für die Datenverarbeitung im Internet besondere europaweite Vorschriften – die **Datenschutz-Grundverordnung (DS-GVO)**. Sie bildet den datenschutzrechtlichen Rahmen innerhalb der Europäischen Union (EU) und schützt den Verbraucher im Zeitalter von Big Data, Webtracking und Cloud-Computing.

Aber was ist das denn nun wieder?

WEBCODE

WES-116645-243
Gesetzestexte werden in Amtsblättern veröffentlicht. Die DS-GVO findest du im **Amtsblatt der Europäischen Union**.

Big Data	Webtracking	Cloud-Computing
Verarbeitung enorm großer Datenmengen	Sammlung und Auswertung von Besucherdaten auf Websites	Bereitstellung von Speicherplatz und Software über das Internet

Der **wirtschaftliche (ökonomische) Nutzen** dieser Möglichkeiten ist enorm:

- **Big Data** ist die Grundlage für Industrie 4.0, in der Computer weitgehend automatisiert und selbstständig untereinander agieren können. Hierzu müssen riesige Datenmengen gleichzeitig verarbeitet werden.
- Auch für **Webtracking** ist Big Data nötig, denn nur dadurch können detaillierte Persönlichkeitsprofile von jedem Einzelnen erstellt werden, der sich im Internet bewegt.
- Zudem nutzen viele User zur Ablage von persönlichen Daten sogenannte **Clouds**, Speicherorte im Internet.

INFO

Laut Bundesministerium der Justiz und für Verbraucherschutz beträgt der Wert der Daten 440 Euro pro User und Jahr.

Diese Daten sind im Einzelnen vielleicht nicht viel wert. Einen persönlichen Datensatz kann man schon für 25 Cent erhalten. Wenn man aber weiß, dass diese **Daten millionenfach weiterverkauft** werden, dann wird einem schnell klar, wie viel Umsatz sich damit erzielen lässt.

5.3 Chancen und Gefahren

Kathi hat vor Kurzem ein Konto, einen **Account**, im sozialen Netzwerk Sofortgram angelegt. Dazu musste sie ihren Namen angeben, einen Benutzernamen erfinden sowie ihr Geburtsdatum, ihre E-Mail-Adresse und ihre Telefonnummer nennen. Nicht wirklich viele Informationen, findet sie. Sie legt auch gleich los und postet fleißig Bilder und veröffentlicht Stories. Die Bilder kann sie mit Verzierungen oder Text versehen und sogar animieren.

Schon nach ein paar Tagen fällt ihr auf, dass sie auf ihrer E-Mail-Seite vermehrt **Werbung** erhält. Zudem sind dort seitlich Werbebanner von Dingen zu sehen, nach denen sie kürzlich suchte. Außerdem bemerkt sie, dass in einem anderen Portal der sozialen Medien die Namen ihrer Freunde genannt werden, sobald diese auf Bildern zu sehen sind.

Kathi findet personalisierte Werbung toll. Auch den **schnellen Austausch** von Texten, Bildern und Filmen zwischen Freunden und oftmals weit entfernten Verwandten schätzt sie sehr. Und das Onlinespiel mit englischen Mitspielern verhilft sogar zum **Vokabeltraining**, zumindest in diesem einen Fachbereich.

Allerdings sollte man eines wissen: **Persönliche Kundendaten** bleiben nicht persönlich. Einige der Anbieter sozialer Plattformen geben ihre Kundendaten untereinander weiter. Sogenannte **Cookies** sammeln persönliche Daten, und viele dieser Daten werden verkauft. Das Datennetzwerk ist also weltweit verzweigt und fasst letztlich alle bekannten persönlichen und geschäftlichen Daten einer Person zusammen.

INFO

Cookies
sind Daten, die Informationen von Internetseiten speichern, die du besuchst. Sie werden beim nächsten Mal wieder aufgerufen.
Cookies speichern also dein Verhalten und deine Wege im Internet.

Auch die **Industrie** nutzt persönliche Daten, wie z. B. die Autoindustrie. Sie verwertet die Informationen zum persönlichen Standort, um bei einem Schaden oder Unfall einen Notruf abzusetzen. Das automatisierte Fahren kann ebenfalls nur funktionieren, wenn man den eigenen Standort veröffentlicht.

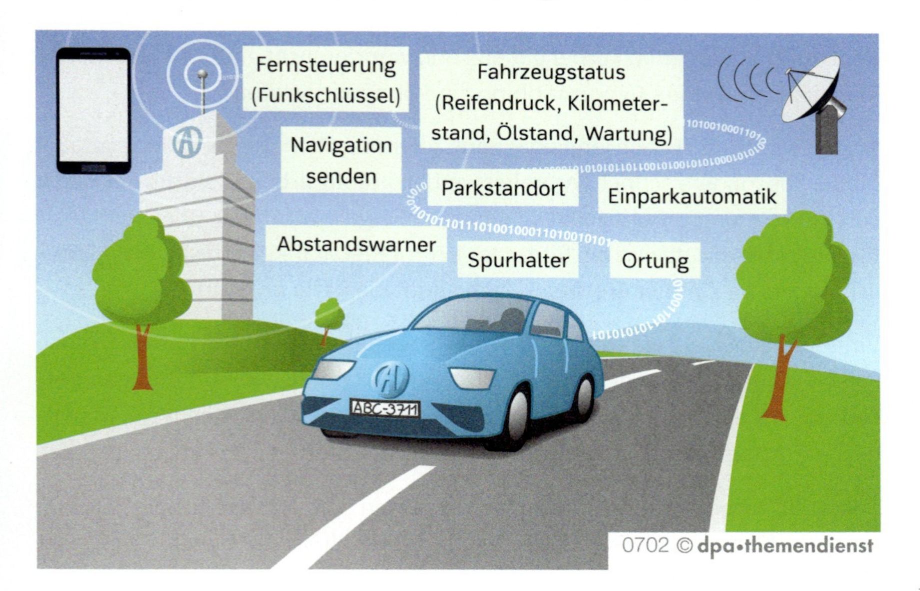

0702 © dpa•themendienst

Ebenso nutzen alle möglichen **Interessenvertreter**, Politiker und Lobbyisten die sozialen Medien, um die Bevölkerung über eigene Inhalte zu informieren. Gerade im Wahlkampf oder bei der Durchsetzung bestimmter Belange und Standpunkte spielen soziale Medien mittlerweile eine zentrale Rolle.

INFO

Lobbyist
ist jemand, der versucht, für bestimmte Interessengruppen, wie z. B. Auto- oder Tabakindustrie, aber auch Verbände, die Politik in eine bestimmte Richtung zu beeinflussen.

Allerdings sollte man immer daran denken, dass letztlich jede Person Inhalte, Ideen und Ansichten im Internet veröffentlichen kann und damit alle möglichen Meinungen erzeugen und lenken kann. Wenn du an die Social Bots denkst, dann weißt du, dass diese Gedanken schnell und vielfach verbreitet werden können.

INFO

Stimmungsmache im Netz

Shitstorm
Sturm der Entrüstung im Internet, der häufig mit Beleidigungen einhergeht

Cybermobbing
Schikanieren, Diffamieren und Verleumden von konkreten Personen über das Internet

Kettenbrief
Brief, der vom Empfänger mehrfach kopiert und weitergeschickt wird

viral
wenn sich Inhalte sehr schnell und weit im Internet verbreiten

Fake News
Falschinformationen oder Nachrichten mit falschem, vorgetäuschtem oder manipuliertem Inhalt

Propaganda
systematische und zielgerichtete Verbreitung von bestimmten, oft falschen politischen Inhalten und Meinungen

Aus einer neutralen und informativen Meinungsbildung kann schnell negative **Stimmungsmache** werden:

Kathi postet auf ihrem Account ein Bild von sich in der neuen und ausgefallenen Jeans. Schnell finden sich Neider, die gemeine Kommentare unter das Bild setzen. Sie versucht, sich zu wehren, was aber nur dazu führt, dass noch mehr Personen Beleidigungen oder sogar Hasskommentare schreiben. Es bricht wie eine Welle über sie herein. Man spricht von einem **Shitstorm**.

Kathis Bild und die Kommentare führen dazu, dass Mitschülerinnen und Mitschüler beginnen, sich hinter ihrem Rücken und im **Chat** zu unterhalten. Sie wird gemobbt und ausgegrenzt. Schlimmer noch wird es, als ihr Foto abgeändert und bearbeitet im Netz auftaucht. Viele machen sich lustig darüber. Als Höhepunkt wird ihr Kopf auf einen anderen Körper gesetzt und veröffentlicht. Kathi ist verzweifelt. Manche Formen des **Cybermobbing** sind übrigens strafbar.

Kettenbriefe sind schon lange bekannt. Allerdings können sie in den sozialen Medien besonders schnell verbreitet werden. Häufig arbeiten sie mit der Angst von Kindern und prophezeien schlimmste Folgen, wenn der Brief nicht weitergeleitet wird. Oft wird ein Bild einer Horrorgestalt mitgeschickt, die angeblich nachts im Zimmer erscheint, wenn man die Kette unterbricht.

Viral über das Netz verbreiten sich auch sogenannte **Fake News**.Durch diese Falschinformationen können gefährliche, meist politische Stimmungen entstehen und die Menschen gezielt getäuscht werden. Zweck ist oft eine politische **Propaganda** oder Verzerrung von Wahrheiten.

Selbst in **Tutorials** oder **Erklärvideos** können sich falsche Inhalte finden. Schließlich kann jeder ein Video erstellen und es im Netz anbieten. So besteht in einem dieser Videos die Bundesrepublik Deutschland aus 17 statt 16 Bundesländern oder der Satz von Pythagoras wird mit dem Satz des Thales erklärt.

AUFGABEN

1. Reflektiert in der Gruppe, wie man Stimmungsmache und Fake News im Netz aufdecken könnte. Bezieht folgende Aspekte in eure Diskussion mit ein: Zensur von Beiträgen im Hinblick auf das Recht auf Meinungsfreiheit und Kennzeichnungspflicht von Bots (siehe S. 59).
2. Der Roboter links kann sich durch Big Data mit den Menschen unterhalten und ihnen sogar helfen, z. B. in Pflegeheimen.
   a) Findest du das gut? Begründe deine Antwort.
   b) Diskutiert, nach welchen Kriterien ein programmierter Roboter ein Menschenleben retten würde. Nach welchen Kriterien würdet ihr persönlich handeln? Seht ihr Unterschiede?

Fußabdrücke im Netz – Umgang mit persönlichen Daten

Fußabdrücke im Netz

Das ist ja super!	Echt jetzt?
Auf den Fotos können alle sehen, wie toll es hier ist!	Mein Chef hat die Fotos vom Ausflug auch gesehen. Dabei war ich doch offiziell krank.
Es ist total praktisch, wenn ich Werbung speziell für mich bekomme.	Ich bekomme aber plötzlich ganz viele seltsame Werbung und komische Anfragen.
Wenn ich mein Passwort speichere, muss ich es nicht immer eingeben.	Wenn jemand anderer an meine Daten gelangt, dann kann er in meinem Namen alles machen, auch Straftaten begehen.
Meine Freunde können immer sehen, wo ich gerade bin.	In dieser Zeit waren Einbrecher in unserer Wohnung!

Nach: Gute Daten – schlechte Daten (Grafik), in: Personenbezogene Daten. Was Unternehmen über dich wissen, www.wirtschaftswerkstatt.de/Content/74/Themen/Daten/Was_Unternehmen_ueber_dich_wissen.html (Zugriff: 30.1.2019) (verändert)

WEBCODE

WES-116645-251
Film: Einfach erklärt:
Sicher unterwegs im Internet

AUFGABEN

Stell dir vor, du wirst von jemandem gefragt, ob du ihm folgende persönliche Daten geben würdest:

- deine Telefonnummer
- deine E-Mail-Adresse
- Telefonnummern von den Kontakten in deinem Telefonbuch
- dein Profilbild und andere Bilder
- Daten zum Nutzungsverhalten, z. B. wie oft und lange du online bist
- Informationen zu Funktionen, die du nutzt
- Daten zu deinem Smartphone (Modell, Mobilfunknetz etc.)
- Informationen zu deinem aktuellen Standort.

1. Entscheide für dich, welche der Informationen du mitteilen würdest.
2. Besprecht eure Entscheidungen in Zweiergruppen und begründet dabei, warum ihr manche Informationen vielleicht nicht freigeben würdet.
3. Diskutiert in der Klasse eure Haltung zur Weitergabe von persönlichen Daten.
4. Jemand möchte all diese Daten an jemanden anderen weitergeben. Begründe, ob du damit einverstanden oder dagegen wärst.
5. All die oben genannten Informationen werden von den meisten Anbietern in sozialen Netzwerken gesammelt und dokumentiert. Reflektiere, ob dir diese Datensammlung wirklich recht ist.

Hemdenkauf – (k)eine leichte Entscheidung?

Charly muss sich für die nächste große Familienfeier einkleiden. Er möchte seine schwarze Jeans tragen, braucht dafür aber ein weißes Hemd. Eigentlich weiß er gar nicht, warum er sich extra so einen „feinen Zwirn" kaufen soll, aber seine Mutter besteht darauf und sie weist ihn darauf hin, dass er das Hemd auch für kommende Bewerbungsgespräche für eine Ausbildungsstelle oder ein Praktikum gebrauchen kann. Außerdem möchte er zusammen mit seiner Clique einen Tanzkurs machen. Für den Abschlussball wäre das Outfit ebenfalls gut zu gebrauchen.

Nun überlegt er, welche Größe er braucht. Von seiner Mutter weiß er, dass die Hemdgröße oft mit der Weite des Kragens angegeben wird. Er ist sich aber nicht sicher, ob er Kragenweite 37 oder 38 hat. Und welche Marke ist die beste? Wo soll er das Hemd kaufen? Was kostet eigentlich so ein Hemd?

Er fängt an, im Internet zu recherchieren, und stößt auf ein Hemd der Marke „Eleganz", das recht schick aussieht. Der Hersteller wirbt mit hochwertigem Stoff und guter Verarbeitung. Auch die Kundenbewertungen lesen sich toll.

1 *Stühletausch:* Eine der Kundenbewertungen zu dem Hemd lautet:

> ☆☆☆☆
> Das Hemd hat eine hervorragende Qualität. Es lässt sich sehr gut waschen, und wenn man es zum Trocknen auf einen Kleiderbügel hängt, dann ist es wirklich bügelfrei. Nur zu empfehlen!!!

a) Beurteile, wie vertrauensvoll solche Bewertungen sind.
b) Nenne andere Quellen, die deine Kaufentscheidung verlässlich unterstützen können, und begründe, warum du ihnen vertraust.

2 *Think-Pair-Share:* Auf folgenden drei Wegen könnte Charly zu seinem Hemd gelangen.

Fall A: Charly findet einen Onlinehändler, der die Marke „Eleganz" führt. Das Hemd kostet 19,99 Euro. Erst ab einem Mindestbestellwert von 50,00 Euro ist der Versand kostenfrei. Die Versandkosten betragen ansonsten 3,95 Euro. Da Charly seine Größe nicht genau kennt, überlegt er, dass er das Hemd ja gleich in zwei Größen bestellen und dann das schlechter passende Hemd zurücksenden könnte.

Fall B: Charly fährt zum Herrenausstatter in die nächstgelegene Stadt, die 20 km weit weg ist. Er probiert dort Hemden der Marke „Eleganz" an. Größe 37 würde gerade noch passen, sitzt am Hals aber doch etwas eng. Größe 38 ist für ihn angenehmer zu tragen. Das Hemd gefällt Charly gleich auf Anhieb. Es ist im Angebot und kostet 26,00 Euro.

Fall C: Charly sucht im Internet nach Secondhand-Hemden. Nach langer Suche findet er ein Hemd der Marke Eleganz in der Größe 37. Das Hemd wurde zwei Mal getragen, gewaschen und ist nahezu neuwertig. Der private Händler schließt einen Umtausch vollständig aus. Mit Versand kostet das Hemd 14,00 Euro.

a) Diskutiert Vor- und Nachteile der Kaufentscheidungen in den Fällen A bis C. Berücksichtigt neben ökonomischen auch ökologische Aspekte.

Fall	Was spricht für den Kauf?	Was spricht gegen den Kauf?
A	• ... • ...	• ... • ...
B	• ... • ...	• ... • ...
C	• ... • ...	• ... • ...

b) Reflektiert, welche Möglichkeiten Charly hätte, auch soziale Aspekte in den Hemdenkauf einzubeziehen.

3 a) Formuliere Tipps, worauf Charly achten sollte, um so viele Fallen wie möglich beim Internetkauf zu umgehen. Tausche deine Ergebnisse mit deiner Banknachbarin oder deinem Banknachbarn aus.
b) Erstelle eine Tabelle mit unterschiedlichen Möglichkeiten, die Einkäufe im Internet zu bezahlen. Gehe dabei auf mögliche Vor- und Nachteile der unterschiedlichen Zahlungsmöglichkeiten ein.

4 a) Charly sieht im Internet das nebenstehende Siegel. In diesem Schuljahr hat er im Unterricht einige Siegel kennengelernt, aber dieses war nicht dabei. Recherchiere im Internet, was das Siegel aussagt, und beurteile, ob es vertrauenswürdig ist.
b) Nenne weitere Siegel, die dir Auskunft über die Herstellungsbedingungen oder die Qualität der Ware geben könnten.

5 Nach dem Hemdenkauf bekommt Charly im Internet immer wieder Modewerbung eingeblendet. Er fühlt sich ausspioniert. Seine Freundin Kathi hingegen meint, dass dies doch ein sehr praktischer Service sei.
a) Spielt in Zweiergruppen die Diskussion zwischen beiden nach.
b) Tragt eure Argumente in der Klasse zusammen.

6 a) *Galeriegang:* Gestaltet in Gruppenarbeit am Beispiel des Hemdenkaufs oder anderen Beispielen Plakate zu den ökonomischen, ökologischen und sozialen Aspekten einer Kaufentscheidung. Geht dabei darauf ein, welche Fragen bzw. Informationen von Bedeutung sind und welche Handlungsmöglichkeiten die Verbraucher haben.
b) Präsentiert euer Ergebnis einer anderen Wahlpflichtfächergruppe oder macht eine Ausstellung zu diesem Thema.

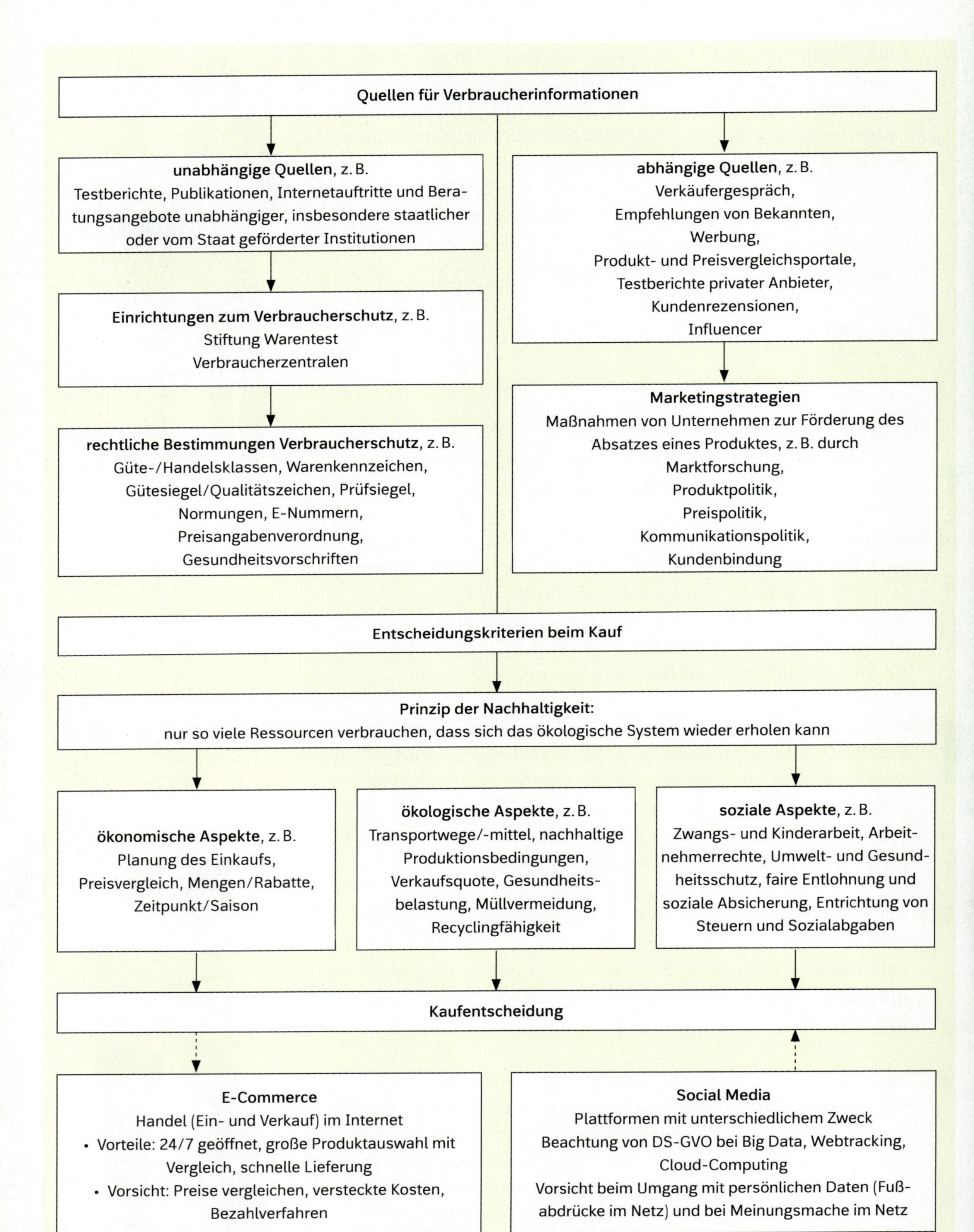
Quellen für Verbraucherinformationen
unabhängige Quellen, z. B.
Testberichte, Publikationen, Internetauftritte und Beratungsangebote unabhängiger, insbesondere staatlicher oder vom Staat geförderter Institutionen
Einrichtungen zum Verbraucherschutz, z. B.
Stiftung Warentest
Verbraucherzentralen
rechtliche Bestimmungen Verbraucherschutz, z. B.
Güte-/Handelsklassen, Warenkennzeichen, Gütesiegel/Qualitätszeichen, Prüfsiegel, Normungen, E-Nummern, Preisangabenverordnung, Gesundheitsvorschriften
abhängige Quellen, z. B.
Verkäufergespräch, Empfehlungen von Bekannten, Werbung, Produkt- und Preisvergleichsportale, Testberichte privater Anbieter, Kundenrezensionen, Influencer
Marketingstrategien
Maßnahmen von Unternehmen zur Förderung des Absatzes eines Produktes, z. B. durch Marktforschung, Produktpolitik, Preispolitik, Kommunikationspolitik, Kundenbindung
Entscheidungskriterien beim Kauf
Prinzip der Nachhaltigkeit:
nur so viele Ressourcen verbrauchen, dass sich das ökologische System wieder erholen kann
ökonomische Aspekte, z. B.
Planung des Einkaufs, Preisvergleich, Mengen/Rabatte, Zeitpunkt/Saison
ökologische Aspekte, z. B.
Transportwege/-mittel, nachhaltige Produktionsbedingungen, Verkaufsquote, Gesundheitsbelastung, Müllvermeidung, Recyclingfähigkeit
soziale Aspekte, z. B.
Zwangs- und Kinderarbeit, Arbeitnehmerrechte, Umwelt- und Gesundheitsschutz, faire Entlohnung und soziale Absicherung, Entrichtung von Steuern und Sozialabgaben
Kaufentscheidung
E-Commerce
Handel (Ein- und Verkauf) im Internet
• Vorteile: 24/7 geöffnet, große Produktauswahl mit Vergleich, schnelle Lieferung
• Vorsicht: Preise vergleichen, versteckte Kosten, Bezahlverfahren
Social Media
Plattformen mit unterschiedlichem Zweck
Beachtung von DS-GVO bei Big Data, Webtracking, Cloud-Computing
Vorsicht beim Umgang mit persönlichen Daten (Fußabdrücke im Netz) und bei Meinungsmache im Netz

III Der Jugendliche in unserer Rechtsordnung

In diesem Kapitel lernst du, ...

- Verhaltensregeln für dein eigenes Umfeld zu formulieren und sie auf unser Zusammenleben in der Gesellschaft zu übertragen.
- die Ordnungs- und Schutzfunktion des Rechts sowie die Unentbehrlichkeit einer Rechtsordnung zu erkennnen.
- die Rangordnung der Rechtsquellen zu charakterisieren.
- einfache Fallbeispiele den verschiedenen Rechtsgebieten zuzuordnen.
- die Notwendigkeit gesetzlicher Regelungen für verschiedene Altersstufen zu begründen und dabei einfache Rechtsfälle mithilfe von Gesetzestexten zu lösen.
- die Schutzbedürftigkeit von Kindern und Jugendlichen anhand von Beispielen zu konkretisieren.

1 Funktionen des Rechts und Grundlagen der Rechtsordnung

1.1 Gebote und Verbote des Alltags

Stell dir vor, es gäbe keine Regeln im Alltag. Im Straßenverkehr entstünde Chaos, in der Schule und im Unterricht würde niemand mehr zurechtkommen.

Wenn du in der Überschrift das Wort **„Gebote“** liest, denkst du möglicherweise zuerst an die Zehn Gebote. Diese Gebote sind vor allem Christen und Juden sehr wichtig. Auch im Koran finden sich solche Lebensregeln, z. B. die fünf Säulen des Islam und weitere Gebote des Alltags und des Miteinanders. Die Gebote, nicht zu töten oder nichts Unwahres über andere sagen, kommen in all diesen Religionen vor. Christen und Nichtchristen versuchen, ihr Handeln an dem auszurichten, was seit gut zweieinhalbtausend Jahren ein Grundpfeiler der abendländischen Kultur und ihrer Ideale ist.

Ein weiteres Beispiel für ein Gebot – es ist übrigens auch eine der fünf buddhistischen Grundregeln – lautet einfach formuliert: „Du sollst das Eigentum eines anderen achten.“ Ist dieses Gebot nicht zugleich ein Verbot, sich nicht am Eigentum eines anderen zu vergreifen? Täglich lesen wir aber in den Medien von Diebstählen und Wohnungseinbrüchen. Menschen halten sich also nicht an diese und andere Gebote.

Worin liegt der Unterschied zwischen Gebot und Verbot?

Gebote und Verbote sind **Verhaltensregeln**.

Gebote können folgendermaßen definiert werden: Sie stellen eine Handlungspflicht dar. Gebote sollen ein bestimmtes menschliches Verhalten durchsetzen.

Ein **Verbot** kann mit einer Anweisung zur Unterlassung einer Handlung umschrieben werden. Diese Anweisung ist meist in gesetzlicher Form geschrieben. Ein Verbot dient auch zur Gefahrenabwehr und zur Unfallverhütung, also zum Schutze der Bürgerinnen und Bürger.

Beispiele für Gebote und Verbote lassen sich am besten im Straßenverkehr finden (siehe die Abbildungen in M1 auf der nächsten Seite). Doch nicht nur dort sind Regeln aufgestellt. Verhaltensregeln bestimmen grundsätzlich den **Bewegungsspielraum der Menschen**. Sie garantieren einerseits einen gewissen Freiraum, beschneiden aber andererseits einen übergroßen Freiheitsdrang.

Ein friedliches und geordnetes Zusammenleben wäre ohne Regeln nicht möglich. Deshalb sind schriftlich festgehaltene Gebote und Verbote und deren Durchsetzung erforderlich.

M1 **Gebote oder Verbote?**

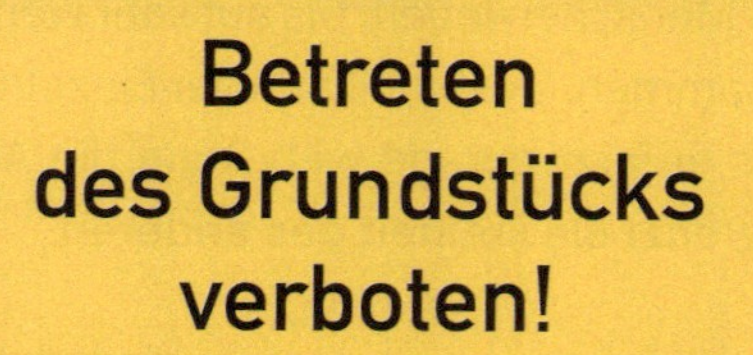

AUFGABEN

1. Beschreibe die oben abgebildeten Straßenschilder (M1) und erläutere, inwiefern sie Gebote oder Verbote beinhalten.
2. *Stühletausch:* Eines der Schilder in M1 bebildert eine verkehrsberuhigte Zone. Sie räumt in diesen Straßenabschnitten Kindern und Erwachsenen, die zu Fuß unterwegs sind, Vorrechte ein. Alle anderen Verkehrsteilnehmer, also Autos, Motorräder und auch Radfahrer, müssen auf sie besondere Rücksicht nehmen und Schritttempo fahren. Formuliere anhand dieser Beschreibung eine Definition von Geboten und Verboten.
3. In vielen Klassenzimmern hängen Plakate, in denen Verhaltensregeln beschrieben sind. Stelle einzelne Regeln auf für das Verhalten beim
   a) Pausenverkauf am Kiosk der Schule,
   b) Mittagessen in der Mensa (Kantine, Cafeteria),
   c) Malen im Kunstunterricht.
   Vergleicht eure Regeln mit dem Klassenplakat und ergänzt es eventuell.
4. Begründe, warum in der Sporthalle der Schule das Betreten mit Straßenschuhen nicht erlaubt ist.
5. „Das Befolgen von Geboten ist nur eine freiwillige Sache.“
   Bewerte diese Aussage im Hinblick auf ihre Rechtmäßigkeit und ihre Folgen für das soziale Miteinander.

1.2 Rechte und Pflichten

Wir Menschen leben, bis auf sehr wenige Ausnahmen, in einer **Gemeinschaft** zusammen. Deshalb kann der Einzelne nicht immer das tun oder unterlassen, was er jetzt gerade will. Denn die Ausnutzung der **Freiheit des Einzelnen** begrenzt die **Freiheit des anderen**.

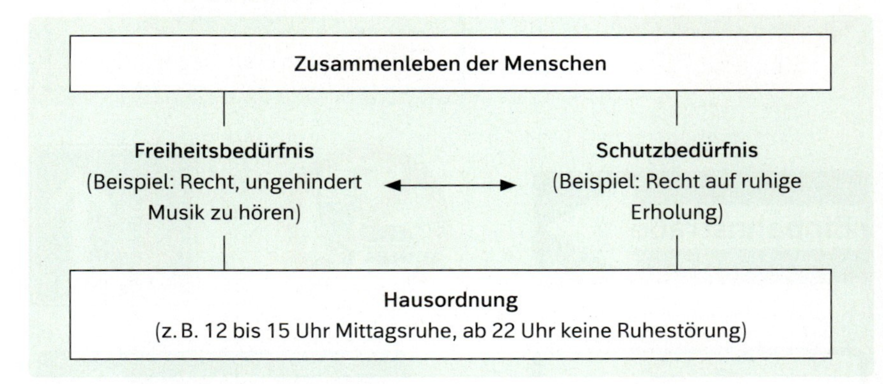

Mit dem Eigentum an einer Sache sind immer Rechte und Pflichten verbunden.

Beispiel: Florian hat ein Mofa billig erworben. Er kann sein Eigentum benutzen, es verändern, verleihen und auch wieder verkaufen.

Er hat aber zugleich die Pflicht, mit seinem Eigentum anderen Menschen keinen Schaden zuzufügen, z. B. durch Lärm oder Gestank bei nicht ordnungsgemäßer Nutzung.

M1 Freiheitsbedürfnis – Schutzbedürfnis

M2 Recht auf Grillen im Garten und auf dem Balkon?

Das Miet- und Wohnungsrecht sieht keine konkreten Regeln auf Grillen im Freien vor. Zahllose Urteile zeigen, dass die Richter bei den Nachbarstreitigkeiten „Grillen, ja oder nein? Wann? Wie oft?" meist eher großzügig sind. Entscheidend ist aber immer das Gebot der gegenseitigen Rücksichtnahme. Dies verpflichtet einerseits den Freund frisch gebrutzelten Grillguts, die Nerven der Nachbarn nicht über Gebühr zu strapazieren. Andererseits sind aber auch die Nachbarn verpflichtet, das Grillvergnügen nebenan auszuhalten. Auf Balkon, Terrasse und im Garten darf nach Herzenslust gegrillt werden – solange es nicht ausdrücklich im Mietvertrag oder durch die Hausordnung verboten ist, erläutert Alfred Poll, Vorsitzender des bayerischen Landesverbands des Deutschen Mieterbunds.
Wer sich an bestehende Regelungen nicht hält, riskiert die Kündigung. Und zwar dann, wenn er nach einer Abmahnung den Verstoß ständig wiederholt, was aber selten vorkomme. Ohne ausdrückliche Regelung aber gilt laut Poll: „Wo kein Kläger, da kein Richter."
Thomas Fuhrmann, Bayerischer Landesvorsitzender des Wohnungs- und Grundeigentümerverbands in München, ergänzt: Trotzdem darauf achten, dass Rauch und Ruß vom Holzkohlegrill in konzentrierter Form nicht direkt in Nachbarwohnungen ziehen und stören! Das kann sogar einen Verstoß gegen das **Immissionsschutzgesetz** darstellen und mit einer Geldbuße belegt werden.

Nach: Susanne Sasse, Grillen auf dem Balkon: Was ist erlaubt? Die Rechtslage, in: www.moz.de/ratgeber/recht-und-finanzen/artikel-ansicht/dg/0/1/973707/, 17.6.2011 (Zugriff: 29.1.2019) (verändert)

INFO

Das **Bundes-Immissionsschutzgesetz** dient dem Schutz vor schädlichen Umwelteinwirkungen z. B. durch Luftverunreinigungen, Geräusche und Erschütterungen.

AUFGABEN

1. Immer mehr Abfälle werden illegal entsorgt (M1). Dies verschandelt nicht nur die Natur, sondern kann auch gesundheitsgefährdend sein.
   a) Erkläre die Überschrift von M1.
   b) Reflektiere die Folgen für Pflanzen und Kleinstlebewesen im Wald.
   c) Stelle die Auswirkungen des illegal entsorgten Plastikmülls im Meer auf die Nahrungskette in einem Flussdiagramm (siehe Randspalte) dar.
2. Gibt es ein grundsätzliches Recht auf Grillen (M2)?
   a) Stelle mithilfe des Textes die Sachverhalte dar.
   b) Diskutiert in einem Rollenspiel die Aussagen des Textes zum „Grillrecht" aus Sicht von Mietern und Eigentümern.
   c) *Think-Pair-Share:* Formuliere Verhaltensregeln, die als Teil einer Hausordnung ausgehängt werden könnten, und erstelle ein Plakat.
3. In der Hausordnung mancher Schule steht: „Es ist auf ordentliche und angemessene Kleidung zu achten." Konkretisiere, was damit gemeint ist.

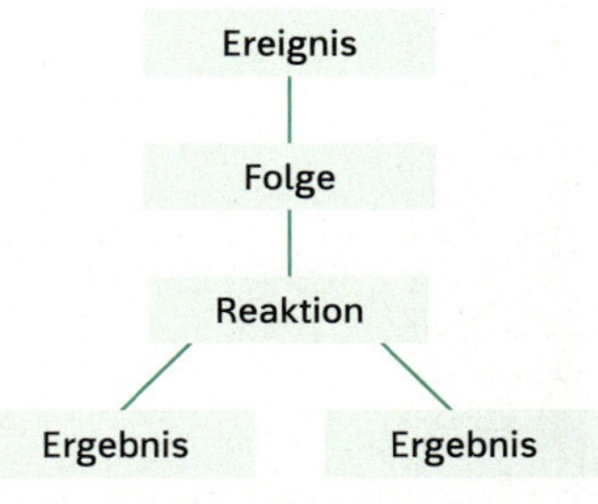

(vereinfachtes) Beispiel eines Flussdiagramms

1.3 Ordnungs- und Schutzfunktion des Rechts

Aufgabe des Rechts ist es, das **Zusammenleben der Menschen** zu ordnen und zu schützen. Dabei erfüllt das Recht mehrere Funktionen: Es soll unter anderem gewährleisten, dass Konflikte geordnet und verbindlich gelöst werden. Weiterhin soll es den Einzelnen vor Übergriffen anderer Personen oder des Staates schützen. Durch das Recht gestaltet der Staat Verhaltensweisen der Gesellschaft mit.

Beispiel für die Ordnungsfunktion des Rechts

Ordnungsfunktion

Das Recht gibt die Regeln für das Zusammenleben der Menschen in der Gesellschaft vor.

Beispiele zeigen die Regeln in der Straßenverkehrsordnung (StVO): Einbahnstraße, Rechtsfahrgebot, Geschwindigkeitsbegrenzung.

Schutzfunktion

Das Recht hat insbesondere die Bürgerinnen und Bürger vor unrechtmäßigem Vorgehen zu schützen.

Beispiele: Mutterschutz, Arbeitsschutz

Beispiele für die Schutzfunktion des Rechts

Ziel und Grundlage des Rechts sollte immer die **Gerechtigkeit** sein. Durch die öffentliche Ordnung soll das Zusammenleben gerecht gestaltet werden. Das Recht sorgt dafür, dass Konflikte nicht nach dem Recht des Stärkeren gelöst werden und dadurch der Schwächere (nicht nur körperlich gemeint) geschützt wird.

Die **Rechtsprechung** (z. B. in einem Gerichtsverfahren) schützt und verwirklicht die Rechtsordnung, indem sie Gerechtigkeit walten lässt. Die wesentlichen Merkmale der Gerechtigkeit sind Gleichheit und Billigkeit.

Unter **Gleichheit** ist zu verstehen, dass alle Menschen vor dem Gesetz gleich behandelt werden.

Billigkeit bedeutet, dass die Folgen (z. B. die Strafe) einer Tat für den Täter angemessen sein müssen.

Als eine weitere Aufgabe des Rechts könnte die **Abschreckungsfunktion** genannt werden. Die Androhung von hohen Strafen soll kriminelle Täter abschrecken. Zum Bereich des Strafrechts wirst du Näheres in der 9. Jahrgangsstufe erfahren.

M1 Zwei Ergebnisse von Strafprozessen

Fall 1:
Ein Einbrecherduo wird unterschiedlich bestraft. Der eine, der schon etliche Vorstrafen vorweisen kann, erhält eine höhere Strafe als der andere, der bislang noch nie straffällig geworden ist.

Fall 2:
Einer gut verdienenden Abteilungsleiterin und einer Kassiererin im Supermarkt wird Unterschlagung in gleicher Höhe nachgewiesen. Beide sind nicht vorbestraft. Die eine erhält eine dreifach so hohe Geldstrafe wie die andere.

M2 Justitia – das weltweite Symbol für Gerechtigkeit

Statue der Justitia in Bamberg

M3 Demonstrieren – was muss beachtet werden?

Demonstration für Klimaschutz

AUFGABEN

1. In vielen Wörtern findest du das Wort „Recht", z. B. Rechtsanwalt, Rechtschreibung, Menschenrechte, gerecht, rechtfertigen ...
   Erkläre die einzelnen Wörter (Begriffe) und nenne weitere Beispiele.
2. Du stehst an einer Ampel, sie zeigt für Fußgänger auf Rot. Vor dir geht ein Paar über die Straße. Ein alter juristischer Grundsatz lautet: „Keine Gleichheit im Unrecht". Erläutere diesen Grundsatz.
3. *Think-Pair-Share:* Bewerte in den Beispielen in M1 die Entscheidungen der Gerichte bezüglich des Gebots der Gerechtigkeit.
4. Schon bei den Griechen und Römern galt der Satz: „Recht ist der Wille zur Gerechtigkeit." Genau betrachtet enthält die Figur der **Justitia** (M2) drei Elemente. Benenne sie und bestimme ihre Bedeutung.
5. Es gilt das Recht, friedlich seine Meinungen zu äußern (M3). Demonstrationen müssen beim zuständigen Ordnungsamt angemeldet werden. Beschreibe Maßnahmen für einen sicheren Verlauf.

INFO

Justitia ist das lateinische Wort für Gerechtigkeit. Darin steckt auch jus = das Recht. Wenn du hörst, dass jemand „Jus oder Jura" studiert, ist gemeint, dass er an der Universität Rechtswissenschaft studiert.

1.4 Rechtsordnung

INFO

Nicht verwechseln:
Rechtsordnung – Rechts*ver*ordnung!

Normen
sind allgemein anerkannte Regeln für das Zusammenleben der Menschen. Rechtsnormen sind solche Regeln, die gesetzlich festgeschrieben sind.

Wie du jetzt sicher schon erkannt hast, sind wir Menschen in ein System von Verhaltensregeln und Ordnungssystemen eingebunden, kurz: im Rechtssystem. Es umfasst die Gesamtheit **der Rechtsnormen**, die in einer Rechtsgemeinschaft gelten. Diese Summe von Rechtsnormen bezeichnet man als **Rechtsordnung**.

Der Staat setzt durch seine **Gesetze** das Recht. Es muss überwacht und durchgesetzt werden. Mithilfe der **Staatsgewalt** (insbesondere durch die Polizei) wird die Einhaltung der Gesetze überwacht.

Manche Streitigkeiten enden vor dem Gericht.

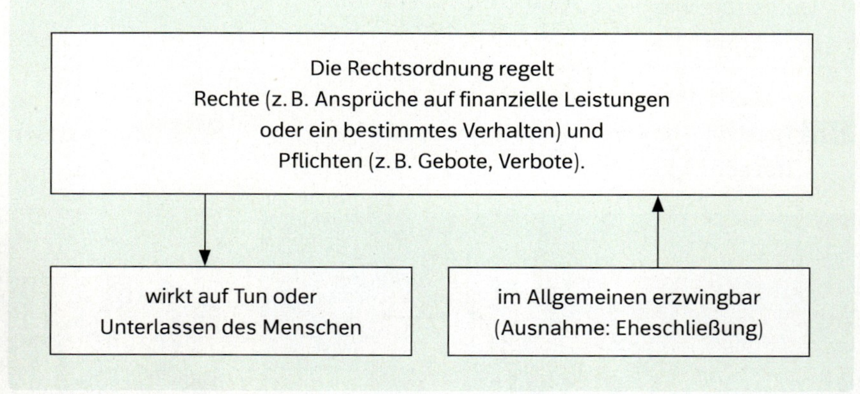

Die **Rechtsprechung** (im Gerichtsverfahren) schützt und verwirklicht die Rechtsordnung, indem sie Gerechtigkeit walten lässt. Dies muss Ziel und Maßstab jeder Rechtsordnung sein.

Rechtsnormen

Europarecht
EU-Recht
völkerrechtliche
Verträge der EU

Bundesrecht
Grundgesetz
formelle Gesetze
Rechtsverordnungen

Landesrecht
Landesverfassung
formelle Gesetze
Rechtsverordnungen
Satzungen

Kommunalrecht
Rechtsverordnungen
Satzungen

M1 Ebenen der Setzung von Rechtsnormen

M2 Befriedung von Streitverhältnissen zwischen Bürgern

Eine wichtige Aufgabe der Rechtsprechung ist die Befriedung von Streitverhältnissen. Ein Wohnungseigentümer klagt gegen einen Installateur wegen mangelnder Ausführung des Auftrags. Ein Richter sucht nach einer gerechten Lösung und beendet damit den Streit.

M3 Gemeinde und Bürger im Konflikt

Die Gemeinde Hofstadt will aus Kostengründen das Hallenbad schließen. Sie argumentiert mit den hohen Unterhaltskosten und dem großen Modernisierungsbedarf. Einer Erhöhung der Eintrittspreise stimmt der Gemeinderat nicht zu. Die Bürger starten eine Unterschriftsaktion zum Erhalt des Hallenbades.

AUFGABEN

1. a) Ordne die Bilder in M1 der **hierarchischen Ordnung** der Rechtsnormen (Pyramide auf S. 76) zu.
   b) Erstelle aufgrund dieser Zuordnung eine Liste mit Beispielen für rechtliche Regelungen in deinem Alltag.
2. Stellt die Auseinandersetzung in M2 in einem kleinen Rollenspiel dar.
3. a) Konkretisiere die Interessenlage der Bürger im Fall M3.
   b) Stelle dar, wie eine Einigung erfolgen könnte.
4. Erläutere die Rechtsnormen im Fall M2 und M3.
5. *Placemat:* Belege mit Argumenten, dass Rechtsordnungen unentbehrlich sind.

INFO

Hierarchische Ordnung bedeutet, dass die verschiedenen Rechtsnomen in einer gestuften Rangfolge stehen. Die oberen Rechtsnormen haben Vorrang vor den unteren bzw. beeinflussen diese.

2 Rechtsquellen

Die Rechtsquellen beinhalten die Gesetze, die für alle Bürger erlassen und allen Bürgern bekannt gemacht wurden. Eine Rechtsquelle ist die Grundlage des für alle geltenden Rechts und gibt außerdem an, wer dieses Recht geschaffen hat. Der Bundestag und der Bundesrat beschließen Gesetze für die Bundesrepublik Deutschland ebenso wie die jeweiligen Parlamente der einzelnen Bundesländer und Stadtstaaten für ihre Kompetenzbereiche. Gemeinde- und Stadträte erlassen aufgrund der Gesetze Verordnungen.

2.1 Das Grundgesetz der Bundesrepublik Deutschland (GG)

Alle Gesetze bauen auf dem **Grundgesetz** auf. Das Grundgesetz ist die Verfassung für die Bundesrepublik Deutschland. Es wurde im Mai 1949 beschlossen und trat am 24. Mai 1949 in Kraft. Es setzt sich aus einem Vorwort (Präambel), den Grundrechten und einem organisatorischen Teil zusammen.

Im Grundgesetz sind die wesentlichen staatlichen System- und Werteentscheidungen festgelegt. Das GG steht im Rang über allen anderen deutschen Rechtsnormen. Im Laufe der letzten Jahrzehnte wurde das GG mehrfach ergänzt und verändert. Die inhaltlich stärkste Veränderung trat mit der staatlichen Einheit Deutschlands zum 3. Oktober 1990 in Kraft.

Beispiele für einige grundlegende Artikel aus dem GG

Artikel 1 Absatz 1: Die Würde des Menschen ist unantastbar. Sie zu achten und zu schützen ist Verpflichtung aller staatlichen Gewalt.
Art. 2 Abs. 1: Jeder hat das Recht auf die freie Entfaltung seiner Persönlichkeit, soweit er nicht die Rechte anderer verletzt [...].
Art. 3 Abs. 1: Alle Menschen sind vor dem Gesetz gleich.
Art. 20 Abs. 1: Die Bundesrepublik Deutschland ist ein demokratischer und sozialer Bundesstaat.

Das Grundgesetz kann nur mit den Stimmen von zwei Dritteln der Mitglieder des Deutschen Bundestages (linkes Bild) und mit zwei Dritteln der Stimmen des Bundesrates (rechtes Bild) geändert werden.

2.2. Die Bayerische Verfassung (BV)

In der Präambel des GG sind alle **Bundesländer** aufgeführt. Das GG gilt für das „gesamte deutsche Volk". Seit der Wiedervereinigung im Jahr 1990 gibt es 16 Bundesländer. Jedes von ihnen hat eine eigene Verfassung, Landesregierung, Parlament, Verwaltung, Landeshaushalt, eigene Gerichte und auch ein eigenes Bildungssystem. Daher nennt man den Aufbau der Bundesrepublik Deutschland **föderal**.

INFO

Der Begriff **„föderal"** leitet sich aus dem Lateinischen ab und bedeutet so viel wie „Bund", „Bündnis". Siehe hierzu auch den Erklärfilm „Einfach erklärt: Föderalismus" unter dem Webcode: WES-116645-321.

Die Bayerische Verfassung trat am 8. Dezember 1946 in Kraft.

Auszüge aus der Bayerischen Verfassung

Art. 3: Bayern ist ein Rechts-, Kultur- und Sozialstaat. Er dient dem Gemeinwohl.
Art. 3a: Bayern bekennt sich zu einem geeinten Europa [...].

Bildung ist in Deutschland Sache der Bundesländer. Nach dem Grundgesetz liegen die staatlichen Aufgaben und Kompetenzen für die Kultur- und Bildungspolitik in ihren Händen (Art. 30 GG). Die Zuständigkeit der Länder für das Schul- und Hochschulwesen und die Kultur wird deshalb auch **als Kulturhoheit der Länder** oder als Bildungsföderalismus bezeichnet.

2.3 Gesetze

Das GG und die BV sind als übergeordnete Rechtsnormen in einigen Bereichen sehr allgemein formuliert. Sie gewähren Spielraum für die Auslegung. Daher ist es erforderlich, eine **nähere Ausgestaltung durch Gesetze auf Bundesebene** (z. B. Bürgerliches Gesetzbuch, Strafgesetzbuch, Handelsgesetzbuch) sowie durch **Gesetze in den einzelnen Bundesländern** und durch Rechtsverordnungen vorzunehmen. Für den Schulbereich ist z. B. das Bayerische Erziehungs- und Unterrichtsgesetz grundlegend.

Bayerisches Staatswappen

AUFGABEN

1. Das Grundgesetz der Bundesrepublik Deutschland hat gegenüber den Verfassungen der deutschen Bundesländer stets Vorrang. Man beschreibt dies auch mit den Worten „Bundesrecht bricht Landesrecht". Begründe diesen Vorrang des Grundgesetzes (2.1).
2. Recherchiere den Bildungsauftrag der Realschule (2.2 und S. 81, M3). Belege dies durch Beispiele im Angebot der Unterrichtsfächer.
3. a) Verstöße gegen Geschwindigkeitsbegrenzungen (z. B. in der 30er-Zone) werden mit Geldbußen geahndet. Folgere, auf welche Rechtsquellen sich die Behörde bezieht.
   b) Überprüfe deine Ergebnisse aus Aufgabe 3a durch eigene Recherchen.

WEBCODE

WES-116645-322
Hier findest du die Bayerischen Gesetze im Internet.

WES-116645-323
Hier findest du nahezu alle Bundesgesetze im Internet.

2.4 Verordnungen und Satzungen

M1 Nachprüfung

Achtklässler Lukas hat wegen der Note 5 in Deutsch und Englisch das Klassenziel nicht erreicht. Er möchte eine Nachprüfung ablegen.

Verordnungen präzisieren die oft allgemein gehaltenen Gesetze. Für den Bereich der Schulen gibt es für jede Schulart Verordnungen.

M2 Bürgerversammlung

Emma ist politisch interessiert und besucht eine Bürgerversammlung.

Gemeinden unterliegen rechtlich der **bayerischen Gemeindeordnung.** Gemeinden schaffen aber auch Recht durch **Satzungen** zur Regelung der von ihnen eigenständig wahrzunehmenden Aufgaben. Zuständig dafür ist der Stadtrat oder in kleineren Gemeinden der Gemeinderat.

Auszug aus der Satzung für die Abfallwirtschaft einer Gemeinde:

„Der Papiermüll wird im 3-wöchigen Turnus an den nachstehenden Wochentagen abgeholt. Fällt der vorgesehene Wochentag auf einen gesetzlichen Feiertag, so wird die Abholung entweder auf einen Werktag vorverlegt oder am folgenden Werktag vorgenommen. Die Mülltonnen sind am Abfuhrtag spätestens ab 06.00 Uhr bereitzustellen."

2.5 Exkurs: Gewohnheitsrecht

Das Gewohnheitsrecht ist ein **ungeschriebenes Recht**, das auf langer Anwendung und **allgemeiner Anerkennung** basiert. Ein Beispiel dafür ist das Wegerecht. Ein neuer Eigentümer darf den Zugang bzw. die Zufahrt zu einem Grundstück nicht verwehren, wenn der Benutzer berechtigt auf weitere Nutzung vertrauen kann.

AUFGABEN

1. Begründe, welche Rechtsquellen im Fall M1 anzuwenden sind.
2. Recherchiere Häufigkeit und Inhalte von Bürgerversammlungen (M2) in deiner Gemeinde (oder in deinem Stadtteil).
3. Erkunde die Satzung des Fördervereins deiner Schule. Schildere die Ziele, die Größe des Vorstands und das Verfahren der Wahlen.

M3 Beispiele für Rechtsquellen im Bereich der Schule

Rechtsquelle	Beschreibung	Beispiel
Grundgesetz (GG) für die Bundesrepublik Deutschland	Im Abschnitt 1 sind die Grundrechte beschrieben.	z. B. Art. 7 (1) „Das gesamte Schulwesen steht unter der Aufsicht des Staates."
Bayerische Verfassung (BV) Verfassung für den Freistaat Bayern	Der dritte Hauptteil der BV befasst sich mit dem Gemeinschaftsleben. Darin legen im 2. Abschnitt mehrere Artikel die Grundlage für Bildung und Schule.	z. B. Art. 128 „Jeder Bewohner Bayerns hat Anspruch darauf, eine seinen [...] Fähigkeiten [...] entsprechende Ausbildung zu erhalten."
Gesetz z. B. Bayerisches Gesetz über das Erziehungs- und Unterrichtswesen (BayEUG)	Das BayEUG gilt für alle Schularten und beschreibt den Aufbau und die Aufgaben der einzelnen Schularten.	z. B. aus Art. 8 (1) und (2): „Die Realschule vermittelt eine breite allgemeinbildende und berufsvorbereitende Bildung. [...]" „Die Realschule umfasst die Jahrgangsstufen 5 bis 10 [...]. Sie [...] verleiht nach bestandener Abschlussprüfung den Realschulabschluss.
Verordnung z. B. Bayerische Schulordnung (BaySchO)	Die BaySchO beschreibt schulartübergreifende Regelungen an Schulen in Bayern.	z. B. aus § 17 (2) und (3) „Das Schulforum wird von der Schulleiterin oder vom Schulleiter mindestens einmal in jedem Halbjahr [...] einberufen. [...]" „Jedes Mitglied hat das Recht, einen Antrag einzubringen, über den zu beraten und zu entscheiden ist."
Verordnung z. B. Realschulordnung (RSO)	Die RSO regelt und bestimmt spezielle, nur für die Realschule geltende Vorschriften.	z. B. aus § 34: „Vor Beginn der Abschlussprüfung setzt die Klassenkonferenz in den Vorrückungsfächern die Jahresfortgangsnoten fest. Diese werden den Schülerinnen und Schülern [...] mitgeteilt."
Satzung	Jede Schule stellt eigene Regeln für ihre Gemeinschaft in einer Hausordnung auf.	z. B. Pausenregelung, Fahrradabstellen im Keller, Nutzung einzelner Fachräume

AUFGABEN

4. Wähle aus M3 die Rechtsquellen aus, in denen die Wahlen zum Klassensprecher geregelt sind.

5. Recherchiere mithilfe der *Methode* auf S. 43, wer zum Schulforum gehört, und beschreibe die Aufgaben des Schulforums.

6. **a)** Flo ist Mitglied im örtlichen Fußballverein. Wie jeder Verein hat dieser eine Satzung. Recherchiere, welche Inhalte eine Satzung aufführen sollte.
b) Überprüfe, was die weiteren Rechtsquellen in M3 zu Vereinen sagen.

3 Rechtsgebiete

Die Vielfalt der Lebensverhältnisse schafft eine Vielfalt von Rechtsbeziehungen. Dabei unterscheiden wir zwei große Rechtsgebiete:

- Öffentliches Recht,
- Privatrecht.

Zum **Öffentlichen Recht** gehören unter anderem das

- Völker- und Europarecht,
- Verfassungsrecht (z. B. Grundrechte),
- Staatsrecht (z. B. die Wahlgesetzgebung),
- Verwaltungsrecht (z. B. Baurecht),
- Steuerrecht (z. B. Erbschaftssteuer),
- Strafrecht (z. B. Strafgesetze),
- Sozialrecht (z. B. Sozialhilfe).

Das **Privatrecht** wird auch als Zivilrecht oder bürgerliches Recht bezeichnet. Hierzu gehören z. B. das

- Bürgerliche Recht,
- Handelsrecht,
- Arbeitsrecht (enthält aber auch viele öffentlich-rechtliche Regeln),
- Urheberrecht.

Gliederung der Rechtsgebiete

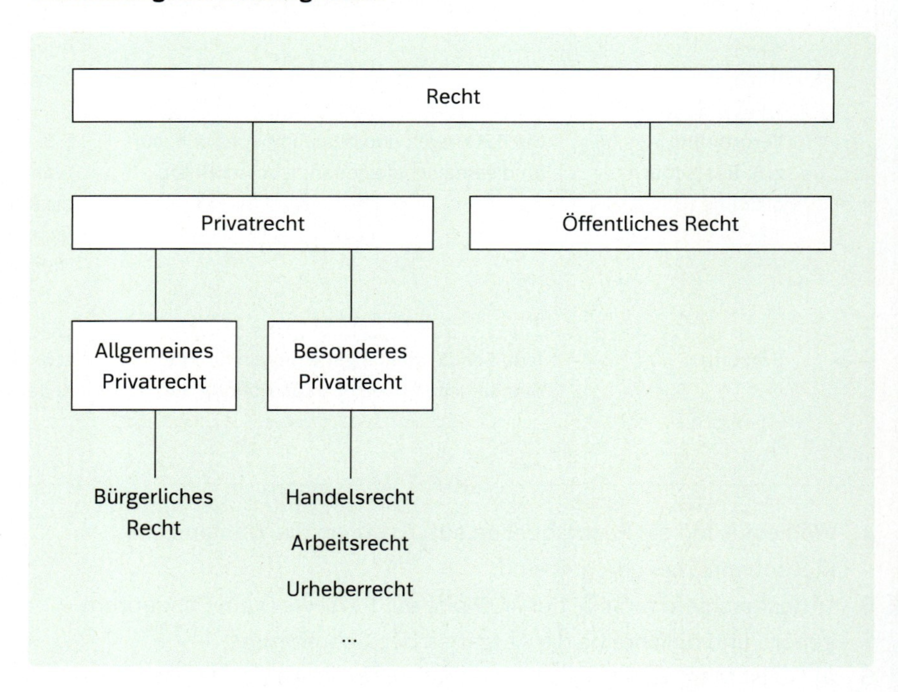

3.1 Das Öffentliche Recht

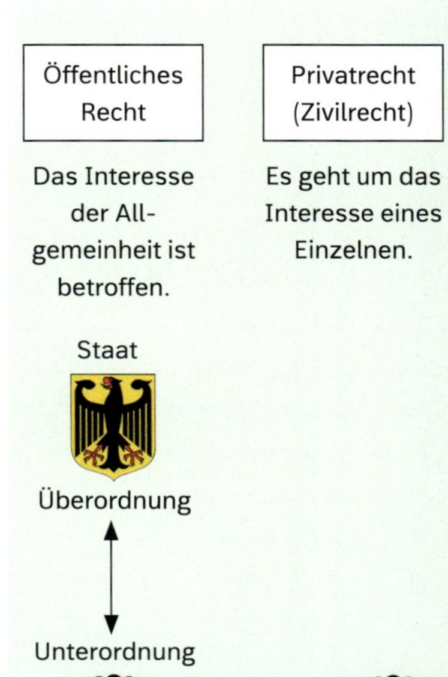

Völker- und Europarecht

Das Völkerrecht regelt die **staatlichen Interessen untereinander**. Es beschreibt Rechtsverhältnisse von Staat zu Staat, z. B. in den Verträgen zwischen den europäischen Staaten über die Ausgestaltung der Europäischen Union. Die Basis des Völkerrechts ist in erster Linie die „Charta der Vereinten Nationen". Die Charta enthält z. B. die Menschenrechte und das Verbot eines Angriffskrieges.

Staats- und Verwaltungsrecht, Steuerrecht, Strafrecht

Das Öffentliche Recht regelt die **Rechtsbeziehungen zwischen Staat und Bürgern**. Dabei gilt der Grundsatz der Unterordnung des Staatsbürgers. Notfalls kann der Staat – die staatlichen Behörden – Zwangsmittel und Strafen anwenden. Selbstverständlich muss sich auch der Staat an die bestehenden Gesetze halten.

Fallbeispiele:
- Der Mehrwertsteuersatz im Restaurant beträgt 19 %, beim Take-away nur 7 %.
- Diebstähle sind mit Freiheits- oder Geldstrafen bedroht.
- Die Autobahndirektion lässt einen Teilabschnitt der Autobahn wegen Brückenarbeiten sperren.

Zum Öffentlichen Recht zählen auch die **Rechtsverhältnisse von staatlichen Körperschaften untereinander**, z. B. der Bundesländer gegenüber dem Bund.

3.2 Das Privatrecht

Das Privatrecht, auch **Zivilrecht** genannt, regelt die **Rechtsbeziehungen der einzelnen Rechtspersonen zueinander**. Es ist gekennzeichnet durch

- **die Gleichstellung der Beteiligten:** Die Einzelnen stehen sich als gleichrangige Partner gegenüber.
- **die Vertragsfreiheit:** Das bedeutet, dass Bürger untereinander Verträge verschiedenster Art schließen können. Verträge mit betrügerischen Inhalten sind natürlich ausgeschlossen (siehe Kap. IV.2, S. 132–135).

INFO

In den Begriffen **Zivil**prozess, **Zivil**gericht steckt das aus dem Lateinischen abgeleitete Wort civis = der Bürger.

Fallbeispiel:
Herr Sahin möchte einen gebrauchten Pkw kaufen und sucht im Internet nach Angeboten. Nach dem Kauf stellt er fest, dass der Kilometerzähler manipuliert wurde. Anstatt der angezeigten 59.000 km ist das Auto bereits 159.000 km gefahren. Damit ist das Auto wesentlich weniger wert. Herr Sahin pocht gegenüber dem Verkäufer auf Schadensersatz.

Für privatrechtliche Streitigkeiten sind die **Zivilgerichte** zuständig. Die strafrechtlichen Folgen solcher Fälle erarbeitest du in der 9. Jahrgangsstufe.

Das Privatrecht besteht aus verschiedenen gesetzlichen Regelungen.

Das bürgerliche Recht ist im **Bürgerlichen Gesetzbuch** festgeschrieben und regelt weite Bereiche unseres menschlichen Miteinanders.

Gliederung des Bürgerlichen Gesetzbuches (BGB)

Das BGB ist in fünf Teile gegliedert:
1. Allgemeiner Teil:
Er enthält Grundregeln, die für das gesamte bürgerliche Recht gelten.
2. Recht der Schuldverhältnisse:
Es beinhaltet Regelungen zu den rechtlichen Beziehungen zwischen Vertragspartnern. Beispiele: Kaufverträge, Mietverträge.
3. Sachenrecht:
Hier geht es hauptsächlich um Besitz- und Eigentumsverhältnisse.
4. Familienrecht:
Es enthält die wesentlichen Regelungen über Ehe und Familie.
5. Erbrecht:
Inhalt sind umfangreiche Regelungen zu Testament und Erbfolgen.

3.3 Das Verhältnis des Öffentlichen Rechts zum Privatrecht

Eine strikte Trennung zwischen Öffentlichem Recht und Privatrecht ist durch die Vielzahl von Gesetzen nicht möglich. Bei den Regelungen von Privatinteressen ist das **Gemeinwohl** zu beachten, und beim Öffentlichen Recht darf nicht über die **Interessen des Einzelnen** hinweggegangen werden.

Fallbeispiel:
Herr Niemeitz möchte an seinem Haus ein weiteres Kinderzimmer anbauen. Dafür muss er den Platz an der Grundstücksgrenze zum Haus der Familie Grieger bebauen. Der Nachbar beklagt eine Verschattung seines Gartens.

M1 Welches Rechtsgebiet ist das?

Fall 1:
Louis fährt am Samstagnachmittag vom Treffen mit seinen Freunden nach Hause. Plötzlich quert ein Auto aus einer Ausfahrt mit hoher Geschwindigkeit. Beide können nicht mehr bremsen. Es kommt zum folgenschweren Unfall. Louis hat das rechte Handgelenk gebrochen. Der Rahmen seines fast neuen Mountainbikes ist gebrochen und damit irreparabel. Fußgänger haben den Aufprall gehört. Sie eilen herbei, um zu helfen. Sie wählen mit der Nummer 112 den Rettungsdienst, der innerhalb ein paar Minuten vor Ort ist. Auch die Polizei wurde informiert, sie stellt beim Autofahrer Alkoholgeruch fest.

Fall 2:
Für einige Bauten, die auf einem Grundstück errichtet werden, ist eine Baugenehmigung der zuständigen Behörde erforderlich. Grundstückseigentümer dürfen also nicht ohne Anmeldung z. B. einen Carport oder einen Glasvorbau (überdachte Terrasse) errichten. Solche Schwarzbauten können teuer werden. Behörden können Geldbußen bis zu 50.000 Euro erheben. Vater Schmidt hat für seine Kinder ein Baumhaus im eigenen Garten errichtet. Aufgrund der Anordnung der Gemeindeverwaltung musste die Spielstätte, die auf der Grundstücksgrenze stand, wieder abgerissen werden.

Fall 3:
Herr Krüger kann aufgrund einer Erkrankung seinen Beruf als Lastwagenfahrer nicht mehr ausüben. Wegen seines geringen Verdienstes konnte er sich nicht gegen Berufsunfähigkeit absichern und erhält daher Sozialhilfe. In Art. 20 GG steht, dass Deutschland ein Sozialstaat ist. In zwölf Sozialgesetzbüchern sind Hilfen vorgesehen. Das Sozialrecht regelt zunächst die Ansprüche des Bürgers gegen den Staat, damit er ein menschenwürdiges Dasein führen kann, wenn er dazu aus eigener Kraft nicht (mehr) fähig ist. Hierzu zählt nicht nur der als Hartz IV bekannte Anspruch auf ein Existenzminimum, sondern auch z. B. das Wohngeld.

AUFGABEN

1. Ordne die Beispiele in M1 den beiden Rechtsgebieten (S. 82) zu.
2. Ordne auch diese Beispiele den Rechtsgebieten (S. 82) zu:
   a) Markus wird angezeigt, weil er im Supermarkt gestohlen hat.
   b) Herr Nowak ist mit der Mietzahlung in Verzug.
   c) Frau Kirch klagt auf Unterhaltszahlung.
   d) Grundstückseigentümer zahlen Grundsteuer an ihre Gemeinden.
   e) In Deutschland besteht Schulpflicht.
   f) Herr Achzow wird mit gefälschtem Führerschein erwischt.
   g) Frau Gruber zahlt die Erbschaftssteuer nicht.
   h) Mafalda, 13 Jahre alt, möchte bei der Bürgermeisterwahl wählen.
   i) Herr Huber verkauft sein Auto privat an seinen Nachbarn.
   j) Lorenzo übernimmt Bilder aus dem Netz in seine Webseite.
3. *Stühletausch:* Tom gibt die Sicherheitskopie einer Software an einen Freund weiter. Beurteile, ob dies rechtswidrig ist und gegen welches Rechtsgebiet im Rahmen des Privatrechts ggf. verstoßen wurde.
4. In der Jahrgangsstufe 7 hast du im Fach BwR gelernt, dass Kaufleute verpflichtet sind, Bücher zu führen (Buchführungspflicht). Bestimme das Rechtsgebiet, in dem diese Regelungen stehen, und stelle die wesentlichen Inhalte der Buchführungspflicht dar.

WEBCODE

WES-116645-331
Hier findest du das Urheberrechtsgesetz im Internet.

4 Recht und Lebensalter

WEBCODE

WES-116645-341
Film: Einfach erklärt:
Stufen der Mündigkeit

Die Altersgrenze, die dir sicher am bekanntesten ist, ist der **18. Geburtstag.** Damit hast du das 18. Lebensjahr vollendet und bist volljährig. Im deutschen Recht gibt es noch weitere Altersgrenzen. Sie legen die Rechts-, Geschäfts- und Deliktsfähigkeit sowie die Strafmündigkeit fest.

4.1 Rechtsfähigkeit

§ 1 BGB Beginn der Rechtsfähigkeit

Die Rechtsfähigkeit des Menschen beginnt mit der Vollendung der Geburt.

INFO

Eine Besonderheit sieht das Erbrecht vor. Auch ein bereits gezeugtes, ungeborenes Kind kann als Erbe bestimmt werden.

Damit verbunden sind folgende Rechte:

- Recht auf Leben und körperliche Unversehrtheit,
- Namensrecht,
- Eigentumserwerb.

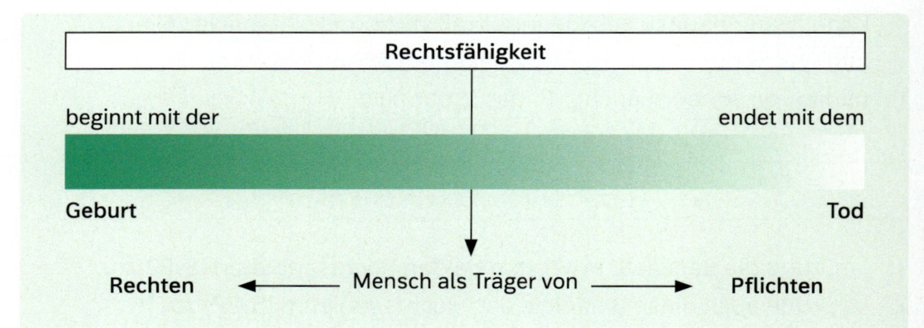

Die Rechtsfähigkeit betrifft alle Menschen. Sie werden im rechtlichen Sinn als **natürliche Personen** bezeichnet.

Daneben kann die Rechtsfähigkeit auch Organisationen betreffen. Sie werden als **juristische Personen** bezeichnet und erhalten die Rechtsfähigkeit durch den Eintrag in ein Register beim zuständigen Amtsgericht, z. B. Vereinsregister, oder durch staatliche Verleihung (Anstalten des Öffentlichen Rechts).

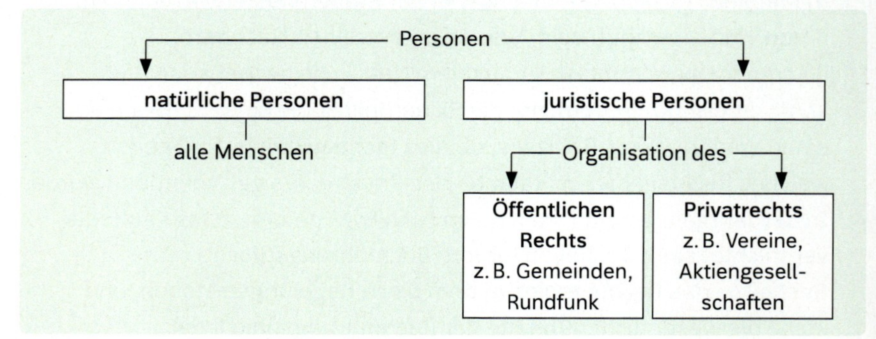

M1 Altersgrenzen in Bezug auf Recht und Lebensalter

Religionszugehörigkeit:
Ab dem 14. Lebensjahr kann ein Jugendlicher selbst bestimmen, ob er einer Religionsgemeinschaft angehören möchte.

Eidesmündigkeit:
Ab dem 16. Lebensjahr muss jedermann als Zeuge seine Aussage auf Verlangen des Gerichts beschwören.

Testierfähigkeit:
Darunter versteht man, dass jemand ein rechtsgültiges Testament errichten kann. Jugendliche unter 16 Jahren sind testierunfähig.

Ausweispflicht:
Jeder Jugendliche ab 16 Jahren muss sich mit einem gültigen Personalausweis oder Reisepass ausweisen können.

Führerscheinerwerb:
Ab dem 16. Lebensjahr kann die Fahrerlaubnis für Mopeds und Leichtkrafträder und ab dem 17. Lebensjahr für Pkws erworben werden. Allerdings muss vor der Volljährigkeit bei jeder Fahrt mit dem Pkw ein erfahrener eingetragener Begleiter (mindestens 30 Jahre alt und mindestens fünf Jahre Führerschein) mitfahren.

Ehemündigkeit:
Sie bedeutet die Fähigkeit einer Person, eine Ehe zu schließen.

- Geschäftsunfähige Personen sind eheunmündig. (Zur Geschäftsfähigkeit siehe S. 88/89.)
- Eine Ehe darf nicht vor Eintritt der Volljährigkeit eingegangen werden.

Wahlrecht:
Für den Bundestag ist das Wahlrecht in Art. 38 Abs. 2 GG geregelt:

- Wahlberechtigt ist, wer das 18. Lebensjahr vollendet hat (aktives Wahlrecht).
- Wählbar ist, wer das Alter erreicht hat, mit dem die Volljährigkeit eintritt (passives Wahlrecht).

In manchen Bundesländern dürfen 16-Jährige bei Landtagswahlen und/oder Kommunalwahlen ihre Stimmen abgeben.

AUFGABEN

1. Begründe, warum die Altersgrenzen in M1 so festgelegt wurden.
2. *Fishbowl:* Diskutiert, ob die einzelnen Altersgrenzen sinnvoll sind.
3. Recherchiere, ab welchem Lebensalter du in eine Partei eintreten darfst.

4.2 Geschäftsfähigkeit

Ein kleines Kind kann zwar bereits Erbe eines Vermögens sein, aber es kann darüber nicht selbstständig verfügen. Es ist noch **nicht geschäftsfähig**. Bis zur **vollen Geschäftsfähigkeit** vergehen noch etliche Jahre.

Als Zwischenstufe hat der Gesetzgeber die **„beschränkte Geschäftsfähigkeit"** eingebaut. Eine Beschränkung der Geschäftsfähigkeit schützt Jugendliche vor unüberlegten Handlungen und deren Folgen.

Aus dem Bürgerlichen Gesetzbuch (BGB):

§ 2 Eintritt der Volljährigkeit
Die Volljährigkeit tritt mit der Vollendung des 18. Lebensjahres ein.

§ 104 Geschäftsunfähigkeit
Geschäftsunfähig ist:
1. wer nicht das siebente Lebensjahr vollendet hat,
2. wer sich in einem die freie Willensbestimmung ausschließenden Zustand krankhafter Störung der Geistestätigkeit befindet, sofern nicht der Zustand seiner Natur nach ein vorübergehender ist.

§ 106 Beschränkte Geschäftsfähigkeit Minderjähriger
Ein Minderjähriger, der das siebente Lebensjahr vollendet hat, ist nach Maßgabe der §§ 107 bis 113 in der Geschäftsfähigkeit beschränkt.

§ 107 Einwilligung des gesetzlichen Vertreters
Der Minderjährige bedarf zu einer Willenserklärung, durch die er nicht lediglich einen rechtlichen Vorteil erlangt, der Einwilligung seines gesetzlichen Vertreters.

§ 108 Vertragsabschluss ohne Einwilligung
(1) Schließt der Minderjährige einen Vertrag ohne die erforderliche Einwilligung des gesetzlichen Vertreters, so hängt die Wirksamkeit des Vertrags von der Genehmigung des Vertreters ab.

Geschäftsunfähig sind demnach Kinder, die das siebente Lebensjahr noch nicht vollendet haben. Rechtsgeschäfte, die sie abgeschlossen haben, sind **nichtig (ungültig)**.

Ab dem siebenten Lebensjahr gelten Minderjährige als beschränkt geschäftsfähig. Sie benötigen grundsätzlich die **Zustimmung der Erziehungsberechtigten**. Verweigern diese die Einwilligung zum Kauf einer Ware, d. h., verbieten sie ihn, so ist dieser Kauf nichtig.

Steht die Einwilligung der Erziehungsberechtigten aber bei Vertragsabschluss noch aus, ist dieser Vertrag bis zur Genehmigung bzw. Ablehnung durch die Erziehungsberechtigten **schwebend unwirksam**.

Sind die Erziehungsberechtigen mit dem Kauf einverstanden, ist er **gültig**, sind sie es nicht, ist der Kauf **ungültig**.

Es gibt allerdings Ausnahmen:

Auch **ohne die ausdrückliche Zustimmung der Erziehungsberechtigten** kann ein **beschränkt Geschäftsfähiger** in einigen Fällen von Anfang an gültige Rechtsgeschäfte tätigen:

- Er kann Rechtsgeschäfte tätigen, die ihm **ausschließlich einen rechtlichen Vorteil** bringen und keine Rechtsverpflichtung nach sich ziehen, wie z. B. ein Geldgeschenk annehmen.
  Anders ist es, wenn z. B. Folgekosten aus dem Geschenk entstehen, etwa die Hundesteuer beim Verschenken eines Hundes.
  (Siehe hierzu auch das Unterkapitel zum Schenkungsvertrag auf S. 157.)
- Der beschränkt Geschäftsfähige kann über sein **Taschengeld** frei verfügen.
- Er kann mit **Mitteln**, die ihm **für einen bestimmten Zweck** (z. B. Kauf einer Ware) überlassen worden sind, vollgültige Kaufverträge abschließen.
- Er kann **im Rahmen eines Arbeitsverhältnisses**, zu dem die Erziehungsberechtigten ihre Zustimmung gegeben haben, Rechtsgeschäfte tätigen.

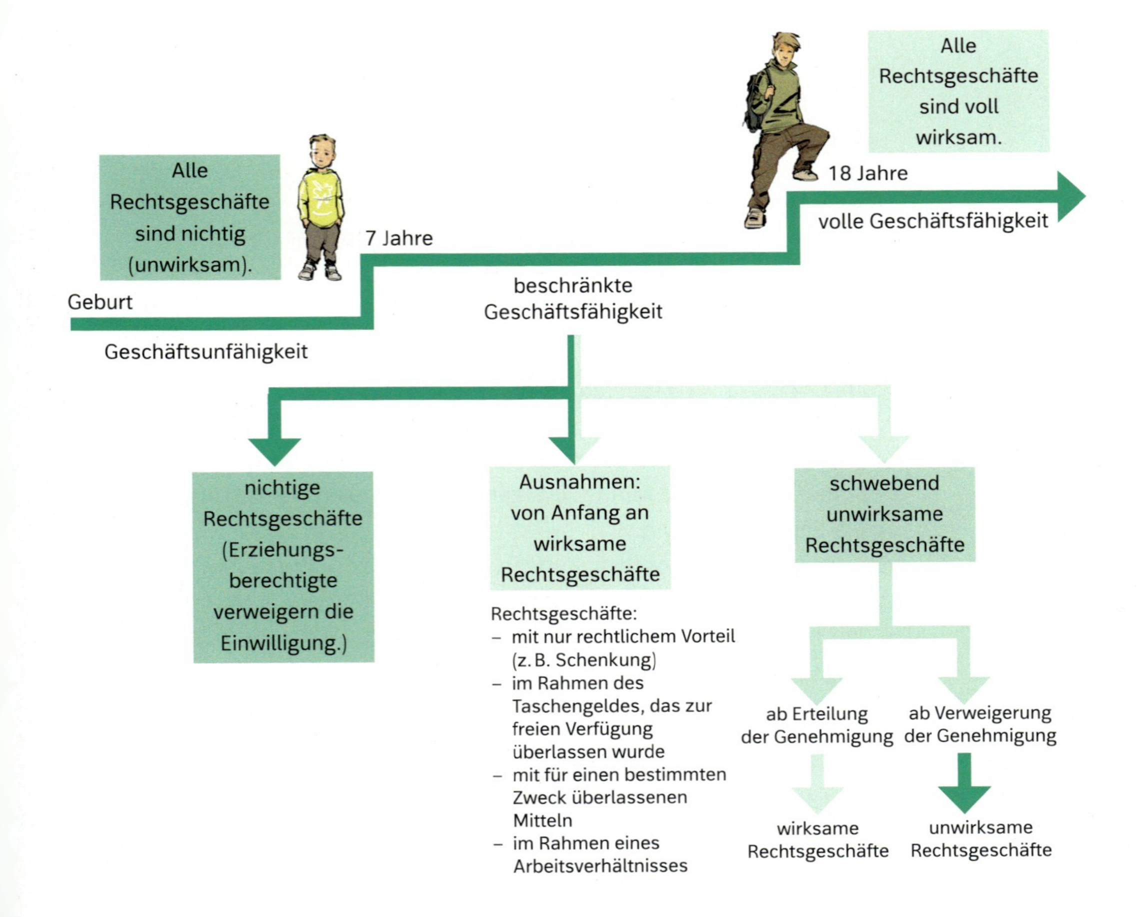

Mit Gesetzestexten arbeiten

Es ist oft schwierig, den Inhalt von Gesetzestexten zu verstehen. Das kommt zum einen daher, dass manche Texte sehr lang und umfangreich und mit vielen Bezügen auf andere Paragrafen abgefasst sind, zum anderen weil wir nicht an die sogenannte Juristenfachsprache gewöhnt sind.

Nicht nur Schülerinnen und Schüler haben Schwierigkeiten, das Gemeinte zu verstehen. Die Gesetzbücher erheben selbstverständlich nicht den Anspruch, anschaulich erzählend zu sein, sondern müssen allgemeingültige Definitionen enthalten und sollten für jeden Bürger verständlich sein. Oft streiten sich aber selbst Juristen untereinander, weil sie manche Paragrafen oder Teile davon unterschiedlich auslegen.

Jedes Gesetz stellt allgemeine Regeln für die Entscheidung von Fällen auf. Es gilt als rechtliche Grundlage für das Zusammenleben der Bürger.

Anhand des sogenannten Taschengeldparagrafen wollen wir versuchen, einen Gesetzestext zu erschließen. Da der Text eine Fülle von zunächst eher unverständlichen Formulierungen enthält, teilen wir den Text und versuchen, ihn zu gliedern.

§ 110 BGB „Taschengeldparagraf"

Ein von dem Minderjährigen ohne Zustimmung des gesetzlichen Vertreters geschlossener Vertrag gilt als von Anfang an wirksam, wenn der Minderjährige die vertragsmäßige Leistung mit Mitteln bewirkt, die ihm zu diesem Zwecke oder zu freier Verfügung von dem Vertreter oder mit dessen Zustimmung von einem Dritten überlassen worden sind.

1. Lies den Text langsam und mehrmals im Zusammenhang.
Beachte die Satzzeichen, schreibe die Nebensätze auf ein Blatt Papier.

2. Zerlege den Text, reduziere ihn auf den wesentlichen Inhalt.
Beispiel: Ein von dem Minderjährigen [...] geschlossener Vertrag (Kauf einer CD) gilt als [...] wirksam.
Versuche jetzt, die Einschränkungen oder Zusätze einzubauen, z. B.:
a) [...] ohne Zustimmung des gesetzlichen Vertreters (z. B. Eltern) ... oder
b) [...] mit Mitteln (Geld) bewirkt, die ihm zu diesem Zwecke (Kauf einer CD) [...] überlassen worden sind oder
c) [...] zur freien Verfügung (Taschengeld) [...] überlassen worden sind.

3. Erläutere, kläre und diskutiere die Fachbegriffe
- minderjährig → Welche Altersgruppe ist gemeint?
- gesetzlicher Vertreter → Wer vertritt Minderjährige nach dem Gesetz im Normalfall? Welche Ausnahmen gibt es?

- Vertrag → Immer schriftlich notwendig?
- Mittel → Bargeld, Geldkarte oder Girocard?
- von einem Dritten → An wen ist hier gedacht?

In § 110 BGB sind sinngemäß folgende Arten von Taschengeld genannt:
- zweckgebundene Mittel,
- Mittel zur freien Verfügung, vom gesetzlichen Vertreter überlassen,
- Mittel von Dritten, mit Kenntnis des gesetzlichen Vertreters.

4. Kläre Inhalte mithilfe anderer Paragrafen
- minderjährig → Lies die §§ 2 und 106 BGB (S. 88).
- Aufgrund des § 2 BGB und des § 106 BGB ergibt sich die Altersgruppe der Minderjährigen: von 7 bis 18 Jahren.
- Aus § 106 BGB ergibt sich außerdem, dass Minderjährige in ihrer Geschäftsfähigkeit beschränkt (eingeschränkt) sind.
  Worauf eingeschränkt? Lies dazu auch die §§ 107 und 108 BGB (S. 88).

5. Bearbeite folgende Fälle:

Fall 1: Die 17-jährige Sophia kauft von einem Geldgeschenk ihrer Oma eine teure Daunenjacke. Als sie nach Hause kommt, verweigern ihre Eltern die Zustimmung. Sophia bringt die Jacke in die Boutique zurück und möchte ihr Geld wiederhaben. Die Geschäftsfrau lehnt jedoch ab.

Fall 2: a) Der 15-jährige Lukas hat sich zu Weihnachten von seinen Onkeln und Tanten als Geschenk Geld gewünscht. Nun reicht es zum Kauf des lang ersehnten Mofas. Als er es in einem Geschäft kaufen möchte, verlangt der Händler MOVE noch keine Zahlung, will aber das Mofa erst an Lukas aushändigen, wenn dieser die Genehmigung seiner Eltern zum Kauf vorlegt.

b) Lukas ist durch das Verhalten des Händlers MOVE gekränkt. Er sagt: „Mit meinem Taschengeld kann ich machen, was ich will!" Empört verlässt er den Laden und geht ins nächste Geschäft. Dort sieht er ein tolles Motorrad. Es ist zwar ein Gebrauchtfahrzeug, aber ein einmaliges Schnäppchen. Leider hat es den Nachteil, dass es 200 Euro mehr kostet, als er hat. Lukas erklärt, dass er die Maschine von seinem Taschengeld kaufen wolle, der Händler MOBO müsse ihm nur gestatten, einen Rest des Kaufpreises in zwei Raten abzuzahlen. Auch der Händler MOBO verkauft ihm kein Zweirad.

AUFGABEN

1. a) Löse den Fall 1 mithilfe des „Taschengeldparagrafen".
   b) Begründe, ob Sophia das Geldgeschenk überhaupt annehmen durfte.
   c) Erkläre, wer den Schaden zu tragen hätte, wenn die Jacke auf dem Weg von der Wohnung zurück zur Boutique schmutzig oder beschädigt worden wäre.
2. Beurteile das Verhalten der Händler MOVE und MOBO im Fall 2 von der rechtlichen Seite.

M1 Sind diese Geschäfte rechtsgültig?

Fall 1: Lian, 6 Jahre alt, kauft sich am Kiosk mehrere Zeitschriften und Süßigkeiten. Sein Vater verlangt, dass der Kauf rückgängig gemacht wird. Wird er damit Erfolg haben?

Fall 2: Der 15-jährige Alex kauft sich im Elektromarkt eine Soundbar für 259 Euro. Das Geld hierfür hat er sich teils ausgeliehen, teils angespart. Seine Eltern sind gegen den Kauf und verlangen vom Verkäufer, dass der Verkauf rückgängig gemacht wird. Sind sie im Recht?

Fall 3: Lea, 12 Jahre, hat von ihrer Mutter 40 Euro erhalten. Sie soll sich eine neue Jeans kaufen. Ist der Kauf gültig?

M2 Kauf mit Zustimmung der Eltern

Nach § 106 BGB sind Minderjährige, die zwischen sieben und siebzehn Jahren alt sind, beschränkt geschäftsfähig. Das heißt im Klartext, dass sie durchaus wirksam Verträge schließen können, wenn ihre Eltern es erlauben. (Bei Geschäftsunfähigen gibt es dagegen nicht einmal eine Zustimmungsmöglichkeit der Eltern!) Diese Zustimmung kann erstens vor Vertragsschluss gegeben werden, dann heißt sie Einwilligung.
Bsp.: Felix (15) fragt seine Eltern, ob er sich das Tablet kaufen darf. Diese sagen Ja, woraufhin Felix zum Fachmarkt geht und das Tablet erwirbt.

Andererseits können die Eltern aber auch zustimmen, nachdem der Vertrag schon geschlossen wurde. Dies bezeichnet man dann als Genehmigung.
Bsp.: Felix hat sich das Tablet gekauft, ohne seinen Eltern davon etwas zu sagen. Tage später beichtet er es ihnen. Sie sind zwar nicht begeistert, finden es aber letztendlich in Ordnung.

Bis zur Genehmigung von Felix' Eltern war der Kaufvertrag hier genau genommen „schwebend unwirksam", erst mit der Genehmigung ist er dann endgültig wirksam geworden.

Nach: Wenn Kinder Verträge schließen, in: www.anwalt.de/rechtstipps/wenn-kinder-vertraege-schliessen_068468.html, 17.4.2015 (Zugriff: 4.1.2019) (verändert)

AUFGABEN

1. Löse die Fälle in M1 mithilfe der *Methode* auf S. 90/91.
2. *Partnervortrag:* Erläutere, welches Risiko ein Verkäufer eingeht, wenn er mit Minderjährigen einen Vertrag abschließt (M2).

M3 Schuldenfalle Handy

Deutschlandweit sind rund 6,8 Millionen Menschen überschuldet. Der Anteil der unter 25-Jährigen steigt dabei rasant an: Knapp jeder Dritte dieser Altersgruppe hat schon einmal Schulden gemacht!
Hauptgrund für die Verschuldung ist immer häufiger das Handy: Hohe Anschaffungspreise von bis zu 900 Euro, Vertragslaufzeiten von 24 Monaten, kostenpflichtige Apps bzw. In-App-Käufe oder teure Roaming-Gebühren im Ausland lassen schnell den Überblick verlieren.

Nach: Jetzt wird's teuer – Schuldenfalle Handy, in: www.handysektor.de/artikel/jetzt-wirds-teuer-schuldenfalle-handy/ (Zugriff: 29.1.2019) (verändert)

Methode

Expertengespräch mit der Schuldnerberatung

1. Vorbereitung:
Ihr könnt die anstehenden Aufgaben gut in Gruppenarbeit erledigen. Organisiert ein Expertengespräch mit einem Schuldnerberater in eurem Klassenzimmer (Beratungsstelle finden, Termin absprechen, Ablauf des Gesprächs planen, Zeitvorgabe usw.). Bereitet Fragen an den Experten vor:

- allgemeine Fragen zur Verschuldung von Jugendlichen,
- die Rolle des Handys bei der Verschuldung,
- Lösungsmöglichkeiten aus Expertensicht.

2. Durchführung des Gesprächs:
Beachtet die Grundregeln jeglicher Diskussion: z. B. andere ausreden lassen, keine Zwischenrufe, beim Thema bleiben, immer redet nur einer usw. Beginnt mit einer Anmoderation, stellt eure Fragen laut und deutlich, denkt am Ende an Dank und Verabschiedung.

3. Nachbereitung:
Haltet die Ergebnisse fest und präsentiert sie in der folgenden Unterrichtsstunde. Mit Einverständnis des Experten könnt ihr z. B. auch einen Artikel für die Schülerzeitung schreiben.

AUFGABEN

3. Vergleiche die Vor- und Nachteile der Tarifarten „Prepaid" und „Vertrag".
4. Gestaltet gemeinsam einen kleinen Ratgeber für Jugendliche mit Tipps, wie die „Schuldenfalle Handy" (M3) vermieden werden kann.
5. Führt mithilfe der obigen *Methode* ein Expertengespräch zum Thema „Verschuldung Jugendlicher" durch.

Deliktsunfähigkeit fehlendes Einsichtsvermögen → Eltern haften für ihre Kinder, d. h., sie leisten Schadensersatz (bei Verletzung der Aufsichtspflicht).	0 Jahre
beschränkte Deliktsfähigkeit Prüfung der Einsichtsfähigkeit → Ja: Schadensersatzpflicht des Kindes/Jugendlichen → Nein: Haftung der Eltern (bei Verletzung der Aufsichtspflicht)	7 Jahre
volle Deliktsfähigkeit volles Einsichtsvermögen → Volljährige sind voll schadensersatzpflichtig.	18 Jahre

Stufen der Deliktsfähigkeit

4.3 Deliktsfähigkeit und Strafmündigkeit

Deliktsfähigkeit

Fallbeispiel 1:
Ben, sechs Jahre alt, fährt mit seinem Skateboard eine ruhige Seitenstraße entlang und zerkratzt mit dem Hausschlüssel parkende Autos.

§ 828 BGB Minderjährige

(1) Wer nicht das siebente Lebensjahr vollendet hat, ist für einen Schaden, den er einem anderen zufügt, nicht verantwortlich.

(2) Wer das siebente, aber nicht das zehnte Lebensjahr vollendet hat, ist für den Schaden, den er bei einem Unfall mit einem Kraftfahrzeug [...] einem anderen zufügt, nicht verantwortlich. Dies gilt nicht, wenn er die Verletzung vorsätzlich herbeigeführt hat.

Die **Deliktsfähigkeit** ist ein Begriff aus dem Zivilrecht. Ben ist laut § 828 BGB für einen fahrlässig oder vorsätzlich angerichteten Schaden nicht verantwortlich und kann somit auch nicht haftbar gemacht werden.

M1 Deliktsfähigkeit

Der achtjährige M. fährt auf seinem BMX-Bike auf der Fahrbahn einer leicht befahrenen Straße, weil dort kein Radweg vorhanden ist. Ihm kommt ein Auto entgegen. Er will die Straße überqueren und denkt, er schafft dies noch vor dem Auto. Weil er aber nicht einschätzen kann, wie schnell das Auto fährt, biegt er ab und der Pkw muss ausweichen und fährt gegen die Leitplanke. Diesen Schaden kann der Autofahrer nicht von M. ersetzt verlangen, weil dieser aufgrund seiner Überforderungssituation im Straßenverkehr nicht deliktsfähig war. Eventuell kommt aber ein Schadensersatzanspruch gegen die Eltern in Betracht, wenn diese ihre Aufsichtspflicht gegenüber M. verletzt haben.

Aus: Wann machen sich Kinder schadensersatzpflichtig?, in: www.minilex.de/a/wann-machen-sich-kinder-schadensersatzpflichtig (Zugriff: 29.1.2019)

AUFGABEN

1. a) Erkläre die Sachlage im Fall M1.
   b) Beurteile, ob die Sachlage anders wäre, wenn M. das Fahrrad geschoben und aus Versehen ein parkendes Auto beschädigt hätte.
2. a) Erkläre die Sachlage im Fall M2.
   b) Erläutere die Folgen, wenn die Schülerin 2 Jahre älter gewesen wäre.
3. *Placemat:* Differenziere Deliktsfähigkeit und Strafmündigkeit.

Strafmündigkeit

Fallbeispiel 2:
Die Dreizehnjährigen Milan, Timm und Sammy wollen grillen und „besorgen" sich Brennmaterial, indem sie Latten von Gartenzäunen wegreißen.

Von den drei Dreizehnjährigen aus dem Fallbeispiel 2 kann **Schadensersatz** verlangt werden. Sie können jedoch noch **nicht strafrechtlich** verantwortlich gemacht werden, d. h. gerichtlich bestraft werden.

Bei der **Strafmündigkeit** werden Altersgrenzen festgelegt. Das Gericht wird im Entscheidungsfalle die geistige Reife und die Einsichtsfähigkeit des Jugendlichen beurteilen. Die **Stufen der Strafmündigkeit** legt das **Jugendgerichtsgesetz** fest:

- Kinder **bis zur Vollendung des 14. Lebensjahres** können nicht vor Gericht gestellt werden.
- Jugendliche **ab der Vollendung des 14. bis zur Vollendung des 18. Lebensjahres** unterliegen dem Jugendstrafrecht.
- Menschen **ab der Vollendung des 18. bis zur Vollendung des 21. Lebensjahres** werden als „Heranwachsende" behandelt. Es kann für sie noch das mildere Jugendstrafrecht zutreffen, wenn es sich um eine typische Jugendverfehlung handelt.
- **Ab der Vollendung des 21. Lebensjahres** ist der Mensch strafrechtlich voll für seine Handlungen verantwortlich.

0 Jahre	Kind: **nicht strafmündig**
14 Jahre	Jugendlicher: **Jugendstrafrecht** zwingend
18 Jahre	Heranwachsender: **Erwachsenen- oder Jugendstrafrecht**
21 Jahre	Erwachsener: **voll strafmündig**

Stufen der Strafmündigkeit

INFO

Das **Jugendgerichtsgesetz** (JGG) ist ein nur für Jugendliche und Heranwachsende geltendes Strafprozessrecht.

M2 Strafmündigkeit

Bayreuth. Der Fall der 80-jährigen Frau, die am Sonntagabend von einer Unbekannten [...] beschimpft und tätlich angegriffen wurde, steht offenbar kurz vor der Aufklärung.
Die Rentnerin war am frühen Sonntagabend zunächst im Bus von einer Jugendlichen beschimpft und später an der Haltestelle [...] attackiert worden. Die Schlägerin bewarf die ältere Frau mit brennenden Zigaretten, dabei soll sie auf ihr Gesicht gezielt haben. Anschließend schlug sie die Rentnerin nieder und ergriff die Flucht. Die 80-Jährige erlitt leichte Verletzungen.
Dringend tatverdächtig ist eine 13-jährige Schülerin [...]. Viel hängt jetzt davon ab, ob die Frau die 13-Jährige identifiziert. Weil die 13-Jährige noch nicht strafmündig sei, könne sie im Fall einer Identifizierung nicht strafrechtlich belangt werden, erklärt der Polizeisprecher. „Sie ist schuldunfähig, die Strafverfolgung kann da nichts machen." Allerdings werde das Jugendamt eingeschaltet, möglicherweise auch die Schule des Mädchens.

Aus: Christophe Braun, Angriff auf Rentnerin in Bayreuth: Verdächtige ist 13, in: www.nordbayerischer-kurier.de/comment/27607, 23.12.2014 (Zugriff: 22.6.2018)

5 Jugendschutzgesetz

Das Jugendschutzgesetz hat den Zweck, Kinder und Jugendliche vor Gefahren und negativen Einflüssen in der Öffentlichkeit und den Medien zu schützen. Aus dieser Aufgabe ergeben sich vereinfacht folgende Begriffsbestimmungen:

- **Kinder** sind Personen, die noch nicht 14 Jahre alt sind,
- **Jugendliche** sind Personen, die 14, aber noch nicht 18 Jahre alt sind.

Weiter wird zwischen **„personensorgeberechtigten“** und **„erziehungsberechtigten“ Personen** unterschieden.

INFO

„Personensorgeberechtigt“ sind in der Regel die Eltern. **„Erziehungsberechtigt“** kann jede Person über 18 Jahre sein, die von den Eltern beauftragt wurde, das Kind/den Jugendlichen z. B. zu Veranstaltungen zu begleiten.

Schwerpunkte, in denen das Jugendschutzgesetz wirkt, sind der Jugendschutz

- in der Öffentlichkeit
- im Hinblick auf Alkohol und Tabak, E-Zigaretten, Shishas usw.
- im Bereich der Medien.

Das Jugendschutzgesetz (JuSchG)

erlaubt (grün) · nicht erlaubt (rot)

Eltern müssen nicht alles erlauben, was das Gesetz gestattet. Sie tragen bis zur Volljährigkeit die Verantwortung.

§		Kinder unter 14 Jahre	Jugendliche unter 16 Jahre	Jugendliche unter 18 Jahre
§4	**Aufenthalt in Gaststätten**	nicht erlaubt ●	nicht erlaubt ●	erlaubt bis 24 Uhr
§4	**Aufenthalt in Nachtbars**, Nachtclubs oder vergleichbaren Vergnügungsbetrieben	nicht erlaubt	nicht erlaubt	nicht erlaubt
§5	Anwesenheit bei öffentlichen Tanzveranstaltungen, u. a. **Disco** (Ausnahmegenehmigung durch zuständige Behörde möglich)	nicht erlaubt ●	nicht erlaubt ●	erlaubt bis 24 Uhr
§5	**Anwesenheit bei Tanzveranstaltungen von anerkannten Trägern der Jugendhilfe.** Bei künstl. Betätigung o. zur Brauchtumspflege	erlaubt bis 22 Uhr	erlaubt bis 24 Uhr	erlaubt bis 24 Uhr
§6	**Anwesenheit in öffentlichen Spielhallen.** Teiln. an Spielen mit Gewinnmöglichkeiten	nicht erlaubt	nicht erlaubt	nicht erlaubt
§7	**Anwesenheit bei jugendgefährdenden Veranstaltungen und in Betrieben** (Die zuständige Behörde kann Alters- und Zeitbegrenzungen sowie andere Auflagen anordnen.)	nicht erlaubt	nicht erlaubt	nicht erlaubt
§8	**Aufenthalt an jugendgefährdenden Orten** (Die zuständige Behörde kann Maßnahmen zur Gefahrenabwehr treffen.)	nicht erlaubt	nicht erlaubt	nicht erlaubt
§9	**Abgabe / Verzehr von Bier, Wein, Schaumwein, Mischungen mit Bier, Wein o. ä.** (Ausnahme: Erlaubt bei 14- u. 15-Jährigen in Begleitung einer personensorgeberechtigten Person [Eltern])	nicht erlaubt	nicht erlaubt	erlaubt
§9	**Abgabe / Verzehr von anderen alkoholischen Getränken oder Lebensmitteln** z. B. Spirituosen	nicht erlaubt	nicht erlaubt	nicht erlaubt
§10	**Abgabe / Konsum von Tabakwaren, E-Zigaretten / E-Shishas** (auch nikotinfrei)	nicht erlaubt	nicht erlaubt	nicht erlaubt
§11	**Kinobesuche** Nur bei Freigabe des Films und Vorspanns: „ohne Altersbeschr. / ab 6 / 12 / 16 Jahren“ (Kinder unter 6 Jahren nur mit einer erziehungsbeauftragten Person. Die Anwesenheit ist grundsätzlich an die Altersfreigabe gebunden! Ausnahme: „Filme ab 12 Jahren“: Anwesenheit ab 6 Jahren in Begleitung einer personensorgeberechtigten Person [Eltern] gestattet.)	erlaubt bis 20 Uhr	erlaubt bis 22 Uhr	erlaubt bis 24 Uhr
§12	**Abgabe von Filmen o. Spielen** (auf DVD, Video usw.) nur entsprechend der Freigabekennzeichen: „ohne Altersbeschr. / ab 6 / 12 / 16 Jahren“	erlaubt	erlaubt	erlaubt
§13	**Spielen an elektron. Bildschirmspielgeräten** ohne Gewinnmögl. nur nach den Freigabekennzeichen: „ohne Altersbeschr. / ab 6 / 12 / 16 Jahren“	erlaubt	erlaubt	erlaubt

● = Beschränkungen, Zeitliche Begrenzungen } werden durch die Begleitung einer erziehungsbeauftragten Person aufgehoben.

Ein Nebenaspekt des Jugendschutzes betrifft das **Arbeitsrecht**.

Fallbeispiel:
Lena und Clara, beide 14 Jahre alt, wollen in den Ferien ihr Taschengeld durch kleine Jobs aufbessern.

Ab wann Schülerinnen und Schüler etwas Taschengeld dazu verdienen dürfen, regelt das **Jugendarbeitsschutzgesetz** (**JuArbSchG**). Dieses Gesetz besagt, dass grundsätzlich niemand arbeiten darf, der jünger als 13 Jahre ist.

13- und 14-Jährige wie Lena und Clara dürfen an fünf Tagen in der Woche jeweils zwei Stunden lang arbeiten. Es sind nur leichte Arbeiten erlaubt, z. B. Zeitungen oder Werbeprospekte austragen oder Haustiere betreuen.

Unter bestimmten Voraussetzungen und nur mit Zustimmung der Erziehungsberechtigten ist es auch Kindern unter 13 Jahren erlaubt, leichte Tätigkeiten aufzunehmen, z. B. bei Theateraufführungen oder Film- und Fotoaufnahmen zu Werbezwecken.

Jugendliche von 15 bis 17 Jahren dürfen insgesamt vier Wochen im Jahr arbeiten. Ausnahmen gelten für Jugendliche in der Ausbildung und in Maßnahmen der beruflichen Orientierung.

M1 Mögliche Gefahren für Jugendliche

M2 Zigaretten für alle?

M3 Ist das Verhalten korrekt?

a) Andi, 17 Jahre, geht nach dem Training gerne ein Bier in seinem Vereinslokal trinken. Das Training endet um 22.30 Uhr.

b) Kaito und sein Freund Maik, beide 15 Jahre, möchten gerne die Abendvorstellung folgender Filme besuchen:

- „Harry Potter", freigegeben ab 6 Jahre, Ende um 22.30 Uhr,
- „Mord nach eins", freigegeben ab 16 Jahre, Ende um 22.00 Uhr.

c) Die 14-jährige Realschülerin Betül raucht auf dem Nachhauseweg von der Schule eine Zigarette. Eine Lehrkraft fordert sie auf, die Zigarette sofort auszumachen. Empört rechtfertigt sich Betül damit, dass die Schulordnung hier nicht gelte, da sie sich nicht mehr auf dem Schulgelände befände.

INFO

Die Organisation **Freiwillige Selbstkontrolle der Filmwirtschaft GmbH (FSK)** legt fest, für welche Altersgruppen Filme und Serien geeignet sind. Für öffentliche Vorführungen ist diese Angabe verbindlich.

M4 Stufen der Mündigkeit

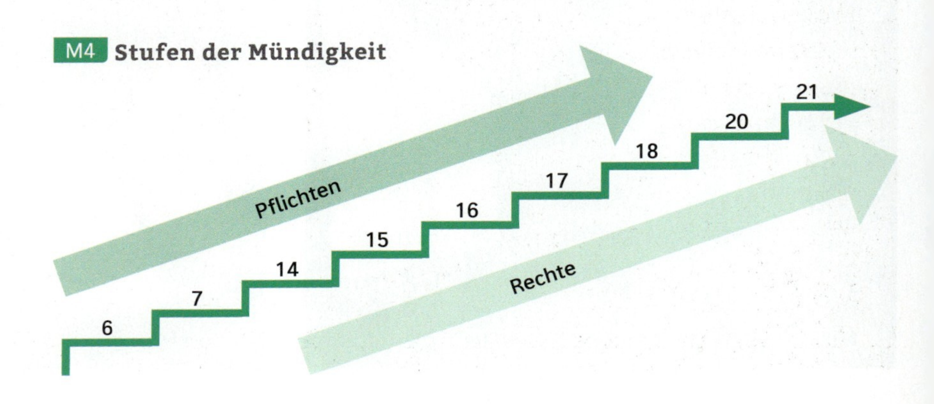

Methode

Expertengespräch zum Thema „Jugendschutz in der Öffentlichkeit“

Wappen der Bayerischen Polizei

1. Vorbereitung:
Ihr könnt die anstehenden Aufgaben gut in Gruppenarbeit erledigen. Organisiert ein Expertengespräch mit einem Polizisten in eurem Klassenzimmer (bei der Polizei vorsprechen, Termin finden, Ablauf des Gesprächs und Zeitvorgabe planen usw.). Lasst euch dabei von eurer Lehrkraft helfen.

Bereitet Fragen an den Polizisten vor:
- allgemeine Fragen nach seiner Erfahrung mit Verstößen gegen das Jugendschutzgesetz,
- Maßnahmen der Polizei bei Verstößen gegen das Gesetz,
- Fragen zur Rolle der Erziehungsberechtigten,
- Fragen nach dem Sinn des Gesetzes.

2. Durchführung des Gesprächs: Siehe hierzu die Hinweise auf S. 93.

3. Nachbereitung:
Haltet die Ergebnisse des Gesprächs fest und präsentiert sie in der folgenden Unterrichtsstunde (Digital, Fotos, Wandzeitung usw.).

AUFGABEN

1. Beschreibe die Bilder in M1 und ordne sie der Grafik zum JuSchG zu.
2. Erläutere, wie technische Hindernisse das Jugendschutzgesetz beim Zigarettenkauf umsetzen (M2).
3. *Galeriegang:* Beurteile auf Grundlage des JuSchG die Fälle in M3.
4. Ordne in die Grafik M4 folgende Altersgrenzen ein:
   a) Schulpflicht,
   b) Entscheidung über Religionszugehörigkeit,
   c) Beschäftigungserlaubnis,
   d) Ausweispflicht,
   e) Strafmündigkeit,
   f) Geschäftsfähigkeit,
   g) Eidesmündigkeit,
   h) Testierfähigkeit,
   i) Fahrerlaubnis für Pkws,
   j) Gaststättenbesuch,
   k) Volljährigkeit,
   l) Ehemündigkeit.
5. Führt mithilfe der obigen *Methode* ein Expertengespräch durch.

Organisation eines Zeltausflugs

Realschule Neufichtal im Mai 20xx:
In der Pause stehen Matze, Jette, Kay und Bobo aus der 8a zusammen und diskutieren darüber, wie sie die Pfingstferien gerne verbringen würden. Die Idee eines Zeltlagerausflugs wird geboren. Sie fangen gleich mit der Planung an. Vier Tage sollte die Fahrt dauern. Das Ziel ist schnell gefunden: der Campingplatz am Drollsee. Doch bereits bei der Vorbereitung gibt es die ersten Schwierigkeiten ...

1 Matze erkundigt sich beim Campingplatzbetreiber über die Buchungsbedingungen.
a) Erläutere unter Zuhilfenahme der passenden Paragrafen aus dem Bürgerlichen Gesetzbuch das Problem, das bei der Buchung im Zusammenhang mit der Geschäftsfähigkeit auftaucht.
b) Formuliere mithilfe des BGB einen Ratschlag, wie die Clique dennoch an einen Zeltplatz kommen kann.

2 *Think-Pair-Share:* Jettes Eltern machen sich große Sorgen um ihre Tochter, die zum ersten Mal alleine wegfährt. Da sie Jettes Freunde nicht kennen, möchten sie Regeln sehen, die von allen vieren unterschrieben sind. Jettes Freunde finden diese Idee gar nicht so schlecht, damit es bei ihrem ersten gemeinsamen Urlaub nicht zum Streit kommt.
a) Stellt eine solche „Verhaltenstabelle" auf.
b) Begründet, warum auch in jeder Rechtsordnung bestimmte Verhaltensregeln gelten.

3 Matze schlägt vor, mit dem Rad zu fahren. Bobo besitzt keinen Fahrradhelm und möchte auch keinen aufsetzen. Recherchiere in den Regelungen in der Straßenverkehrsordnung (StVO):
a) ob es in Deutschland eine Helmpflicht für Fahrradfahrer gibt.
b) ob ein Bußgeld fällig wird, wenn Bobo keinen Helm aufsetzt.
c) wie streng die Regeln in anderen europäischen Ländern sind.

4 Fahrradfahren mit Helm soll bei einem Sturz Kopfverletzungen vermeiden. Es gibt aber auch Argumente gegen die Helmpflicht. Diskutiert beide Sichtweisen in einer Pro- und Kontra-Diskussion (*Methode* auf S. 138).

5 *Stühletausch:* Auf der Fahrt zum Drollsee sehen die Ausflügler nebenstehendes Verkehrszeichen.
a) Gib an, ob sie den Weg befahren dürfen und ob es sich dabei um ein Gebot oder um ein Verbot handelt.
b) Erkläre den Sinn dieses Verkehrszeichens.
c) Folgere, wie die Fahrt mit einem Auto auf diesem Weg begründet werden müsste.

6 Am Abend des ersten Tages wollen sie Würstel grillen. Jette hat einen Grillrost dabei. Ganz urig wollen sie mit Holz feuern und dann brutzeln.
a) Begründe, ob sie im angrenzenden Wald, der dem Campingplatzbetreiber gehört, Holz einsammeln dürfen.
b) Erläutere, was beim Abfallentsorgen beachtet werden muss. Bediene dich dabei der Begriffe Freiheitsbedürfnisse und Schutzbedürfnisse.

7 Recherchiere in der Bayerischen Verfassung nach einem Artikel über die Erholung in der freien Natur und gestaltet in Zweiergruppen eine kleine Infotafel mit den Regelungen dieses Artikels.

8 Bobo nimmt Federballschläger mit. Sie spielen oft miteinander, bis sich die Zeltnachbarn über die Lautstärke beklagen. Bobo liest in den Campingplatzregeln nach.
a) Benenne die Rechtsquelle, die du hier erkennen kannst.
b) Begründe, ob die folgende Regelung in diesem Fall anwendbar ist. Bediene dich dafür der Schritte der *Methode* auf S. 90/91.

§ 117 Ordnungswidrigkeitengesetz: Unzulässiger Lärm

(1) Ordnungswidrig handelt, wer ohne berechtigten Anlass oder in einem unzulässigen oder nach den Umständen vermeidbaren Ausmaß Lärm erregt, der geeignet ist, die Allgemeinheit oder die Nachbarschaft erheblich zu belästigen oder die Gesundheit eines anderen zu schädigen.

9 Am dritten Tag kommt Langeweile auf. Sie beschließen, in die nächste Ortschaft zu fahren, um am Abend ins Kino zu gehen.
a) Schildere die Vorgaben des Jugendschutzgesetzes über die rechtlichen Regelungen bezüglich des Kinobesuchs.
b) Berate die Gruppe anhand des aktuellen Kinoprogramms bei der Filmauswahl.

10 Damit es richtig lustig wird, wollen sie Bier kaufen. Der 13-jährige Kay bittet einen Kunden, sich als sein Vater auszugeben und die vier kleinen Flaschen zu kaufen. Die Verkäuferin an der Kasse des Supermarktes verweigert den Verkauf.
Begründe, warum die Verkäuferin richtig handelt.

11 Das Jugendschutzgesetz soll Kinder und Jugendliche stärken und schützen.
a) Gib an, an welche Personengruppen sich die einzelnen Regelungen des Gesetzes richten.
b) Beurteile, inwieweit der Gesetzgeber durch Artikel 1 und 2 des Grundgesetzes verpflichtet ist, Schutzmaßnahmen zu ergreifen.

Recht

Es umfasst die Gesamtheit der staatlich festgelegten bzw. anerkannten Normen des Verhaltens der Menschen in der Gesellschaft. Das Recht beinhaltet sowohl

↓

eine **Ordnungsfunktion** als auch eine **Schutzfunktion**.

Aufgabe und Ziel dieser Funktionen ist es, die Verhaltensregeln für die Gesellschaft festzuschreiben und Lösungsmöglichkeiten aufzuzeigen, wie in einem Streitfall die Ordnung wiederhergestellt werden kann.

↓

Diese Verhaltensregeln sind in Gesetzestexte gefasst. Sie beinhalten

Gebote und **Verbote**.

Gebote und Verbote ordnen ein bestimmtes Verhalten an oder untersagen dieses.

↓

Daraus ergeben sich

Rechte und **Pflichten**.

Sie verpflichten die Menschen zu einem bestimmten Handeln oder Unterlassen.

↓

Rechtsquellen

Sie bilden den Ursprung des für alle geltenden Rechts, hierarchisch gegliedert in Verfassung, Gesetz, Rechtsverordnung, Satzung und Gewohnheitsrecht.

Rechtsgebiete

Das Öffentliche Recht und das Privatrecht (= Zivilrecht) regeln die Vielfalt von Lebensverhältnissen und Rechtsbeziehungen der Menschen.

↓

Recht und Lebensalter

Im deutschen Rechtswesen spielen Altersstufen und Altersgrenzen eine große Rolle, insbesondere was Rechte und Pflichten betrifft. Dabei ist zu unterscheiden zwischen

↓

Rechtsfähigkeit
(ab der Geburt)

Geschäftsfähigkeit
(ab 18 Jahre, zwischen 7 und 17 Jahren beschränkt)

↓

Wenn Menschen bestimmten Alters durch ihre Handlungen anderen Schaden zugefügt haben, ist zu prüfen:

↓

Deliktsfähigkeit
(Zivilrecht = Bürger vs. Bürger)

Strafmündigkeit
(Strafrecht = Staat vs. Bürger)

IV Privatrechtliche Regelungen

In diesem Kapitel lernst du, ...

- mithilfe von entsprechenden Paragrafen des Bürgerlichen Gesetzbuches Fälle aus dem Zivilrecht zu lösen und dabei die Fachsprache zu verwenden.
- mithilfe von Gesetzestexten die Grundzüge unserer Eigentumsordnung zu charakterisieren.
- die Voraussetzungen für das Zustandekommen von Verträgen zu bestimmen, vor allem die Voraussetzungen für Kaufverträge.
- für dich Handlungsmöglichkeiten zu skizzieren, wenn es zu Pflichtverletzungen bei der Erfüllung von Kaufverträgen kommt.

1 Eigentumsrecht (Sachenrecht)

1.1 Eigentumsordnung

Ein wesentlicher **Pfeiler der sozialen Marktwirtschaft** ist das **Eigentumsrecht**. Die Leistungsfähigkeit einer Wirtschaft steigt erheblich, wenn jeder Marktteilnehmer den Erfolg seiner Arbeit für sich allein beanspruchen und vor dem Zugriff anderer schützen kann. Die Eigentumsform, bei der jemandem das alleinige Recht an einer Sache zukommt, nennt man **Privateigentum**.

Die Rechtsordnung schützt die Marktteilnehmer durch die Einräumung des Eigentumsrechts. Es räumt ihnen bestimmte **Rechte** ein, ist aber auch mit **Pflichten** verbunden.

Fallbeispiel:
Familie Schröder zieht in ihr neues Reihenhaus ein, das sie sich gekauft hat. Die beiden Kinder freuen sich über ein eigenes Zimmer. Fabian spielt leidenschaftlich Schlagzeug, Maja lernt in ihrem Zimmer Stepptanz. Der Hund bellt oft und viel. Vater Theo ist Berufsmusiker und übt täglich einige Stunden auf seiner Trompete. Schröders nutzen damit ihr Eigentumsrecht aus und freuen sich, dass sie keine Mitmieter mehr haben. Was aber, meinst du, sagen die Nachbarn, die gerne ihre Ruhe genießen möchten?

> **§ 903 BGB Befugnisse des Eigentümers**
>
> Der Eigentümer einer Sache kann, soweit nicht das Gesetz oder Rechte Dritter entgegenstehen, mit der Sache nach Belieben verfahren und andere von jeder Einwirkung ausschließen. [...]

Der § 903 BGB lässt sich in drei wesentliche Kernaussagen einteilen.

1. „nach Belieben verfahren"
Grundsätzlich darf der Eigentümer mit seinem Eigentum alles machen, was er möchte. Er kann es z. B. benutzen, verkaufen, vermieten oder verändern.

2. Der Eigentümer wird in der Ausnutzung seines Eigentumsrechts eingeschränkt, soweit **„das Gesetz oder Rechte Dritter"** dem entgegenstehen.

Beispiel: Martin will sein altes Fahrrad loswerden. Er nimmt es und wirft es in den nächsten Fluss. Dem stehen z. B. Gesetze zur Abfallentsorgung und des Wasserschutzes entgegen.

3. „andere von jeder Einwirkung ausschließen"
Die Sachen, die jemandem gehören, darf z. B. kein anderer benutzen oder verändern, es sei denn, der Eigentümer erlaubt es ihm und schränkt dadurch selbst sein Eigentumsrecht ein.

M1 Kann ich mein Eigentum jederzeit zurückholen?

Philipp hat seinem Freund Jochen sein Fahrrad für den Sommerurlaub geliehen. Am nächsten Tag sieht Philipp sein Fahrrad vor dem Haus von Jochen stehen. Er bereut seine Großzügigkeit vom Vortag und sagt zu sich selbst: Das ist ja mein Fahrrad, ich kann es ja Jochen auch wieder wegnehmen.
Darf Philipp sein verliehenes Fahrrad ohne die Zustimmung von Jochen einfach so wieder mitnehmen?

M2 Wie weit darf der Baum in Nachbars Garten wachsen?

Herr Bauer pflanzt an der Grundstücksgrenze einen großen Obstbaum. Mit den Jahren wachsen die Äste immer mehr auf das Grundstück des Nachbarn, der jedes Jahr im Herbst das herunterfallende Obst und die herunterfallenden Blätter entsorgen muss.
Muss Herr Bauer etwas dagegen unternehmen?

Zeichnung: Martin Guhl

M3 Kann ich mein Eigentum nach Belieben entsorgen?

Die Reifen von Maxis Roller sind nicht mehr zu gebrauchen.
Sie lässt sich neue Reifen auf die Felgen montieren. Zu Hause hat sie keine Verwendung für die alten Reifen. Sie bringt sie zum Spielplatz, weil sie denkt, dass die Kinder damit gut spielen können.
Dort gibt es schließlich auch eine Reifenschaukel, die alle Kinder gern benutzen.
Ist es erlaubt, dass Maxi die Reifen auf dem Spielplatz lässt?

AUFGABEN

1. Stelle die Rechte und Pflichten eines Eigentümers in einer Grafik oder einer Mindmap dar.
2. Löse anhand von § 903 die Fälle M1, M2 und M3.
3. *Placemat:* Diskutiert, ob Herr Schröder aus dem Fallbeispiel auf S. 104 als Musiker üben darf, auch wenn die Nachbarn davon nicht immer begeistert sind.
4. Erläutere, warum sich Privateigentum positiv auf die wirtschaftliche Entwicklung eines Landes auswirken kann.

1.2 Eigentum und Besitz

M1 ... zu vermieten

Wo liegt der Unterschied zwischen Eigentum und Besitz? Die Begriffe werden im Alltag meist als Synonyme, also bedeutungsgleiche Wörter, verwendet. Das ist aber rechtlich unkorrekt. Eigentum und Besitz beschreiben zwei unterschiedliche Rechtsstellungen.

Unter **Eigentum** versteht man die **rechtliche Herrschaft** über eine Sache, während **Besitz** die **tatsächliche Herrschaft** über die Sache ist.

§ 854 BGB Erwerb des Besitzes

(1) Der Besitz einer Sache wird durch die Erlangung der tatsächlichen Gewalt über die Sache erworben.

Fallbeispiel:
Teresa hat sich vor Jahren eine schicke Eigentumswohnung in München gekauft, die sie bis jetzt selbst bewohnte. Nun wird sie beruflich nach Hamburg versetzt. Da sie die Wohnung in München selbst nicht mehr braucht, vermietet sie diese an Erwin. Sie gibt ihm zum Mietbeginn die Schlüssel der Wohnung.

Bis zur Schlüsselübergabe hatte Teresa Besitz und Eigentum an ihrer Wohnung. Als Teresa die Schlüssel an Erwin abgab, erhielt jedoch Erwin die tatsächliche Herrschaft über die Wohnung, er erhielt von Teresa den Besitz.

Teresa gehört nach wie vor die Wohnung. Sie ist also immer noch Eigentümerin und hat damit die rechtliche Herrschaft darüber. Sie kann die Wohnung immer noch verkaufen und sie z. B. auch renovieren.

Tatsächlich nutzen darf Teresa die Wohnung jedoch nicht mehr. Das Nutzungsrecht hat sie mit Abschluss des Mietvertrages nun an Erwin abgegeben. Erwin ist Besitzer der Wohnung.

Fallen Besitz und Eigentum wie hier auseinander, dann haben die beiden Rechtspositionen, Besitz und Eigentum, jeweils eigene **Rechte und Pflichten**:

Der **Eigentümer** darf z. B. nicht mehr in der Wohnung wohnen, er darf sie auch ohne Zustimmung seines Mieters nicht mehr betreten.

Der **Mieter** darf zwar in der Wohnung wohnen, er darf aber die Wohnung ohne Zustimmung des Eigentümers nicht wesentlich umgestalten. Wenn er z. B. neue Fliesen an der Wand anbringen will, braucht er die Zustimmung des Eigentümers. Am Ende des Mietverhältnisses hat der Mieter die Pflicht, den Besitz wieder an den Eigentümer zurückzugeben.

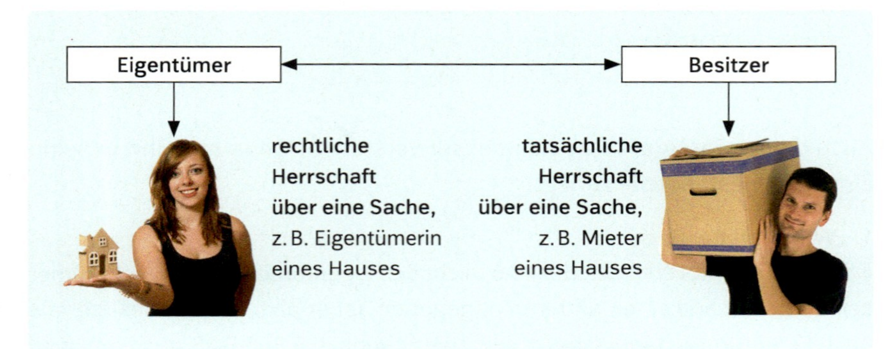

Achtung: Eigentümer und Besitzer können auch eine Person sein!

M2 Wer ist Eigentümer, wer Besitzer?

a) Murat kauft sich einen neuen Füller.

b) Moritz nimmt den Füller von seinem Freund.

c) Christiane bekommt zum Geburtstag ein Buch geschenkt.

d) Johanna leiht sich ein Hörbuch aus der Stadtbibliothek.

e) Du benutzt momentan dein Buch Forum 8.

f) Oskar mietet sich ein Schleifgerät im Baumarkt „Hobel“.

AUFGABEN

1. Schildere anhand eines der Beispiele aus M1 die Rechte und Pflichten, die der Inhaber des Geschäfts und seine Kunden jeweils haben.
2. *Partnervortrag:* Erläutere den Unterschied zwischen Besitz und Eigentum.
3. Entscheide, ob die Personen in den Beispielen in M2 Besitzer oder Eigentümer sind, und erstelle dazu eine Tabelle.

Verbotene Eigenmacht
Erinnert euch an M1 auf S. 105, in dem Philipp seinem Freund Jochen das Fahrrad geliehen hat. Wenn Philipp, obwohl er Eigentümer des Fahrrades ist, seinem Freund das Fahrrad wieder wegnimmt, begeht er gegenüber seinem Freund **verbotene Eigenmacht**.

Verbotene Eigenmacht ist ein gesetzlich definierter Fachbegriff.

> **§ 858 BGB Verbotene Eigenmacht**
>
> (1) Wer dem Besitzer ohne dessen Willen den Besitz entzieht oder ihn im Besitze stört, handelt, sofern nicht das Gesetz die Entziehung oder die Störung gestattet, widerrechtlich (verbotene Eigenmacht).

Auch dieser Paragraf lässt sich besser verstehen, wenn man ihn in seine einzelnen Bestandteile zerlegt.

1. „Wer dem Besitzer …"
§ 858 BGB schützt also den Besitzer, nicht den Eigentümer. Hat der Eigentümer seinen Besitz an keinen anderen abgegeben, ist er also sowohl Besitzer als auch Eigentümer, dann schützt selbstverständlich § 858 BGB auch ihn, weil er der Besitzer der Sache ist.

2. „ohne dessen Willen"
Verbotene Eigenmacht setzt voraus, dass etwas ohne den Willen des Besitzers geschieht. Hat der Besitzer einmal etwas erlaubt, so muss er sich daran halten.

3. „den Besitz entzieht oder ihn im Besitz stört"
Die Entziehung des Besitzes ist das Wegnehmen. Eine Störung des Besitzes liegt immer dann vor, wenn etwas mit dem Besitz passiert, was der Besitzer nicht will, z. B. wenn Jochen das in seinen Augen hässliche rosa Fahrrad seiner Freundin Samira festkettet, weil er so nicht mit ihr auf eine Party fahren möchte.

Rechtsfolgen bei verbotener Eigenmacht

> **§ 859 Selbsthilfe des Besitzers**
>
> (1) Der Besitzer darf sich verbotener Eigenmacht mit Gewalt erwehren.
> (2) Wird eine bewegliche Sache dem Besitzer mittels verbotener Eigenmacht weggenommen, so darf er sie dem auf frischer Tat betroffenen oder verfolgten Täter mit Gewalt wieder abnehmen.

Der Besitzer darf laut § 859 Abs. 1 BGB also mit Gewalt verhindern, dass sein Besitz weggenommen oder beschädigt wird. Die Juristen sprechen in diesem Fall von der **„Besitzwehr"**.

§ 859 Abs. 2 BGB regelt den Fall, dass jemandem eine Sache bereits weggenommen wurde. Dann darf er die Sache mit Gewalt wieder zurücknehmen. Die Juristen bezeichnen dies als **„Besitzkehr"**. Dieses Recht hat der Besitzer aber nur, wenn er den **Täter auf frischer Tat erwischt**, d. h., Wegnahme und Entdecken müssen zeitlich eng zusammenliegen.

Aber Vorsicht! Dieses Recht besteht nicht unbeschränkt. Stets verlangt die Rechtsordnung eine **Verhältnismäßigkeit** der Gewaltanwendung. Ein Überschreiten dieses Maßes würde das eigene Handeln rechtswidrig machen.

§ 861 BGB Anspruch wegen Besitzentziehung

(1) Wird der Besitz durch verbotene Eigenmacht dem Besitzer entzogen, so kann dieser die Wiedereinräumung des Besitzes vom demjenigen verlangen, welcher ihm gegenüber fehlerhaft besitzt.

Wird jemandem Besitz entzogen, also weggenommen, kann er die Wiedereinräumung des Besitzes verlangen. Ertappt er den Täter allerdings **nicht auf frischer Tat**, kann er die Sache nicht einfach wieder an sich nehmen. Gibt der Täter sie nicht freiwillig heraus, kann der Besitzer nur vor Gericht auf Herausgabe klagen.

Im Falle einer **Besitzstörung** kann der Besitzer laut § 862 BGB die Beseitigung der Störung verlangen. So kann Samira von Jochen die Herausgabe des Schlüssels bzw. das Beseitigen der Kette fordern, damit sie ihr Fahrrad wieder uneingeschränkt gebrauchen kann.

M3 Ist diese Besitzwehr angemessen?

a) Ein Mann versucht, Frau Gruber in der Fußgängerzone ihre Handtasche zu entreißen. Sie schlägt mit ihrem Regenschirm auf ihn ein, bis er mit einigen Kratzern und einem blauen Auge die Flucht ergreift.

b) An der Bushaltestelle versucht ein Jugendlicher, Herrn Neureiter seine Laptoptasche zu stehlen. Herr Neureiter fürchtet um seine wichtigen Unterlagen in der Tasche und verprügelt den Dieb, bis dieser am Boden liegt. Selbst als der Dieb bewusstlos wird, hört Herr Neureiter nicht auf.

AUFGABEN

1. Schildere die Rechte, die du bei verbotener Eigenmacht hast.
2. *Kugellager:* Diskutiert die Verhältnismäßigkeit der Besitzwehr in den beiden Fällen aus M3.

1.3 Eigentumserwerb

Der Eigentumserwerb verläuft unterschiedlich. Er ist abhängig davon, ob es sich um eine **bewegliche Sache** (**Mobilie**) oder um eine **unbewegliche Sache** (**Immobilie**) handelt. Immobilien sind Grundstücke und Gebäude. Bewegliche Sachen sind alle Sachen, die nicht ortsfest sind, die also nicht mit einem Grundstück fest verbunden sind.

M1 Mobilie oder Immobilie?

Eigentumserwerb bei beweglichen Sachen

> **§ 929 BGB Einigung und Übergabe**
>
> Zur Übertragung des Eigentums an einer beweglichen Sache ist erforderlich, dass der Eigentümer die Sache dem Erwerber übergibt und beide darüber einig sind, dass das Eigentum übergehen soll.
> Ist der Erwerber im Besitz der Sache, so genügt die Einigung über den Übergang des Eigentums.

In der deutschen Rechtsordnung wird man nicht automatisch mit dem Abschluss eines Kaufvertrages auch Eigentümer der verkauften Sache. Die **Eigentumsübertragung** ist ein **eigener Rechtsakt**, der zeitlich mit dem Kauf zusammenfallen kann, aber nicht muss.

Neben dem Abschluss des Kaufvertrages müssen sich der bisherige Eigentümer und der künftige Eigentümer darüber einig sein, dass das Eigentum auch vom alten auf den neuen Eigentümer übergeht. Darüber hinaus muss als äußeres Zeichen des Eigentumswechsels der Besitz an der Sache übergeben werden. Erst mit **Einigung über den Eigentümerwechsel** und mit der **Übergabe** ist der Eigentumserwerb abgeschlossen.

M2 Übergang des Eigentums

Fall 1:
Maximilian verkauft an Leon am 12.10. sein gebrauchtes Handy, das er allerdings gerade nicht bei sich hat. Sie einigen sich darauf, dass Maximilian zwar sofort das Geld erhält, das Handy aber erst drei Tage später – am 15.10. – übergeben werden soll, da Maximilian es bis dahin noch braucht. Am 15.10. treffen sich die beiden Freunde. Maximilian übergibt das Handy an Leon.

Fall 2:
Frau Neef hat ihrer Freundin Anke ihre Muffinbackformen geliehen, damit diese für den Kindergeburtstag ihrer sechsjährigen Tochter im Kindergarten genügend Muffins backen kann. Nun soll Frau Neefs Tochter Miriam die Formen wieder abholen.
Sie läuft los und klingelt. Anke öffnet die Tür, holt die Muffinformen und übergibt sie an Miriam. Zufrieden bringt diese die Formen zu ihrer Mutter zurück und freut sich über die Gummibärchen, die sie für den Botengang bekommen hat.

AUFGABEN

1. a) Entscheide, welches der Bilder in M1 eine Mobilie und welches eine Immobilie zeigt.
   b) Nenne weitere Beispiele für Mobilien und Immobilien.
2. Begründe, wann im Fall 1 in M2 das Eigentum an dem Handy von Maximilian an Leon übergegangen ist.
3. Begründe, wer wann im Fall 2 in M2 jeweils Eigentümer und Besitzer ist. Gehe dabei auch darauf ein, wann das Eigentum oder der Besitz wechselt. Unterteile dafür den Fall sinnvoll in verschiedene Abschnitte und bestimme in den jeweiligen Abschnitten die Eigentums- und Besitzverhältnisse.

Eigentumserwerb bei Immobilien

Erinnere dich an Familie Schröder, die sich ein Reihenhaus gekauft hat (S. 104). Bis sie es ihr Eigen nennen konnte, musste sie viele Sachen erledigen. Da hinter Immobilien meist hohe Werte stehen, stellt der Gesetzgeber hier **besondere Anforderungen** an den Eigentumsübergang.

§ 873 BGB Erwerb durch Einigung und Eintragung

(1) Zur Übertragung des Eigentums an einem Grundstück, zur Belastung eines Grundstücks mit Rechten sowie zur Übertragung oder Belastung eines solchen Rechts ist die Einigung des Berechtigten und des anderen Teils über den Eintritt der Rechtsänderung und die Eintragung der Rechtsänderung in das Grundbuch erforderlich, soweit nicht das Gesetz ein anderes vorschreibt.

Wie bei den beweglichen Sachen bedarf es auch bei den Immobilien der **Einigung der Vertragspartner** darüber, dass das Eigentum übergehen soll. Diese Einigung wird mit dem juristischen Fachbegriff **„Auflassung"** bezeichnet. Diese Einigung ist an eine besondere Form gebunden. Schriftliche oder sogar nur mündliche Erklärungen genügen nicht. In aller Regel erfolgt die Auflassung durch **notarielle Beurkundung**.

INFO

Der Begriff **Auflassung** geht auf einen alten germanischen Brauch zurück: Der Hauskauf wurde damals per Handschlag besiegelt. Anschließend ließ der Verkäufer Fenster und Türen für den neuen Eigentümer offen stehen.

§ 925 BGB Auflassung

(1) Die zur Übertragung des Eigentums an einem Grundstück nach § 873 erforderliche Einigung des Veräußerers und des Erwerbers (Auflassung) muss bei gleichzeitiger Anwesenheit beider Teile vor einer zuständigen Stelle erklärt werden. Zur Entgegennahme der Auflassung ist, unbeschadet der Zuständigkeit weiterer Stellen, jeder Notar zuständig. [...]

Neben der Einigung und der Zahlung des Kaufpreises bedarf es bei Immobilien zum Eigentumsübergang auch der **Eintragung des neuen Eigentümers im Grundbuch**. Erst damit ist der Eigentumswechsel vollendet.

Was musste Familie Schröder also alles tun, bevor sie Eigentümer eines Hauses werden konnte?

Checkliste für Familie Schröder

- ✓ Sie musste als Erstes eine Immobilie finden.
- ✓ Der nächste Weg ging zur Bank, um die Finanzierung zu klären.
- ✓ Anschließend musste sie zum Notar, um den Kaufvertrag zu schließen und die Auflassung zu erklären.
- ✓ Zuletzt wurde das Grundbuchamt tätig. Erst als der Eigentumswechsel im Grundbuch eingetragen war, gehörte Schröders die Immobilie.

Das Grundbuch
Das Grundbuch ist ein **öffentliches Register**, in dem alle Immobilien im **Bestandsverzeichnis** eingetragen sind.

Es besteht aus **drei Abteilungen**. Neben den Eigentumsverhältnissen, die in Abteilung I eingetragen werden, werden dort auch die sogenannten Dienstbarkeiten des Grundstücks in Abteilung II und die Grundschulden in Abteilung III eingetragen.

Dienstbarkeiten sind Belastungen des Grundstücks zugunsten eines anderen Grundstücks. Beispielsweise kann das Grundstück mit einem Wegerecht belastet sein, d. h., der jeweilige Eigentümer eines anderen Grundstücks hat das Recht, über das Grundstück zu gehen oder zu fahren.

Grundschulden dienen häufig den Banken als Sicherheiten für den von ihnen gewährten Kredit. Zahlt der Kreditnehmer seine monatlichen Raten nicht, kann die Bank aus den Grundschulden die Zwangsvollstreckung des Grundstücks betreiben und auf diese Weise ihre Forderungen befriedigen. Bei der Zwangsversteigerung wird das Grundstück nämlich zwangsweise an den Meistbietenden veräußert.

M3 Wohnungskauf – was ist dabei alles zu tun?

Familie Sanchez möchte eine Eigentumswohnung kaufen und stößt bei ihrer Recherche auf eine vielversprechende Anzeige:

Moderne Eigentumswohnung (90 m²) in Nürnberg mit Blick auf die Burg zu verkaufen.

Balkon, Tiefgarage und Personenaufzug vorhanden.

Preis: 450.000 Euro

Auch nach der Besichtigung gefällt Familie Sanchez das Objekt und sie entscheidet sich, die Wohnung zu kaufen.

AUFGABEN

1. a) Arbeite die Unterschiede und Gemeinsamkeiten des Eigentumsübergangs bei beweglichen Sachen und bei Immobilien heraus.
   b) Begründe, warum für den Erwerb von Immobilien besondere Anforderungen gelten.
2. Nachdem Familie Sanchez die neue Wohnung gefunden hat und sie kaufen möchte (M3), ist noch viel zu erledigen. Schildere, was die Familie noch alles machen muss, bis die Wohnung ihr Eigentum ist.
3. *Think-Pair-Share:* Im Grundbuch ist in der III. Abteilung noch eine Grundschuld in Höhe von 100.000 Euro zugunsten der Bank des Verkäufers eingetragen. Erkläre, welches Problem für Familie Sanchez (M3) entstehen kann.

1.4 Sozialpflichtigkeit des Eigentums

Art. 14 Grundgesetz

(1) Das Eigentum und das Erbrecht werden gewährleistet. Inhalt und Schranken werden durch Gesetze bestimmt.
(2) Eigentum verpflichtet. Sein Gebrauch soll zugleich dem Wohle der Allgemeinheit dienen.
(3) Eine Enteignung ist nur zum Wohle der Allgemeinheit zulässig. Sie darf nur durch Gesetz oder auf Grund eines Gesetzes erfolgen, das Art und Ausmaß der Entschädigung regelt. Die Entschädigung ist unter gerechter Abwägung der Interessen der Allgemeinheit und der Beteiligten zu bestimmen. Wegen der Höhe der Entschädigung steht im Streitfalle der Rechtsweg vor den ordentlichen Gerichten offen.

Das **Eigentumsrecht** ist als **Grundrecht** im Grundgesetz verankert. Das Eigentumsrecht gilt jedoch nicht vorbehaltlos, es unterliegt **Einschränkungen**.

Diese Einschränkungen finden sich vor allem in den öffentlich-rechtlichen Vorschriften, aber auch in einigen zivilrechtlichen Regelungen.

Baurecht
Das Bauordnungsrecht legt die örtlichen Bebauungsvorschriften fest. Beispielsweise regeln die Gemeinden, wo Wohngebiete und Industriegebiete entstehen sollen, wie hochgeschossig gebaut werden darf und welche Abstandsflächen zwischen Bauwerken eingehalten werden müssen.

Die Gemeinden schränken damit natürlich die Freiheit des Einzelnen ein, mit seinem Eigentum so zu verfahren, wie er möchte. Dies geschieht jedoch nicht grundlos. So sollen z. B. keine Wohnhäuser neben Industriebauten entstehen, damit keine Anwohner gesundheitsschädlichen Emissionen ausgesetzt sind. Emissionen meint hier den Ausstoß von gasförmigen oder festen Stoffen in die Umwelt durch die industrielle Produktion (z. B. Feinstaub).

Außerdem sollen Wohngebiete mit ausreichender Infrastruktur (Einkaufsgelegenheiten, Kindergärten, Schulen) ausgestattet sein.

Es gibt auch viele Bauvorschriften, die der öffentlichen Sicherheit dienen. Von den Gebäuden dürfen keine Gefahren für die Allgemeinheit ausgehen. Viele dieser Vorschriften dienen z. B. dem Brandschutz oder dem Gesundheitsschutz.

Beispiele aus dem Bereich der Bauvorschriften sind ausreichende und auch beschilderte Notausgänge, feuerfeste Türen bei verschiedenen Räumen sowie vorgeschriebene Baumaterialien.

Umweltschutz
Es gibt eine Vielzahl von umweltschutzrechtlichen Vorschriften. Diese dienen z. B. dazu, die Emissionsbelastung durch Industrieunternehmen zu reduzieren oder Gewässer vor Verschmutzungen zu schützen.

Filteranlagen für Luft und Abwasser sind beispielsweise häufige Auflagen zum Umweltschutz.

Ebenso von Bedeutung ist etwa der Waldschutz durch forstwirtschaftliche Maßnahmen.

Mietrecht
Die Rechte der Vermieter von Häusern oder Wohnungen sind stark durch den Mieterschutz eingeschränkt. So gibt es Regelungen, die dem Vermieter die Erhöhung der Miete erschweren (z. B. Mietpreisbremse).

Auch die Kündigung des Mietverhältnisses ist dem Vermieter nicht ohne Weiteres möglich. Erfüllt der Mieter seine mietvertraglichen Pflichten, kann der Vermieter grundsätzlich nur bei Eigenbedarf seinem Mieter kündigen.

M1 Darf das Grundstück verändert werden?

Die Grundstücksgrenze der Familie Meier soll verändert werden, da es aufgrund einer Engstelle an der daran verlaufenden Straße immer wieder zu schweren Unfällen kommt. Dabei verändert sich die Grundstücksfläche fast nicht, die Grundstücksgrenze soll nur begradigt werden, sodass an einer Stelle eine Fläche hinzukommt und in der Engstelle etwas vom Grundstück verwendet wird. Darf die Gemeinde das Grundstück ohne Zustimmung der Meiers so verändern?

AUFGABEN

1. Löse den Fall in M1 mithilfe von Art. 14 GG.
2. a) Nenne weitere Beschränkungen des Eigentums, die du kennst.
   b) Begründe, welchem Ziel diese Einschränkungen dienen.
3. Erkundige dich bei deiner zuständigen Baubehörde, welche Bebauungsbeschränkungen an deinem Wohnort bestehen, und diskutiert gemeinsam mögliche Gründe für diese Beschränkungen.
4. *Stühletausch:* Begründe, warum es wichtig ist, neben dem Eigentumsrecht auch das Erbrecht grundrechtlich zu schützen.

WEBCODE

WES-116645-411
Film: Einfach erklärt:
Urheberrecht

1.5 Schutz geistigen Eigentums

Nicht nur körperliche Gegenstände sind vom Eigentumsbegriff umfasst. Wenn du einen Song hörst, dann hat diesen Song jemand getextet und die Melodie komponiert. Wenn ein Maler ein Bild malt und ein anderer dieses Bild wegnimmt, dann ist es klar, dass hier ein Diebstahl vorliegt. Nichts anderes gilt, wenn es um die Arbeit eines Songwriters geht. Der unberechtigte Eingriff in das Eigentum erfolgt hier allerdings meist anders, indem z. B. ein Song widerrechtlich aus dem Internet heruntergeladen wird. Den Schutz des geistigen Eigentums regelt das **Urheberrechtsgesetz** (UrhG).

§ 1 UrhG Allgemeines

Die Urheber von Werken der Literatur, Wissenschaft und Kunst genießen für ihre Werke Schutz nach Maßgabe dieses Gesetzes.

§ 2 UrhG Geschützte Werke

(1) Zu den geschützten Werken der Literatur, Wissenschaft und Kunst gehören insbesondere:
1. Sprachwerke, wie Schriftwerke, Reden und Computerprogramme;
2. Werke der Musik;
3. pantomimische Werke einschließlich der Werke der Tanzkunst;
4. Werke der bildenden Künste einschließlich der Werke der Baukunst und der angewandten Kunst und Entwürfe solcher Werke;
5. Lichtbildwerke einschließlich der Werke, die ähnlich wie Lichtbildwerke geschaffen werden;
6. Filmwerke einschließlich der Werke, die ähnlich wie Filmwerke geschaffen werden;
7. Darstellungen wissenschaftlicher oder technischer Art, wie Zeichnungen, Pläne, Karten, Skizzen, Tabellen und plastische Darstellungen.

(2) Werke im Sinne dieses Gesetzes sind nur persönliche geistige Schöpfungen.

Nur durch den Schutz des geistigen Eigentums ist es möglich, dass Künstler auch von ihrer Arbeit leben können. Sie müssen sich z. B. durch den Verkauf der Verwertungsrechte an ihrem Kunstwerk ein Einkommen schaffen. Wenn jeder frei die Songs hören, vervielfältigen und verbreiten dürfte, dann würde es bald viele künstlerische Berufe nicht mehr geben.

AUFGABEN

1. a) Blättere auf die Seite vor dem Inhaltsverzeichnis und analysiere, was du mit den Inhalten dieses Buches machen darfst und was verboten ist.
   b) Reflektiere, wofür dieses Verbot notwendig ist. Beachte dabei, wer alles seine Arbeitsleistung in das Entstehen dieses Buches investiert hat.
   c) Schätze ein, bei welchen Inhalten des Buches sich der Verlag die Zustimmung eingeholt hat, weil er geistiges Eigentum anderer verwendet.
2. Recherchiere, welche Verwertungsrechte es nach dem UrhG gibt.

WEBCODE

WES-116645-412
Hier findest du das Urheberrechtsgesetz im Internet.

Eigentumsverletzungen im Internet

Kevin surft im Internet auf der Suche nach einem Film, der vor sechs Jahren in den Kinos lief. Auf der Suche findet er eine Onlinetauschbörse, bei der er den Film herunterladen kann. Kevin erinnert sich daran, dass die Benutzung einer Onlinetauschbörse rechtlich riskant ist.

Das Internet ist kein rechtsfreier Raum. Die Werke der Literatur, Wissenschaft und Kunst werden auch hier durch das UrhG geschützt. Folgende Rechte hat ein Urheber an seinen Werken im Internet:

- **Verbreitungsrecht:** das Recht, das Original oder Vervielfältigungsstücke des Werkes der Öffentlichkeit anzubieten oder in Verkehr zu bringen,
- **Schutz vor Entstellung des Werkes:** das Recht, eine Entstellung seines Werkes zu verbieten,
- **Recht der Bearbeitung und Umgestaltung:** Bearbeitungen oder andere Umgestaltungen des Werkes dürfen nur mit Einwilligung des Urhebers des bearbeiteten oder umgestalteten Werkes veröffentlicht oder verwertet werden.
- **Vervielfältigungsrecht:** das Recht, Vervielfältigungsstücke des Werkes herzustellen.

Kevin stößt bei seiner Recherche, was im Internet erlaubt ist und was nicht, auf zwei Begriffe: das sogenannte Filesharing und das Streaming.

Beim **Filesharing**, das meist in den Internettauschbörsen angewendet wird, stellt man eigene Dateien anderen Nutzern zur Verfügung. Im Gegenzug erhält man von den anderen Nutzern der Tauschbörse deren Dateien zum Download. Man tauscht also mit den Nutzern Dateien aus. Erhalte ich von einem Dritten eine Datei, stelle ich automatisch diese Datei wieder weiteren Nutzern zur Verfügung. Ich vervielfältige damit die Dateien eines Dritten und hafte somit auch für deren Inhalte. Durfte mein Partner, von dem ich die Datei in der Tauschbörse bezogen habe, die Datei gar nicht vervielfältigen, dann begehe automatisch auch ich eine urheberrechtliche Verletzung.

Beim **Streaming** werden keine Dateien dauerhaft heruntergeladen. Man sieht den Film oder hört die Musik während des Vorgangs des kurzzeitigen Herunterladens. Nach Ende des Films oder Musik werden die Daten wieder verworfen. Es wird also keine dauerhafte Kopie der Dateien angefertigt. Streaming kann man mit Fernsehen und Radio hören vergleichen.

Das Streaming ist für den Nutzer in der Regel zulässig. Es gibt jedoch eine wichtige **Ausnahme**: Wenn es offensichtlich ist, dass der Streaming-Dienst kein Recht zur Verbreitung hat, dann darf man den Film, die Fernsehserie oder die Musik auch nicht streamen. Der offensichtliche Verstoß wird vor allem beim Streamen aktuellster Filme, Fernsehserien oder Musik angenommen. Beispielsweise kann man davon ausgehen, dass man Filme, die gerade eben erst im Kino angelaufen oder die eventuell noch nicht einmal veröffentlicht sind, auch nicht im Internet streamen darf.

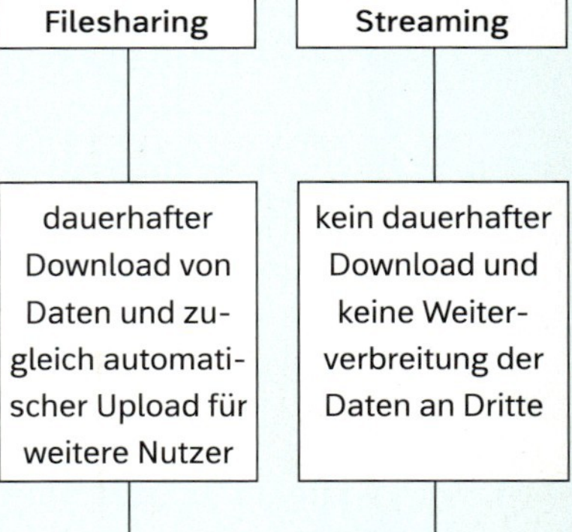

Welche Folgen kann ein illegaler Download haben?

Rechtsanwaltskanzlei Schreiber & Kollegen
Elisenweg 15 c
86154 Augsburg

Augsburg, den 31.10.20xx

Unser Zeichen: 376/19

Sehr geehrter Herr Bischof,

wir vertreten die Plattenfirma Hits of Music GmbH, die sämtliche Rechte an dem Song „The best of all" besitzt. In der Anlage erhalten Sie unsere Bevollmächtigung im Original.
Von Ihrem Internetanschluss wurde am 24.09.20xx um 13.50 Uhr der Song „The best of all" zum Upload in dem Tauschportal „Change all" den Nutzern des Tauschportals zur Verfügung gestellt. Hierdurch wurden die Rechte unseres Mandanten aus §§ 15 ff. UrhG verletzt.
Wir fordern Sie auf, den Song „The best of all" oder Teile davon in Zukunft nicht ohne Einwilligung unseres Mandanten im Internet zugänglich zu machen oder einem Dritten eine derartige Rechtsverletzung durch Ihren Internetanschluss zu ermöglichen.
Ferner fordern wir Sie auf, beiliegende strafbewehrte Unterlassungserklärung abzugeben, die Sie dazu verpflichtet, für den Fall der Zuwiderhandlung für jeden einzelnen Fall der Zuwiderhandlung 5.000,00 Euro an unseren Mandanten zahlen zu müssen.
Beiliegende Rechnung in Höhe von 1.100,00 Euro ist von Ihnen für meine Beauftragung zu übernehmen.
Für die Bezahlung der Rechnung und die Abgabe der strafbewehrten Unterlassungserklärung setzten wir Ihnen eine Frist bis zum 15.11.20xx. Nach Ablauf der Frist werden wir ohne weitere Vorankündigung Klage einreichen.

Mit freundlichen Grüßen

Rechtsanwalt Schreiber

Kevins Cousin Thomas hat einen Brief von einem Rechtsanwalt bekommen (siehe oben). Er beschwert sich bei Kevin, dass er dies völlig übertrieben finde, da er doch nur einen Song heruntergeladen habe. Thomas ist der Meinung, dass dies nicht so ernste Konsequenzen nach sich ziehen könne.

Solltet ihr selbst einmal einen solchen Brief erhalten, solltet ihr zusammen mit euren Eltern sofort einen Verbraucherschutzverband oder einen Rechtsanwalt aufsuchen, der am besten auf IT-Recht spezialisiert ist. Pauschal gültige Antworten gibt es nicht, weil jeder Einzelfall anders zu beurteilen ist.

Grundsätzlich hat die Rechtsanwaltskanzlei Schreiber jedoch recht. Bei einer Urheberrechtsverletzung kann der Urheber verlangen, dass in Zukunft seine Urheberrechte beachtetet werden und dass als Sanktion bei zukünftigen Verstößen für jeden nachgewiesenen Verstoß ein bestimmter Geldbetrag zu zahlen ist.

Diese Verpflichtung trifft nur denjenigen, der den Down- oder Upload vorgenommen hat. Diese Regelung gilt, seitdem 2017 die sogenannte Störerhaftung, bei der stets der Anschlussinhaber haftete, abgeschafft wurde.

Letztlich kann ein illegaler Down- oder Upload sogar eine Straftat sein.

INFO

Unter **Störer** versteht man den Anschlussinhaber.

§ 106 UrhG Unerlaubte Verwertung urheberrechtlich geschützter Werke

(1) Wer [...] ohne Einwilligung des Berechtigten ein Werk oder eine Bearbeitung oder Umgestaltung eines Werkes vervielfältigt, verbreitet oder öffentlich wiedergibt, wird mit Freiheitsstrafe bis zu drei Jahren oder mit Geldstrafe bestraft.

M1 Wer nutzt das Internet wie

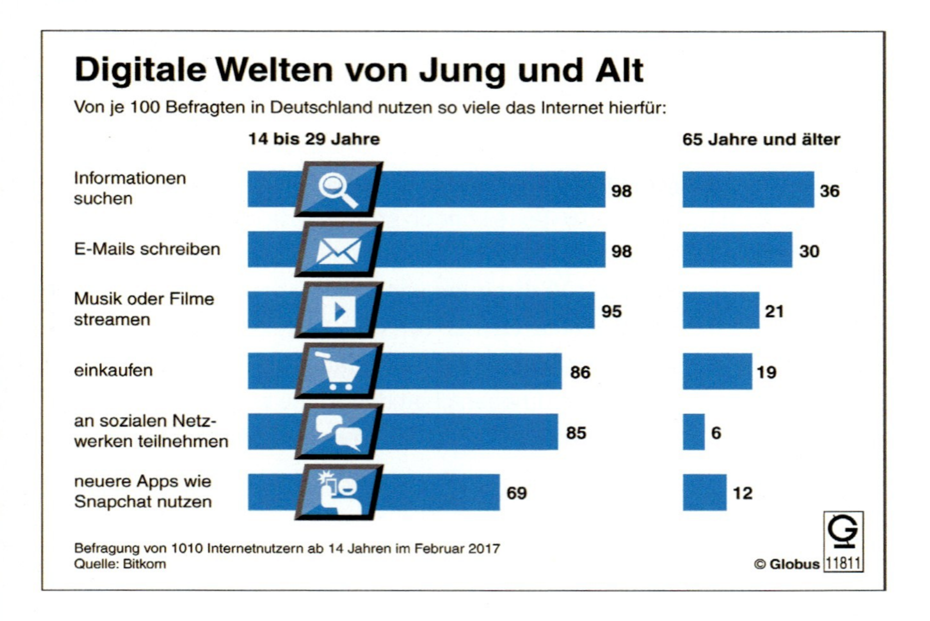

AUFGABEN

1. Werte die Grafik M1 aus (*Methode* auf S. 184):
   a) Beschreibe, was in der Grafik dargestellt ist.
   b) Vergleiche die Nutzung des Internets der beiden befragten Gruppen und schätze ein, warum ein so großer Unterschied zwischen den beiden Altersgruppen bestehen könnte.
2. *Partnervortrag:* Erkläre den Unterschied zwischen Streaming und Filesharing (S. 117) und gehe auf die jeweiligen rechtlichen Folgen ein.

Das Urheberrecht – Praxistipps für Veröffentlichungen

Sowohl im privaten als auch im schulischen Umfeld müsst ihr bei der Veröffentlichung bzw. Verbreitung von Bildern, Musik oder Texten auf die Urheberrechte achten, die an diesem Material bestehen können. Vielleicht ist auch jemand gar nicht damit einverstanden, dass z. B. sein Bild veröffentlicht wird. Was einmal im Netz oder an anderer Stelle publiziert ist, kann so gut wie nicht mehr vollständig gelöscht werden. Man kann daher mit Urheberrechtsverletzungen auch noch nach Jahren konfrontiert werden.

Was muss also u. a. beachtet werden?

- **Bilder und Filme, die Personen zeigen,** dürfen nur veröffentlicht werden, wenn die Person oder bei Minderjährigen ihre gesetzlichen Vertreter zugestimmt haben. Sind große Gruppen oder einzelne Personen im Hintergrund abgebildet, kann unter Umständen auf eine Einwilligung verzichtet werden. Aber auch dann kann es zu Streitigkeiten kommen. Besonders vorsichtig muss man sein, wenn die Inhalte der Bilder eventuell gegen ein Gesetz verstoßen. Dann ist auch die Weitergabe der Bilder strafbar.
- Bindet ihr **von Dritten erstellte Bilder, Filme oder Texte** in eure Schülerzeitung oder auf Internetseiten ein, dann müsst ihr die Zustimmung des Autors oder des Fotografen einholen. Gegebenenfalls kostet dies Lizenzgebühren. Erst wenn euch die Verwendung gestattet wird, dürft ihr die Bilder und Texte veröffentlichen. Eine Ausnahme im Urheberrecht liegt grundsätzlich dann vor, wenn der Urheber seit mehr als 70 Jahren tot ist. Dessen Bilder oder Texte können grundsätzlich frei verwendet werden.
- Bei der **Einbindung bzw. Verbreitung von Musik** ist zudem zu prüfen, ob GEMA-Lizenzgebühren fällig werden (GEMA = Gesellschaft für musikalische Aufführungs- und mechanische Vervielfältigungsrechte).
- Achtet darauf, eine fremde Urheberschaft durch eine **korrekte Quellenangabe** kenntlich zu machen. Sonst ist euer Werk ein sogenanntes Plagiat.

AUFGABEN

1. **Fall 1:** Judith macht Urlaub in Paris und schickt ihrer Freundin Clara ein Selfie mit dem Eiffelturm im Hintergrund. Clara, die mit ihrem Freund Giovanni auch einmal Urlaub in Paris machen möchte, leitet das Foto an ihn weiter. Unter dem Foto steht: „Wäre das nicht auch etwas für uns?“
   Fall 2: Tamer ist von dem Film „Das Wunder der Schule“, den er auf DVD besitzt, so begeistert, dass er ihn an seinen Freund Franz weitergibt:
   a) Er verlangt kein Entgelt.
   b) Er verlangt eine „Gebühr“ von 5 Euro.
   Diskutiert in der Klasse, ob Clara und Tamer rechtmäßig handelten.
2. Besorgt euch den Inhalt des Beschlusses des Landgerichts Frankfurt vom 28.5.2015 (Aktenzeichen: 3 O 452/14) und diskutiert ihn.

Schutz von Marken und Patenten

Nicht nur im künstlerischen Bereich gibt es geistiges Eigentum. Vor allem in der Wirtschaft leben vielen Firmen von ihrem Namen und ihren Marken und Patenten, die sie geschaffen haben. Das geistige Eigentum der Unternehmen wird u. a. durch das das **Markengesetz** und das **Patentgesetz** geschützt.

INFO

Marken sind besondere Kennzeichen für Produkte und Dienstleistungen, die dazu dienen, diese von anderen unterscheidbar zu machen.

Ein **Patent** ist ein Schutzrecht für technische Erfindungen von neuen Produkten oder Verfahren (auch die Idee dazu), die gewerblich nutzbar sind.

M2 Die wertvollsten Marken der Welt

Platz	Firma	Markenwert in Mrd. US-$	Veränderung zum Vorjahr
1	Google	302,1	+23 %
2	Apple	300,6	+28 %
3	Amazon	207,6	+49 %
4	Microsoft	201,0	+40 %
5	Tencent	179,0	+65 %
6	Facebook	162,1	+25 %
7	Visa	145,6	+31 %
8	McDonald's	126,0	+29 %
9	Alibaba	113,4	+92 %
10	AT&T	106,7	– 7%

Aus: Weltweites Markenranking 2018, in: www.handelsblatt.com/unternehmen/management/markenranking-2018-alibaba-greift-an-chinesische-marken-sind-die-grossen-gewinner/22611962.html?ticket=ST-2799693-oHjycEhlwpHPtlRICfMY-ap5, 29.5.2018 (Zugriff: 30.1.2019) (Auszug)

M3 Banken-Rot – Sparkassen gewinnen Streit gegen Santander

Seit sieben Jahren gibt es Streit um die Verwendung der Farbe Rot. Jetzt triumphieren die deutschen Sparkassen. Und die spanische Bank Santander, die einen ähnlichen Rotton wie die Sparkassen verwendet, darf die Farbe wohl nicht mehr so stark verwenden wie bisher.
Die Sparkassen jedenfalls haben am Donnerstag Rückendeckung durch den Bundesgerichtshof (BGH) erhalten. Das oberste deutsche Zivilgericht entschied, dass die Farbmarke – das Rot, in der Fachsprache der Drucker „HKS 13“ genannt – für die Sparkassen in Deutschland weiterhin geschützt bleibt. Santanders Antrag, die Farbmarke zu löschen, wies der BGH endgültig ab.

Aus: Elisabeth Atzler, Sparkassen gewinnen Streit gegen Santander, in: www.handelsblatt.com/finanzen/banken-versicherungen/banken-rot-sparkassen-gewinnen-streit-gegen-santander/13906484.html, 21.7.2016 (Zugriff: 30.1.2019)

AUFGABEN

1. Begründe, warum ein Markenname so wertvoll sein kann (M2).
2. Schätze ein, warum es für die Sparkassen wichtig war, dass ein Konkurrent am Markt nicht mit einem ähnlichen Rotton auftrat (M3).
3. *Fishbowl:* Diskutiert, was dafür und was dagegen spricht, eine Markenfarbe in den Eigentumsschutz einzubeziehen.
4. Diskutiert in der Klasse, ob die Sparkassen (M3) auch Erfolg gehabt hätten, wenn sie sich gegen einen Getränkehersteller gewendet hätten.

2 Vertragsrecht (Schuldrecht)

2.1 Abschluss eines Kaufvertrags

Noch kurz vor dem Unterricht im Supermarkt ein Wasser kaufen, in der Pause beim Hausmeister eine Semmel, nach dem Unterricht ein Pizzateilchen beim Italiener usw. Du schließt sehr häufig Kaufverträge ab, ohne dir viele Gedanken darüber zu machen.

Fallbeispiel:
In der Pause erzählt Max seinem Klassennachbarn Tobias, dass er zum 13. Geburtstag ein neues Skateboard bekommen hat. „Du kennst doch mein altes. Möchtest du es für 20 Euro haben? Meine Eltern sind damit einverstanden. Du könntest es morgen bei mir zu Hause abholen.“ Tobias antwortet: „Super. Bei mir gibt es heute Taschengeld. Dann nehme ich morgen das Geld gleich mit.“ Ist hier ein Kaufvertrag zustande gekommen?

Bei allen Käufen liegt ein sogenanntes **zweiseitiges Rechtsgeschäft** vor. Jeder der Beteiligten (Käufer und Verkäufer) gibt eine **Willenserklärung** ab. Eine Willenserklärung ist im Bereich des Rechts als ausdrückliche Erklärung definiert, die eine Rechtsfolge (wie hier z. B. einen Kauf) herbeiführen soll.

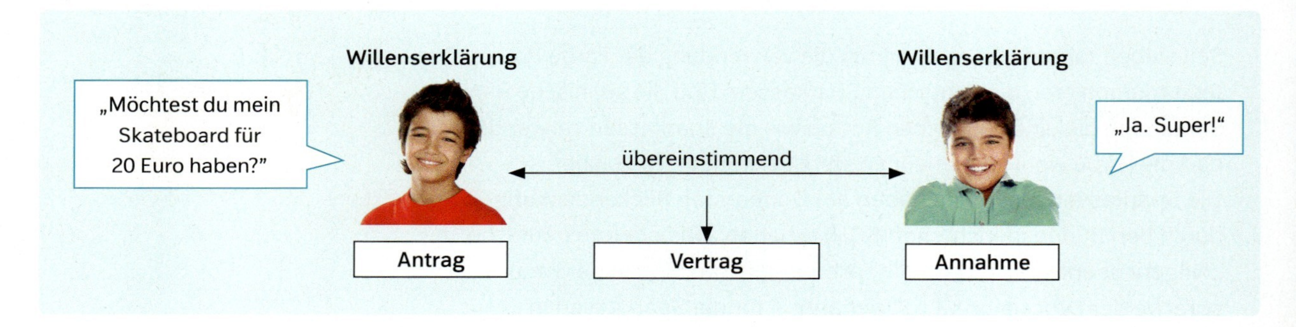

INFO
Der **Antrag** muss nicht vom **Verkäufer** gemacht werden. Genauso gibt es Kaufverträge, bei denen der Antrag vom **Käufer** gemacht wird.

Tobias und Max haben hier einen **Kaufvertrag** abgeschlossen. Max hat den Antrag abgegeben, ein Skateboard verkaufen zu wollen. Tobias nimmt den Antrag unverändert an. Die beiden Willenserklärungen stimmen überein.

Formen von Willenserklärungen:
- **Mündlich:** Siehe obiges Fallbeispiel.
- **Schriftlich:** Elias Schreiner unterschreibt bei der Bank einen Darlehensvertrag. (Näheres dazu erfährst du auf S. 158/159.)
- **Schriftlich mit notarieller Beurkundung:** Heinz Müller kauft von Werner Huber ein kleines Appartement. Sie treffen sich beim Notar und unterschreiben dort beide den Kaufvertrag.
- **Schlüssiges Handeln:** z. B. Zeigen einer bestimmten Ware, Kopfnicken, Einsteigen in den Bus, Handheben bei Versteigerungen
- **Elektronisch:** z. B. Download eines Musiktitels im Internet, Kauf eines Buches im Internet (zum E-Commerce siehe auch Kap. II.4, S. 58 – 60).

Einseitiges und zweiseitiges Rechtsgeschäft

Ein **einseitiges Rechtsgeschäft** liegt vor, wenn die Willenserklärung einer Person genügt, um bestimmte Rechtsfolgen herbeizuführen.

Beispiele:
- Aufsetzen eines Testaments
- Aussprechen einer Kündigung, wie z. B. der Wohnung
- Ankündigung einer Belohnung

Ein **zweiseitiges Rechtsgeschäft** wird durch die Willenserklärung zweier oder auch mehrerer Personen abgeschlossen. Ein zweiseitiges Rechtsgeschäft nennt man **Vertrag**.

> **§ 145 BGB Bindung an den Antrag**
>
> Wer einem anderen die Schließung eines Vertrages anträgt, ist an den Antrag gebunden [...].

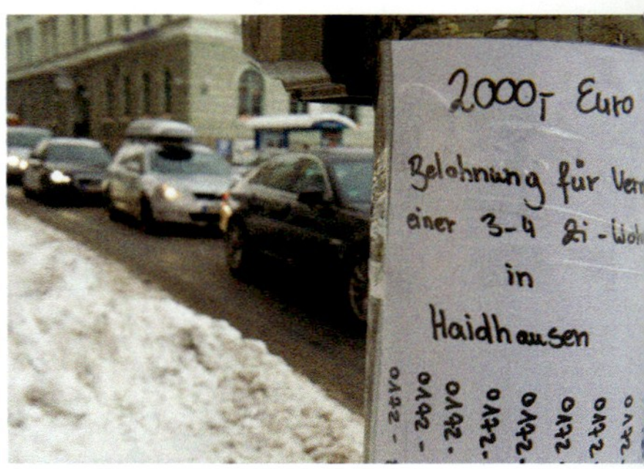

Ein Vertrag kommt durch die **Annahme des Antrags** zustande.

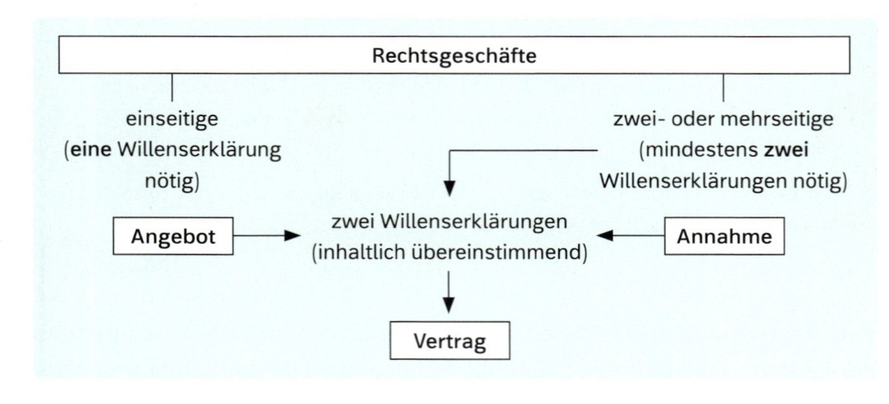

AUFGABEN

1. Erkläre, in welchen Schritten Max und Tobias (Fallbeispiel auf S. 122) einen Kaufvertrag abgeschlossen haben.
2. Max und Tobias sind beide beschränkt geschäftsfähig. Begründe, warum der Vertrag trotzdem Gültigkeit besitzt.
3. Formuliere ein Beispiel, in dem der Käufer den Antrag macht.
4. Der kaufwillige Herr Schrauber schreibt an den Lieferanten: „Ich kaufe die Maschine, falls Sie mir noch einen Rabatt von 10 % gewähren."
   a) Begründe, ob hier ein Kaufvertrag zustande gekommen ist oder nicht.
   b) *Think-Pair-Share:* „Das Zustandekommen eines Kaufvertrages und ein Reißverschluss haben etwas gemeinsam."
   Belege diese Aussage anhand des Beispiels und stelle die Lösung bildlich dar.

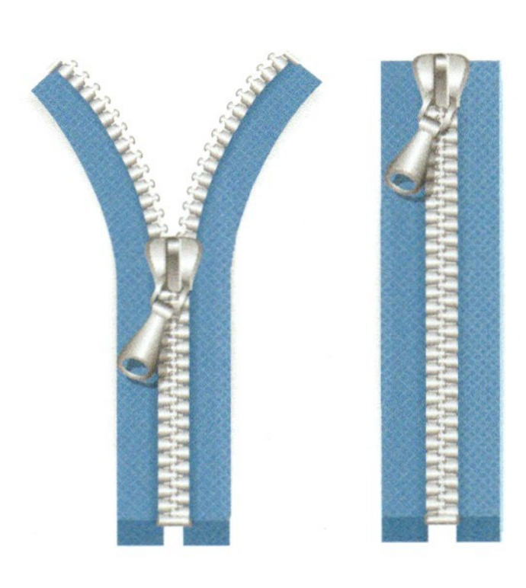

Der Kaufvertrag – ein Verpflichtungsgeschäft

Fallbeispiel:
Rainer Wagner unterschreibt im Autohaus Kaiser den Kaufvertrag über den Kauf eines neuen Leguan 2000.

Der Verkäufer Tobias Schuster erklärt ihm: „Die Lieferung erfolgt in der 31. Kalenderwoche. Wir rufen Sie an. Der Betrag von 23.000 Euro muss sofort bezahlt werden. Kümmern Sie sich bitte um Ihre Versicherung, dann können wir Ihnen die Fahrzeugpapiere bei der Abholung des Fahrzeugs sofort aushändigen."

Der Verkäufer hat hier einige **Verpflichtungen** erwähnt, die auf beide Vertragspartner zukommen.

Beim Kauf eines Autos in einem Autohaus handelt es sich um einen sogenannten **Verbrauchsgüterkauf**. Ein Verbrauchsgüterkauf ist ein Kaufvertrag über eine bewegliche Sache (z. B. Rucksack), zwischen einem Verbraucher und einem Unternehmen (z. B. Supermarkt).

Pflichten aus dem Kaufvertrag:

§ 433 BGB Vertragstypische Pflichten beim Kaufvertrag

(1) Durch den Kaufvertrag wird der Verkäufer einer Sache verpflichtet, dem Käufer die Sache zu übergeben und das Eigentum an der Sache zu verschaffen. Der Verkäufer hat dem Käufer die Sache frei von Sach- und Rechtsmängeln zu verschaffen.

(2) Der Käufer ist verpflichtet, dem Käufer den vereinbarten Kaufpreis zu zahlen und die gekaufte Sache abzunehmen.

Wie du aus § 433 BGB ersehen kannst, verpflichten sich der Verkäufer und der Käufer zu bestimmten Leistungen, die je nach Vereinbarung entweder sofort oder später zu erfüllen sind.

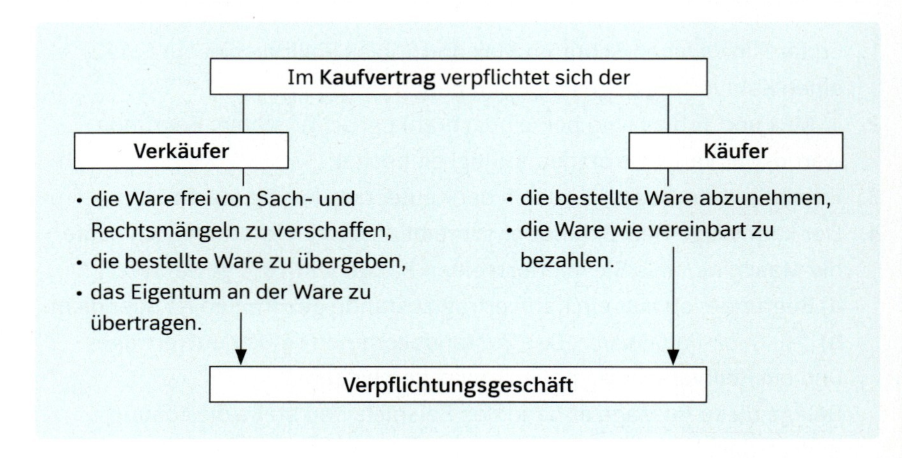

Kriterien der Vertragserfüllung – das Erfüllungsgeschäft

Kommen wir noch einmal zum Fallbeispiel auf S. 124 zurück. Rainer Wagner und das Autohaus müssen nach dem Vertragsabschluss nun auch ihre Pflichten aus diesem Vertrag erfüllen. Diese Handlung bezeichnet man als **Erfüllungsgeschäft**. Beide erfüllen hier konkret ihre Pflichten, indem

- Rainer Wagner den Betrag von 23.000 Euro bezahlt.
- Rainer Wagner das Auto in Empfang nimmt.
- das Autohaus Kaiser das Fahrzeug übergibt und mit der Übergabe der Fahrzeugpapiere dem Käufer auch das Eigentum verschafft.

Das Erfüllungsgeschäft

Verkäufer: „Hier sind Ihr Fahrzeug, die Autoschlüssel und Wagenpapiere."	**Käufer:** „Ich habe Ihnen den Betrag auf Ihr Konto überwiesen." Er steigt ins Auto und fährt weg.
• Warenübergabe • Übertragung des Eigentums an der Ware	• Geldübergabe • Annahme der Ware

M1 Einkauf in der Geschenkboutique

Nachdem Maria zwei Kerzenleuchter aus dem Regal von Maximas Geschenkeboutique genommen hat, geht sie zur Kasse und legt die Ware auf das Band (= Antrag). Die Verkäuferin tippt den Betrag ein (= Annahme) und übergibt ihr den Kassenzettel (siehe Randspalte) und die Leuchter. Wie so häufig im Alltag sind hier der Kaufvertragsabschluss (= Verpflichtungsgeschäft) und die Erfüllung der Vertragspflichten (= Erfüllungsgeschäft) zeitlich zusammengefallen.

Maximas Geschenkeboutique
Inh. Sonja Fröhlich
Leuchtergasse 15
82357 München
Tel.: 089/1245xxxx

Artikel	Menge	Summe
012345 Leuchter Ciao	2	6,90
033421 Kerzen	2	2,50
	Gesamt Euro	9,40
	Betrag, netto	7,90
	MwST 19%	1,50
	Bar	10,00
	Rückgeld	0,60

Vielen Dank für Ihren Besuch!
Umtausch nur mit Kassenbon
Es bediente Sie Frau Hafner
Datum 19.03.20xx
Bon Nr.: 00000212304

26220EX

AUFGABEN

1. Formuliere ein eigenes Fallbeispiel, in dem der Kaufvertragsabschluss und die Erfüllung des Kaufvertrages zeitlich auseinanderfallen.
2. a) Beschreibe die Schritte, die im Fall M1 zum Kaufvertragsabschluss geführt haben.
   b) An der Kasse erfüllen nun beide Vertragspartner ihre Verpflichtungen aus diesem Kaufvertrag. Erläutere die Erfüllung des Kaufvertrages
   - durch das Geschäft,
   - durch Maria.
3. Spielt zu zweit einen Buchkauf in einzelnen Schritten durch (einer/eine ist Kunde/Kundin, einer/eine Verkäufer/-in).

Der Erfüllungsort (Leistungsort)

Fallbeispiel:
Ella Schön aus Wasserburg kauft bei „Munich Medien" in München den PC Primary X1. Sie vereinbart mit dem Verkäufer die Lieferung nach Wasserburg und die sofortige Begleichung der Rechnung (siehe S. 128).

Bei diesem Fallbeispiel fallen der Kaufvertragsabschluss und die Erfüllung des Kaufvertrages zeitlich und auch räumlich auseinander, weil Käufer und Verkäufer an verschiedenen Orten wohnen.

Deshalb muss geklärt werden, zu welchem Zeitpunkt (Wann?) und an welchem Ort (Wo?) ein Kaufvertrag erfüllt werden muss. Wir bezeichnen diesen Ort als **„Erfüllungsort"** oder **„Leistungsort"**.

Der Erfüllungsort legt fest, wo die beiden Schuldner aus einem Kaufvertrag (**Warenschuldner, Geldschuldner**) ihre Leistung erbringen müssen. Grundsätzlich können beide Parteien den Erfüllungsort bei Kaufvertragsabschluss frei vereinbaren (**vertraglicher Erfüllungsort**).

Warenschuldner

München – Sitz des Verkäufers

Geldschuldner

Wasserburg – Wohnort des Kunden

Vertraglich kann sowohl München, Wasserburg oder auch ein anderer Ort als Erfüllungsort für die Warenübergabe bzw. Geldübergabe vereinbart werden, z. B.: Der Erfüllungsort für beide Teile ist München.

Auswirkungen des Erfüllungsortes

Die Wahl des Erfüllungsortes kann z. B. auf folgende Aspekte Einfluss haben:

- **auf den Preis:** Der Erfüllungsort kann sich auf den Preis auswirken, wenn z. B. Versandkosten übernommen werden müssen.
- **auf die korrekte Erfüllung:** Der Waren- und der Geldschuldner haben ihre Pflichten erst richtig erfüllt, wenn ihre Leistung (Warenlieferung, Geldübermittlung) am richtigen Ort erbracht wurde.
- **auf den Gerichtsstand:** Der Erfüllungsort hat einen Einfluss darauf, bei welchem Gericht im Falle eines Prozesses geklagt werden kann.

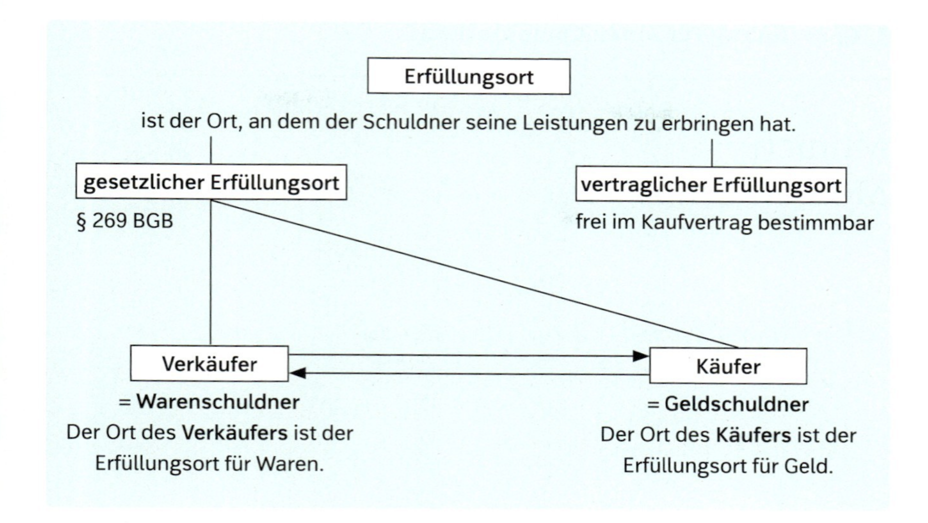

Wurde im Kaufvertrag nichts anderes vereinbart, so gilt die gesetzliche Regelung. Grundsätzlich gilt dann:

- **Warenschulden sind Holschulden.**

Der Käufer muss die gekaufte Sache beim Verkäufer abholen. Wohnen beide an verschiedenen Orten, so hat der Verkäufer seine Leistung erfüllt, wenn er die Ware ordnungsgemäß der Post oder einem Spediteur übergeben hat. Die Versandkosten trägt der Käufer, wenn vertraglich keine andere Vereinbarung getroffen worden ist.

- **Geldschulden sind Bringschulden.**

Der Käufer ist verpflichtet, den Kaufpreis auf seine Rechnung und Gefahr dem Verkäufer zu senden. Der Kaufvertrag ist erst dann erfüllt, wenn der Verkäufer den Kaufpreis erhalten hat.

INFO

Beim **Kauf im Internet** (siehe S. 136–139) ist in der Regel ein Versendungskauf vereinbart, eine Holschuld scheidet damit aus.

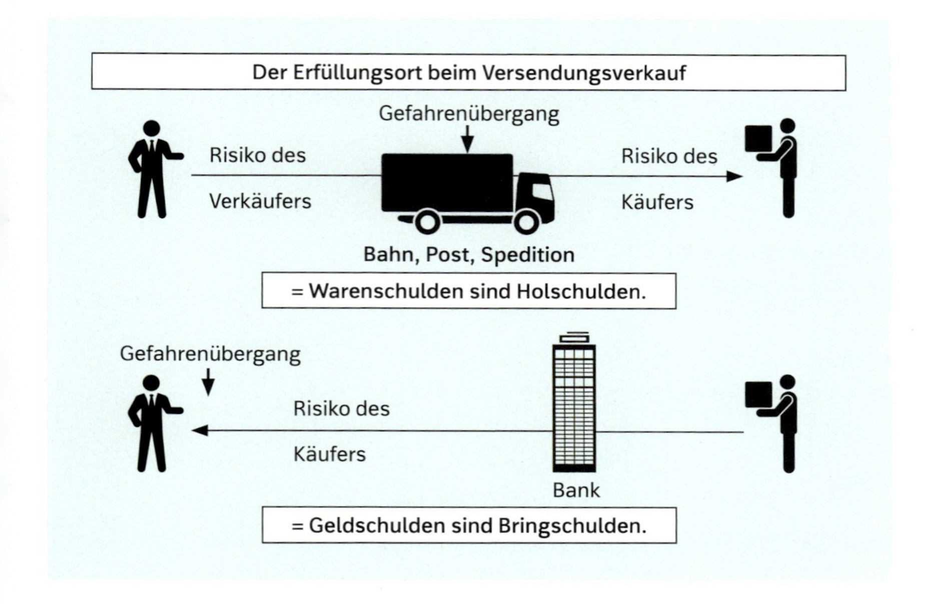

M2 Rechnung für einen Computerkauf

Munich Medien GmbH

Schwabinger Str. 12a-g • 85620 München • Tel.: 089/34xxxx-0 • www.munich-medien.de

Ella Schön
Färbereigasse 12
83512 Wasserburg

Datum: 11.03.20xx
Steuer-Nr.: 234/028/34182

Rechnung Nr.: 8216
(bei Zahlung bitte angeben)

Ihr Auftrag vom 03.03.20xx | Auftrags-Nr.: 134/3 | Kunden-Nr.: 2651

Sehr geehrte Frau Schön,
wir lieferten Ihnen am 03.03.20xx:

Pos.	Menge	Art.-Nr.	Leistung	Einzelpreis (€)	Gesamtpreis (€)
1	1	7890	PC Primary X1	Warenwert	675,00
			Versandkosten		5,00
				Netto	680,00

Nettowert:	Versand:	USt. 19%	Rechnungsbetrag: 809,20 €
675,00 €	5,00 €	129,20 €	

Zahlungsbedingungen:
Die Rechnung ist fällig am 03.04.20xx.
Bei Zahlung bis zum 21.03.20xx gewähren wir 2 % Skonto.
Die Ware bleibt bis zur vollständigen Bezahlung unser Eigentum.

Munich Medien GmbH
Schwabinger Str. 12a-g • 85620 München
E-Mail: kontakt@munich-medien.de
Fax: 089/34xxxx-89
Geschäftsführer: Sebastian Reiser
Registergericht München HRB 25140982
UStID-Nr. DE 123456789
Bankverbindung: Sparbank München • IBAN DExx 3345 2316 0502 xx • BIC SPBAxxxxx

M3 Lückentext

Aus der Rechnung in M2 ist zu ersehen, dass im Kaufvertrag die Lieferbedingung „ ① “ vereinbart worden ist.

Der Computer wurde Frau ② sofort geliefert. Aus der Rechnung geht hervor, dass der Rechnungsbetrag über ③ bis zum ④ zu begleichen ist (Zahlungsziel). Wäre hier kein Datum genannt, müsste der Betrag ⑤ beglichen werden.

Die links stehende Rechnung sagt viel über den Erfüllungsort im Falle eines Versendungskaufes aus:

Der Erfüllungsort für die Ware ist ⑥ (Ort des ⑦). Weil hier laut Gesetz der Kunde verpflichtet ist, sich die Ware in ⑧ abzuholen, muss er die Kosten für den Versand der Ware nach ⑨ tragen. Weil der Erfüllungsort für die Zahlung ⑩ ist, muss der ⑪ den Betrag auf das Konto des Lieferers aus ⑫ überweisen.

M4 Fernsehkauf mit Hindernissen

Frau Beyer kauft beim örtlichen Fernsehhändler Eisenhofer einen Fernseher. Sie vereinbart mit dem Verkäufer, dass er das Gerät liefert, aufstellt und die Programme einstellt. Der Verkäufer stolpert bei der Zustellung auf der Treppe vor der Wohnungstür und lässt den Karton mit dem Fernseher fallen. Das Gerät ist jetzt stark beschädigt.

AUFGABEN

1. Stelle das Wesen des gesetzlichen Erfüllungsortes (obere Grafik auf S. 127) heraus.
2. Ergänze mithilfe von M2 den Lückentext in M3 in deinem Heft.
3. a) *Partnervortrag:* Erkläre, warum im Fall M4 der Verkäufer für den Schaden haftet. Verwende dabei den Begriff „Gefahrenübergang“ und erläutere ihn.
   b) Arbeite aus der unteren Grafik auf S. 127 heraus, dass es für die Haftungsfrage ohne Bedeutung ist, ob der Kaufpreis schon im Geschäft entrichtet wurde oder erst bei der Lieferung zu bezahlen gewesen wäre.

Eigentumsvorbehalt

„Die Ware bleibt bis zur vollständigen Bezahlung unser Eigentum."

Diesen Vermerk nennt man **Eigentumsvorbehalt**.

> **§ 449 BGB Eigentumsvorbehalt**
>
> **(1)** Hat sich der Verkäufer einer beweglichen Sache das Eigentum bis zur Zahlung des Kaufpreises vorbehalten, so ist im Zweifel anzunehmen, dass das Eigentum unter der aufschiebenden Bedingung vollständiger Zahlung des Kaufpreises übertragen wird (Eigentumsvorbehalt) [...].

In der Regel wird ein Eigentumsvorbehalt dann vereinbart, wenn der Käufer den Kaufpreis nicht sofort entrichtet und der gelieferte Gegenstand nur erwartungsgemäß im Besitz des Käufers bleiben wird (z. B. Computer, Fahrzeuge). Ein Eigentumsvorbehalt bewirkt, dass der gelieferte Gegenstand zwar **dem Käufer übergeben** wird, aber bis zur vollständigen Bezahlung des Kaufpreises im **Eigentum des Lieferanten** verbleibt. Wird der Kaufpreis nicht entrichtet, holt der Lieferer den gelieferten Gegenstand wieder zurück.

Der Eigentumsvorbehalt ist auf diese Weise eine sehr gute Sicherung eines Warenkredits.

Allgemeine Geschäftsbedingungen (AGB) – das „Kleingedruckte"
Wegen der oft komplexen Wirtschaftsbeziehungen werden heute fast überall in der Wirtschaft zusätzliche Vertragsbedingungen (z. B. Lieferfristen, Zahlungsbedingungen, Eigentumsvorbehalt, Leistungsort) im Rahmen der Allgemeinen Geschäftsbedingungen (AGB) vereinbart.

> **§ 305 BGB Einbeziehung Allgemeiner Geschäftsbedingungen in den Vertrag**
>
> **(1)** Allgemeine Geschäftsbedingungen sind alle für eine Vielzahl von Verträgen vorformulierten Vertragsbedingungen, die eine Vertragspartei (Verwender) der anderen Vertragspartei bei Abschluss eines Vertrags stellt [...].

Hast du schon einmal die AGB bei einem Onlinekauf (siehe S. 136–139) durchgelesen? Hier musst du ausdrücklich auf sie aufmerksam gemacht worden sein und musst ausdrücklich zustimmen.

☐ Ich habe die AGB oder Nutzungsbedingungen gelesen und stimme zu.

Falls du aber direkt im Laden kaufst, akzeptierst du die AGB automatisch.

Vertragsgrundsätze

In Deutschland herrscht grundsätzlich (aus den Grundrechten des GG abgeleitete) **Vertragsfreiheit**. Diese zeigt sich in folgenden Grundsätzen:

a) **Abschlussfreiheit:** Jeder kann frei entscheiden, ob, mit welchem Inhalt und mit wem er einen Vertrag abschließen möchte. Die Vertragsfreiheit findet jedoch ihre Grenzen, wenn z. B. Verträge abgeschlossen werden, die die Rechte bestimmter Personengruppen, wie Minderjährige oder Verbraucher, einschränken (siehe auch Kap. III.4.2, S. 88–93).

b) **Formfreiheit:** In der Regel sind die Willenserklärungen nicht an eine bestimmte Form gebunden (Formfreiheit). Nur bei manchen Verträgen empfiehlt sich vor allem wegen ihrer Bedeutung als Beweisgrundlage die Schriftform, wie bei einem Mietvertrag, einem Arbeitsvertrag oder beim Abschluss eines Darlehensvertrages. Beim Kauf einer Immobilie schreibt der Gesetzgeber sogar die notarielle Beurkundung vor.

c) **Inhaltsfreiheit:** Jeder kann frei über den Inhalt des Vertrags entscheiden. Ausgenommen davon sind Verträge, die gegen die guten Sitten (z. B. „Wuchergeschäfte“, § 138 BGB) oder ein Gesetz verstoßen (z. B. Kauf von Drogen).

d) **„Treu und Glauben“:** Dieser altmodisch und auch unbestimmt klingende Grundsatz der **„Vertragstreue“** gibt an, wie eine Leistung zu erfüllen ist. Er besagt, dass Verträge unbedingt einzuhalten sind, d. h., dass alles getan werden muss, die Leistung „treu“ zu erbringen und so ein Vertrauen auf Zuverlässigkeit und Ehrlichkeit zu schaffen. In diesem Zusammenhang ist auch zu sehen, dass der Kunde (außer im Onlinekauf, S. 137) beim Kauf einer einwandfreien Ware **kein gesetzliches Umtausch- oder Rückgaberecht** besitzt. Dieses Recht räumen die Geschäfte ihren Kunden allerdings oft freiwillig ein.

e) **Vertrauensschutz:** Der Grundsatz des Vertrauensschutzes beinhaltet, dass sich Privatpersonen (= Bürger) unbedingt auf schriftliche behördliche Zusicherungen verlassen können müssen. Behördliche Maßnahmen zum Schutze der Bürger erwecken ein Gefühl der Sicherheit. Dieses Vertrauen der Bürger in staatliche Behörden ist zu schützen.

INFO

Obwohl das Gesetz nur für ganz wenige Verträge Formvorschriften erlassen hat (siehe b), werden sehr viele Verträge schriftlich abgeschlossen, z. B. Handyverträge. Dabei kann jeder über SMS- oder Gesprächsflatrate und Datenvolumen frei entscheiden (siehe c).

§ 242 BGB Leistung nach Treu und Glauben

Der Schuldner ist verpflichtet, die Leistung so zu bewirken, wie Treu und Glauben mit Rücksicht auf die Verkehrssitte es erfordern.

AUFGABEN

1. Stelle das Wesen des Eigentumsvorbehalts (§ 449 BGB) heraus.
2. Bestimme die beiden Phasen des Kaufvertrages und unterscheide sie.
3. Erkläre die Aussage: „Kaufverträge werden in der Regel formfrei abgeschlossen.“
4. Folgere, warum der Gesetzgeber beim Immobilienkauf die notarielle Beurkundung (siehe auch S. 112/113) vorschreibt.
5. Immer wieder werden Behörden beschuldigt, Massenveranstaltungen ohne die notwendigen Vorsichtsmaßnahmen genehmigt zu haben. Recherchiere ein Ereignis, bei dem es zu großen Unfällen kam. Stelle einen Zusammenhang zu den Vertragsgrundsätzen d) und e) sowie zu deren Verletzung durch die Behörden her.

Nichtigkeit und Anfechtung

a) Nichtigkeit

Fallbeispiel 1:
Ulli trinkt nach Büroschluss gern in der Kneipe einige Biere. Heute schmeckt ihm das Bier so sehr, dass er dem Wirt Folgendes vorschlägt: Er verkauft dem Wirt sein kleines Appartement, wenn dieser ihn fünf Jahre lang kostenlos trinken und essen lässt. Beide schlagen ein.

Ist dieser Kaufvertrag gültig?

> **§ 125 BGB Nichtigkeit wegen Formmangels**
>
> Ein Rechtsgeschäft, welches der durch Gesetz vorgeschriebenen Form ermangelt, ist nichtig. [...]

Nichtige Rechtsgeschäfte sind **von Anfang an unwirksam**. Wie wir sehen, gilt dies auch für obigen Vertrag – er ist nichtig und damit völlig unwirksam. Das bedeutet, dass keinerlei vertragliche Pflichten auf einzelne Vertragspartner zukommen können, weil der Immobilienkauf vor dem Notar geschlossen hätte werden müssen.

Nichtige Rechtsgeschäfte sind:
- Rechtsgeschäfte unter Formmangel,
- Willenserklärungen von geschäftsunfähigen Personen (§ 105 BGB),
- Verträge, die gegen die guten Sitten verstoßen, z. B. bei Wucher oder Ausnützen einer Notlage (§ 138 BGB),
- Verträge, die gegen ein gesetzliches Verbot verstoßen, z. B. Rauschgifthandel, Schwarzarbeit (§ 134 BGB),
- Willenserklärungen, die nur zum Schein abgegeben werden (Scheingeschäfte) (§ 117 BGB),
- Willenserklärungen mit einem Mangel an Ernsthaftigkeit (Scherzgeschäft) (§ 118 BGB).

Fallbeispiel 2:
Das Fahrzeug von Heiner ist wegen Spritmangels liegen geblieben. Patrik bietet ihm seinen 5-Liter-Kanister für 50 Euro an. Nachdem Heiner sein Fahrzeug betankt hat, fordert Patrik nun von ihm die 50 Euro. Heiner verweigert zu Recht die Zahlung, denn der Vertrag über den Benzinkauf ist nichtig. Es handelt sich hier um ein sogenanntes „Wucherangebot“, das gegen jeglichen Anstand und die Gerechtigkeit verstößt. Heiner muss aber den üblichen Benzinpreis erstatten.

b) Anfechtung

Fallbeispiel 3:
Monika Flott kauft von Erich Listig einen gebrauchten Pkw. Beim Verkaufsgespräch wird ihr von Herrn Listig versichert, dass das Fahrzeug unfallfrei gefahren worden ist. Bei der nächsten Inspektion werden jedoch stark beschädigte Achsen festgestellt, die auf einen schweren Unfall hindeuten. Monika Flott stellt Erich Listig zur Rede. Dieser antwortet nur: „Sie wissen ja, beim Gebrauchtwagenkauf gilt immer ‚Gekauft wie gesehen'."

Ist Herr Listig mit dieser Aussage im Recht?

> **§ 123 BGB Anfechtung wegen Täuschung und Drohung**
>
> (1) Wer zur Abgabe einer Willenserklärung durch arglistige Täuschung oder widerrechtlich durch Drohung bestimmt worden ist, kann die Erklärung anfechten.

Arglistige Täuschung

Im obigen Falle handelt es sich um eine arglistige Täuschung. Obwohl der Kaufvertrag zustande gekommen ist, kann Monika Flott wegen des Verschweigens des Unfalls nicht nur vom Vertrag zurücktreten, sie könnte sogar Schadensersatz verlangen, wenn ihr vielleicht wegen des Achsenfehlers ein Unfall passiert wäre oder wenn der Wagen dadurch weniger Wert ist.

Widerrechtliche Drohung

Dein Rechtsgefühl sagt dir sicher, dass z. B. eine Schenkung oder ein Verkauf nicht wirksam sein kann, wenn die Übergabe aufgrund einer Drohung erfolgt.

Beispiel: Eine Bande lauert dir auf und droht dir Schläge an, wenn du ihnen nicht sofort dein Handy für 10 Euro „verkaufst".

Irrtum

Der häufigste, aber oft nicht leicht zu beurteilende Anfechtungsfall ist die sogenannte Irrtumsanfechtung. Typische Fälle von Irrtum sind jene, wo sich jemand verspricht oder verschreibt. Die Anfechtung muss in diesem Fall **unverzüglich nach Feststellung des Irrtums** erfolgen.

Beispiel: Conny entdeckt im Handyladen das von ihr schon sehr lange gesuchte Handycover für den sehr günstigen Preis von 12 Euro. An der Kasse werden von ihr jedoch 21 Euro verlangt. Sie fordert aber, dass ihr das Cover für 12 Euro ausgehändigt wird.

Die beiden Formen der Ungültigkeit von Verträgen im Vergleich:

Nichtigkeit	Anfechtung
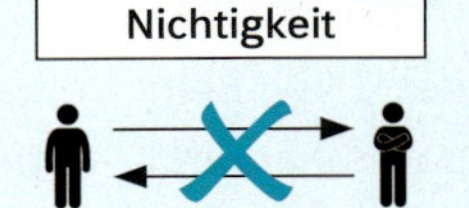 Rechtsgeschäft (Vertrag) kommt von Anfang an nicht zustande.	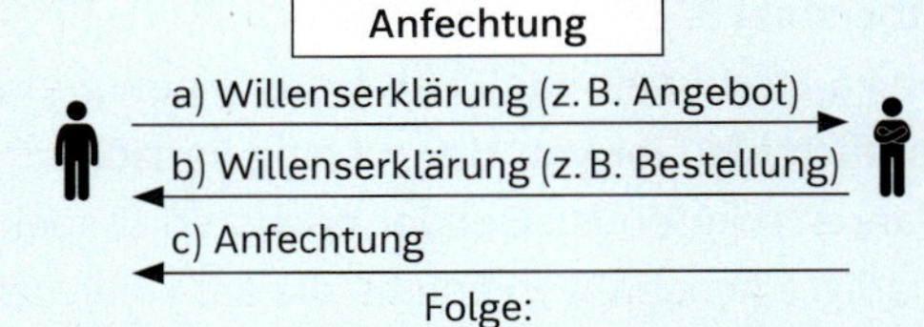 a) Willenserklärung (z. B. Angebot) → b) Willenserklärung (z. B. Bestellung) ← c) Anfechtung ← Folge: Zunächst vollgültiges Rechtsgeschäft (Vertrag) wird durch Anfechtung nachträglich ungültig.

M5 Teure Briefmarke

Arthur verkauft Bertram eine Briefmarke für 300 Euro, die allerdings nur 0,45 Euro wert ist, weil er genau weiß, dass sich Bertram nicht mit Briefmarken auskennt und immer sehr leichtgläubig ist.

M6 Rechte bei illegalen Geschäften?

Chris kauft nach dem Fußballspiel in der Vereinsgarderobe von seinem Mitspieler Kolja fünf Ecstasy-Pillen für 35 Euro. Er zahlt 20 Euro an, der Rest soll am nächsten Tag bei der Lieferung übergeben werden. Es kommt allerdings nicht zur Übergabe, weil Kolja keinen Stoff geliefert bekam. Aber er ist nicht bereit, die 20 Euro zurückzugeben.

M7 Geschenkt ist geschenkt?

Der sechsjährige Timo verschenkt sein Kinderfahrrad, weil er hofft, auf diese Weise schneller zu einem neuen Fahrrad zu kommen. Die Eltern von Timo sind mit dieser „Schenkung" nicht einverstanden.

M8 Umtausch des Bügeleisens?

Emma hat von ihrer Tante Klara zu Weihnachten ein Bügeleisen geschenkt bekommen. Sie möchte dieses nach den Feiertagen im Elektrogeschäft unter Vorlage des Kassenzettels umtauschen und sich lieber etwas anderes aussuchen. Wie du weißt, ermöglichen das die meisten Geschäfte kulanterweise und geben einen Gutschein.

M9 Rechte bei der Schwarzarbeit?

Paul Zimmermann bessert sein Einkommen an den Abenden und an den Wochenenden durch Schwarzarbeit auf. Bei seinem Bekannten Peter Müller hilft er, die Elektroinstallation in dessen Haus zu erneuern. Durch einen Kurzschluss wird ein Teil des Hauses durch Brand zerstört.

M10 Kinderwaagen zu vermieten

Anna Groß, die den ersten Besuch ihres Enkelkindes erwartet, möchte einen Kinderwagen leihen. Ihre Freundin rät ihr, sich an das Kinderfachgeschäft „Baby World" zu wenden. Dort hat sie das Plakat rechts entdeckt. Frau Groß ruft bei „Baby World" an: „Ich habe gehört, Sie haben Kinderwagen zu vermieten. Was verlangen Sie für eine Woche?" „10 Euro." „Super, können Sie heute noch liefern?" Zwei Stunden später bringt ein Mitarbeiter eine Kinderwaage mit der Rechnung. Frau Groß verweigert die Annahme der Waage und kündigt auch an, dass sie auf keinen Fall bezahlen wird. Finde die richtige Lösung:

a) Sie kann den Vertrag anfechten, weil hier ein Inhaltsirrtum vorliegt.

b) Der Vertrag ist nichtig.

c) Der Vertrag ist gültig. Frau Groß muss die Waage abnehmen, denn dem Geschäft sind durch die Lieferung Kosten entstanden.

Nach: Uni Trier, Fachbereich V – Rechtswissenschaft, Kurze Fälle zur Anfechtung, www.uni-trier.de/fileadmin/fb5/prof/ZIV001/Becker/WS_20082009/Kurze_Faelle_zur_Anfechtung.PDF (Zugriff: 22.1.2019) (verändert)

AUFGABEN

1. Konkretisiere anhand von dir selbst gewählten Beispielen:
   a) nichtige (S. 132), b) anfechtbare Kaufverträge (S. 133).
2. Arbeite mithilfe des BGB aus M5 den Sachverhalt heraus und beurteile, ob ein Kaufvertrag zustande gekommen ist und ob der Betrag zurückgezahlt werden muss.
3. Begründe, ob Chris Chancen hat, die 20 Euro wiederzubekommen (M6).
4. Begründe mit dem entsprechenden Paragrafen im BGB, ob die Eltern von Timo das Fahrrad zurückverlangen können (M7).
5. *Think-Pair-Share:* Erläutere die gesetzliche Umtauschregelung (M8).
6. a) Begründe mit der Angabe des entsprechenden Paragrafen im BGB, ob der Vertrag zwischen beiden Parteien in M9 Gültigkeit besitzt.
   b) Bestimme, wer in diesem Fall für den Schaden aufkommt.
7. Löse den Fall in M10.

Onlineshopping

Beim Kauf im Internet gelten besondere Regeln.

a) Zustandekommen des Kaufvertrags

Die Präsentation der Ware – hier ein Tennisschläger – im Internet stellt kein rechtsgültiges Angebot des Händlers dar. Dieses erfolgt später durch die Bestellung des Kunden, sodass der Kaufvertrag erst durch die Annahme des Verkäufers zustande kommt.

Die Präsentation der Ware ist kein rechtsgültiges Angebot.

Keine Bestellung ohne die Akzeptierung der AGB

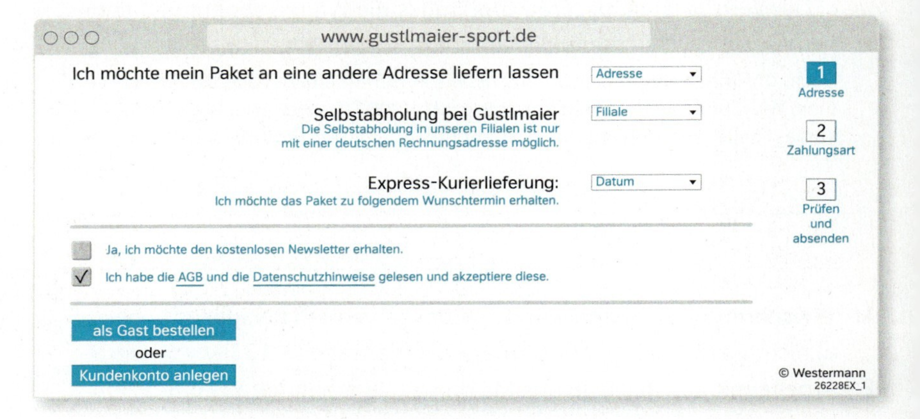

Mit der Bestellung wurden hier z. B. folgende AGB angenommen:

1.3 Ihre Bestellung stellt ein Angebot zum Abschluss eines Kaufvertrages dar. Mit Ausnahme von Bestellungen, bei denen Sie mit Vorkasse bezahlen, kommt der Kaufvertrag durch Absendung der Ware zustande. Die Bestätigung des Zugangs Ihrer Bestellung ist noch keine Annahme des Kaufvertrags mit Ihnen.
1.4 Wenn Sie die Zahlungsart Vorkasse gewählt haben, werden wir Ihr Vertragsangebot annehmen, indem wir Ihnen die Bestellbestätigung zusenden ...
2.1 Als Verbraucher haben Sie ein Widerrufsrecht ...

b) Das 14-tägige Widerrufsrecht

§ 312g BGB Widerrufsrecht

(1) Dem Verbraucher steht bei außerhalb von Geschäftsräumen geschlossenen Verträgen und bei Fernabsatzverträgen ein Widerrufsrecht gemäß § 355 zu.

§ 355 BGB Widerrufsrecht bei Verbraucherverträgen

(2) Die Widerrufsfrist beträgt 14 Tage [...].

§ 356 BGB Widerrufsrecht bei außerhalb von Geschäftsräumen geschlossenen Verträgen und Fernabsatzverträgen

(2) Die Widerrufsfrist beginnt
1. bei einem Verbrauchsgüterkauf
a) [...] sobald der Verbraucher [...] die Waren erhalten hat.

INFO

Fernabsatzverträge
sind Verträge, bei denen der Unternehmer und der Verbraucher für den Vertragsabschluss ausschließlich Fernkommunikationsmittel (z. B. E-Mail, Telefon, Katalog usw.) verwenden.

Der Käufer hat, genauso wie bei Haustürgeschäften und telefonischen Abschlüssen, auch im Internethandel ein 14-tägiges Recht, seine Willenserklärung zu widerrufen. Dies gilt allerdings nur, wenn der Verkäufer Unternehmer und der Käufer Verbraucher ist. Die Frist beginnt mit Erhalt der Ware. Das Wahrnehmen des eingeräumten **Widerrufsrechts** stellt einen **Rücktritt vom Vertrag** dar.

Dies bedeutet, dass die Ware ohne Angabe von Gründen zurückgeschickt werden kann und eine geleistete Zahlung zurückerstattet werden muss. Allerdings können nicht alle Waren zurückgeschickt werden. Es gibt z. B. folgende **Ausnahmen**: entsiegelte Datenträger wie CDs, DVDs, BluRays, Software, Computerspiele und verderbliche Lebensmittel.

Viele Kunden machen vor allem beim Kleidungs- und Schuhkauf vom Widerrufsrecht Gebrauch – auch weil viele Händler die **Rücksendekosten** freiwillig übernehmen, obwohl laut § 357 BGB die Käufer diese zu tragen hätten.

c) Gegenläufige Entwicklung des Versand- und des Onlinehandels

Manche Versandhändler haben es versäumt, aus ihren Katalogkunden Onlinekunden zu machen, oder haben die Umstellung zu spät durchgeführt. So verschwanden einige sehr bekannte Marken vom deutschen Versandhandel und Onlinehandel-Newcomer aus den USA haben das Rennen gemacht (zum sogenannten E-Commerce siehe auch Kapitel II.4, S. 58–60).

M11 Onlinehandel auf dem Vormarsch

Methode

Pro- und Kontra-Diskussion

1. Die Moderatorin bzw. der Moderator (Diskussionsleitung) stellt das Thema vor.
2. Es werden jeweils drei bis vier Pro- und Kontra-Gruppen mit Gruppensprecherinnen bzw. Gruppensprechern gebildet.
3. Sammelt in der Gruppe Argumente und haltet sie schriftlich fest. Überlegt euch auch Gegenargumente, um auf diese reagieren zu können.
4. Die Sprecherinnen bzw. Sprecher tragen in den einzelnen Runden abwechselnd innerhalb einer festgelegten Zeit ihre Argumente nacheinander vor.
5. Die wichtigsten Argumente werden abgestimmt und festgehalten.

AUFGABEN

1. Recherchiere mithilfe der *Methode* auf S. 43 im Internet die größten Onlinehändler für den deutschen Markt.
2. a) Belege mit konkreten Zahlen die Aussage: „Die Entwicklung des Versandhandels und des Onlinehandels verläuft gegensätzlich“ (M11).
   b) Nenne die beiden Produktarten, die den höchsten Anteil am Onlinehandel ausmachen (M11).
3. Führt in der Klasse eine Umfrage zur Bedeutung des Internets als Einkaufsquelle durch. Ermittelt dabei,
   a) wie oft von den Einzelnen schon mal online eingekauft wurde:
   ☐ noch nie ☐ 1–5-mal ☐ 6–10-mal ☐ öfter
   b) welche Produkte die Einzelnen meistens gekauft haben:
   ☐ Kleidung ☐ Elektroartikel ☐ Computer(-zubehör) ☐ Schuhe
4. Begründe, warum entsiegelte DVDs nicht zurückgesandt werden können.
5. Führt mithilfe der *Methode* auf S. 138 eine Pro- und Kontra-Diskussion „Für und gegen das Widerrufsrecht im Onlinehandel“ durch.

Methode

Karikaturanalyse

Zeichnung: Christian Möll

Ein guter Karikaturist erreicht, dass wir über seine durchaus übertriebene Meinungsäußerung nachdenken und uns anschließend selbst eine eigene Meinung bilden.

Analysiere obige Karikatur in folgenden Schritten:

1. Orientierung
Welches Problem oder welchen Sachverhalt spricht der Karikaturist an?

2. Beschreibung

Sieh genau hin und beschreibe, was du sehen und lesen kannst, z. B.
- Personen,
- Gegenstände,
- Mimik und Gestik, Körperhaltung,
- Sprech- oder Gedankenblasen.

3. Einordnung und Bewertung
Was ist die Kernaussage der Karikatur?
Stelle einen Zusammenhang des vorangegangenen Themas mit der Karikatur her.

Begründe: Kannst du dich der Meinung des Karikaturisten anschließen?

2.2 Pflichtverletzung bei Kaufverträgen

Nicht immer werden alle Kaufverträge in der Weise erfüllt, wie es die Vertragsparteien vereinbart haben. Wir sprechen dann von **Pflichtverletzungen**. Es lassen sich dabei verschiedene Formen unterscheiden:

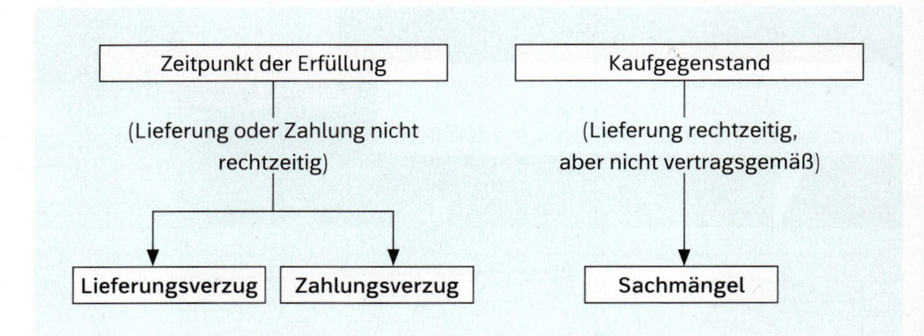

Lieferungsverzug (Nicht-Rechtzeitig-Lieferung)

Fallbeispiel:
Radio Rottmann hat mit Jakob Häusler einen Kaufvertrag über einen LED Smart TV mit einem großen Bildschirm abgeschlossen. Weil er inzwischen jedoch das letzte Gerät einem guten Freund verkauft hat, konnte Rottmann den vereinbarten Liefertermin zum Eröffnungsspiel der Fußball-WM am 1. Juni nicht einhalten.

Voraussetzungen für einen Lieferungsverzug

a) Fälligkeit
- Wenn der Liefertermin „nach dem Kalender bestimmt" ist, z. B. am 1. Juni (siehe Fallbeispiel oben).
- Die Lieferung von Osterhasen erfolgt erst am Dienstag nach Ostern.
- Ein Brautstrauß wird erst nach der Hochzeit geliefert.

In diesen Fällen mit einem bestimmtem Liefertermin ist **keine Mahnung** seitens des Käufers notwendig.

Wenn allerdings der **Liefertermin nicht genau bestimmt** ist, wie z. B. „Liefertermin Mitte Juli" oder „Liefertermin in einem Monat", dann ist unbedingt eine **Mahnung** notwendig, in welcher der Käufer dem Lieferer eine zumutbare Frist setzt.

b) Schuld
Den Lieferer im Fallbeispiel oben traf die Schuld an der verspäteten Lieferung, weil er mit voller **Absicht (vorsätzlich)** einen anderen Kunden vorgezogen hat. Auch ein **fahrlässiges Verhalten**, z. B. ein Versäumnis aus Schlamperei, hätte ein Verschulden des Lieferers bedeutet.

Kein Verschulden liegt bei **unvorhersehbarer höherer Gewalt** wie Brand, Hochwasser, Schneekatastrophe, Erdbeben usw. vor.

§ 280 BGB Schadensersatz wegen Pflichtverletzung

(1) Verletzt der Schuldner eine Pflicht aus dem Schuldverhältnis, so kann der Gläubiger Ersatz des hierdurch entstehenden Schadens verlangen. Dies gilt nicht, wenn der Schuldner die Pflichtverletzung nicht zu vertreten hat.

§ 286 BGB Verzug des Schuldners

(4) Der Schuldner kommt nicht in Verzug, solange die Leistung infolge eines Umstands unterbleibt, den er nicht zu vertreten hat.

Rechte des Käufers bei Lieferungsverzug

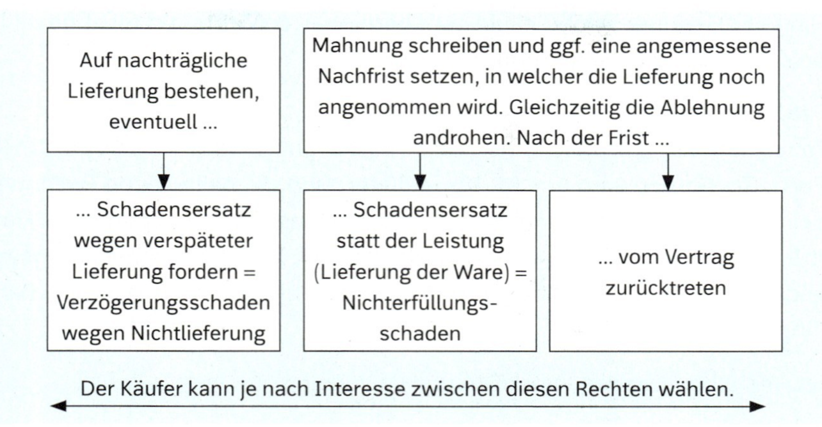

M1 Berechtigter Rücktritt vom Kauf der Gartenliege?

Die Lieferung einer Gartenliege wird für Mitte Juni vereinbart. Am 20. Juni teilt der Kunde Forsch dem Möbelhändler Spät telefonisch mit, dass er keinerlei Interesse mehr an der Lieferung hat. Er werde sich noch heute die Gartenliege woanders kaufen.

M2 Streit um den Weihnachtsbaum

Deine Eltern bestellen in der Gartenabteilung des Baumarkts einen Christbaum. Nachdem am 24. Dezember vormittags immer noch keine Lieferung erfolgt ist, fragen deine Eltern nach und erfahren, dass der Baumarkt wegen eines Sturms keine Baumlieferung mehr erhalten hat und deshalb die Aufträge nicht erfüllen kann. Deine Eltern gehen zum örtlichen Gärtner und erstehen dort einen um 20 Euro teureren Baum. Die Mehrkosten stellen sie dem Baumarkt in Rechnung, da die Lieferung ja für Heiligabend zugesagt worden war.

§ 323 BGB Rücktritt wegen nicht oder nicht vertragsgemäß erbrachter Leistung

(1) Erbringt bei einem gegenseitigen Vertrag der Schuldner eine fällige Leistung nicht oder nicht vertragsgemäß, so kann der Gläubiger, wenn er dem Schuldner erfolglos eine angemessene Frist zur Leistung oder Nacherfüllung bestimmt hat, vom Vertrag zurücktreten.

AUFGABEN

1. a) Führt zu zweit das Telefongespräch aus M1 durch.
   b) Findet gemeinsam für Spät Argumente aus § 323 BGB (Randspalte auf S. 141), die ihm helfen, den Kaufvertragsrücktritt zu verhindern. Führt nun das entsprechende Telefonat vor der Klasse.
2. a) Ist der Baumarkt in Verzug geraten? Löse den Fall in M2 mithilfe des § 286 Abs. 2 und Abs. 4 BGB (S. 142 und Randspalte auf S. 140).
   b) Begründe mit § 280 BGB (Randspalte auf S. 140), ob deine Eltern Schadensersatz in Gestalt der Mehrkosten in Anspruch nehmen können.

Zahlungsverzug (Nicht-Rechtzeitig-Zahlung)

Hat ein Schuldner seine Schuld **zum vereinbarten Zeitpunkt nicht bezahlt**, so sprechen wir von **Zahlungsverzug**.

Fallbeispiel 1:
Familie Ohnesorg kauft für ihren neuen Fitnessraum eine Kraftstation für 3.500 Euro. Die Station wird am 14. Mai geliefert und die beiliegende Rechnung beinhaltet folgende Zahlungsbedingung: „Zahlung unter Abzug von 2 % Skonto innerhalb von 10 Tagen oder spätestens bis 14. Juni". Herr Ohnesorg kommt leider in der Zwischenzeit in finanzielle Schwierigkeiten und lässt den Zahlungstermin verstreichen.

Ist Herr Ohnesorg mit seiner Zahlung im Verzug?

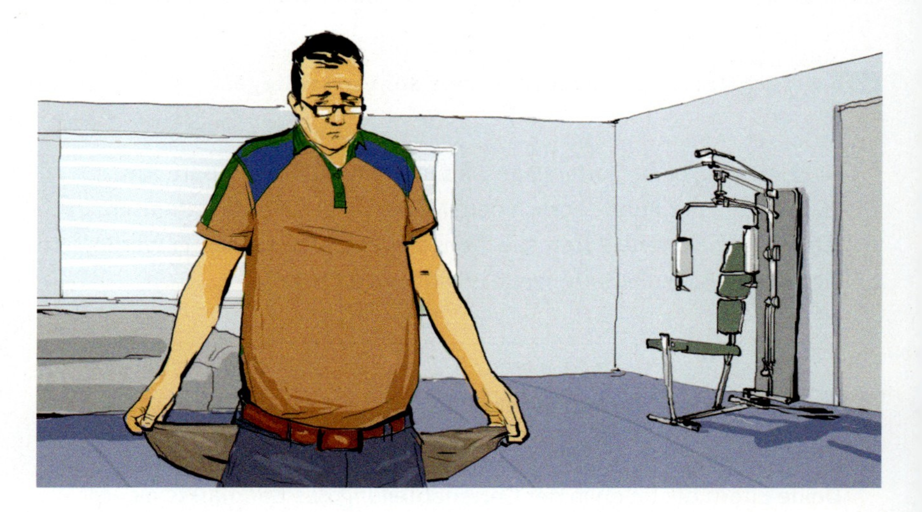

Bei der Lösung dieses Falles hilft dir das BGB:

§ 286 BGB Verzug des Schuldners

(1) Leistet der Schuldner auf eine Mahnung des Gläubigers nicht, die nach dem Eintritt der Fälligkeit erfolgt, so kommt er durch die Mahnung in Verzug [...].
(2) Der Mahnung bedarf es nicht, wenn
1. für die Leistung eine Zeit nach dem Kalender bestimmt ist [...].

Weil Herrn Ohnesorgs Schuld am 14. Juni fällig ist („nach dem Kalender bestimmt"), kommt er am 15. Juni auch ohne Mahnung in Verzug.

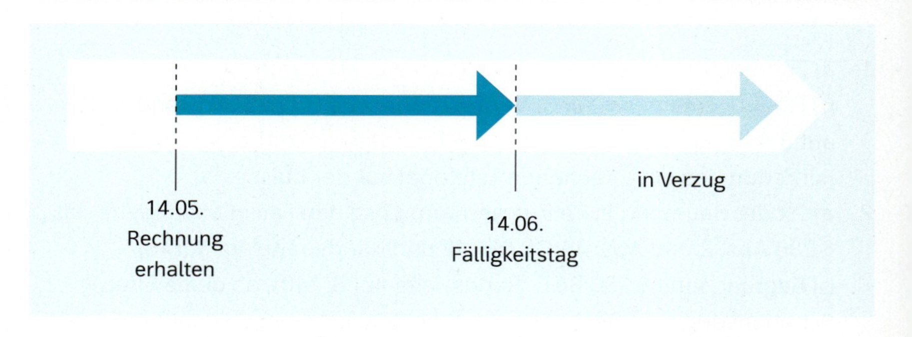

Fallbeispiel 2:
Da dem Nachbarn Benedikt Springer der Fitnessraum des Nachbarn sehr gefällt, möchte er sich auch einen solchen einrichten. Er beginnt mit der Anschaffung eines Laufbandes in einem Rosenheimer Sportgeschäft. Dieses wird am 1. April geliefert. In der mitgelieferten Rechnung steht folgende Zahlungsbedingung: „Die Rechnung ist sofort zahlbar." Genauso wie sein Nachbar lässt er fast sieben Wochen vergehen, ohne zu zahlen.

Ist Herr Springer in Verzug?

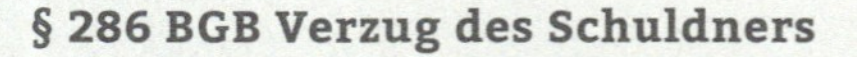

§ 286 BGB Verzug des Schuldners

(3) Der Schuldner einer Entgeltforderung kommt spätestens in Verzug, wenn er nicht innerhalb von 30 Tagen nach Fälligkeit und Zugang einer Rechnung oder gleichwertigen Zahlungsaufstellung leistet; dies gilt gegenüber einem Schuldner, der Verbraucher ist, nur, wenn auf diese Folgen in der Rechnung oder Zahlungsaufstellung besonders hingewiesen worden ist. [...]

Herr Springer ist nicht in Verzug. Als Verbraucher hätte er gemahnt werden müssen, weil er
- keinen festen Zahlungstermin hatte und
- in der Rechnung auf die Folgen einer verspäteten Zahlung hinzuweisen gewesen wäre.

Beim Fehlen eines konkreten Zahlungstermins schützt das Gesetz den in der Regel nicht so gut informierten Verbraucher durch diese Sonderregelung.

oder:

Hinweis:
Erfolgt innerhalb von 30 Tagen nach Zugang der Rechnung kein Zahlungseingang, kommen Sie automatisch in Zahlungsverzug.

Voraussetzungen des Zahlungsverzugs

1. Fälligkeit

2. Mahnung: Wann ist eine Mahnung notwendig?

keine Mahnung bei:	**Mahnung bei:**
• festem Zahlungstermin • bei unbestimmtem Zahlungstermin 30 Tage nach Rechnungseingang, wenn Hinweis für den Verbraucher, dass keine Mahnung erfolgen wird	• unbestimmtem Zahlungstermin, z. B. „Zahlung sofort", 30 Tage nach Rechnungseingang – ohne Hinweis für den Verbraucher, dass keine Mahnung erfolgen wird

WEBCODE

WES-116645-421
Auf ihrer Homepage veröffentlicht die Deutsche Bundesbank gemäß § 247 BGB den jeweils aktuellen Basiszinssatz. Dieser ändert sich zum 1.1. und zum 1.7. eines jeden Jahres.

Welche Folgen hat der Zahlungsverzug?

- **Verzugszinsen:** Sie betragen für den Verbraucher 5 Prozent zuzüglich des jeweils geltenden Basiszinssatzes.
- alle **Auslagen**, die dem Gläubiger bisher entstanden sind, z. B. Bearbeitungsgebühren, Mahngebühren
- **Schadensersatz (Verzugsschaden)**, z. B. wenn sich der Gläubiger aufgrund mangelnder Liquidität einen teureren Kredit beschaffen muss

Abgesehen von der rechtlichen Situation versuchen die meisten Gläubiger, ihre Schuldner einfach erst einmal nur, an ihre Schuld zu „erinnern". Es gilt ja immer, die bestehende Geschäftsbeziehung zu erhalten.

Falls allerdings trotz Erinnerungsschreiben oder Mahnungen keine Zahlung erfolgt, kann der Gläubiger bei Gericht Klage erheben und das **gerichtliche Mahnverfahren** einleiten lassen.

M3 Entwicklung der Zahlungsmoral

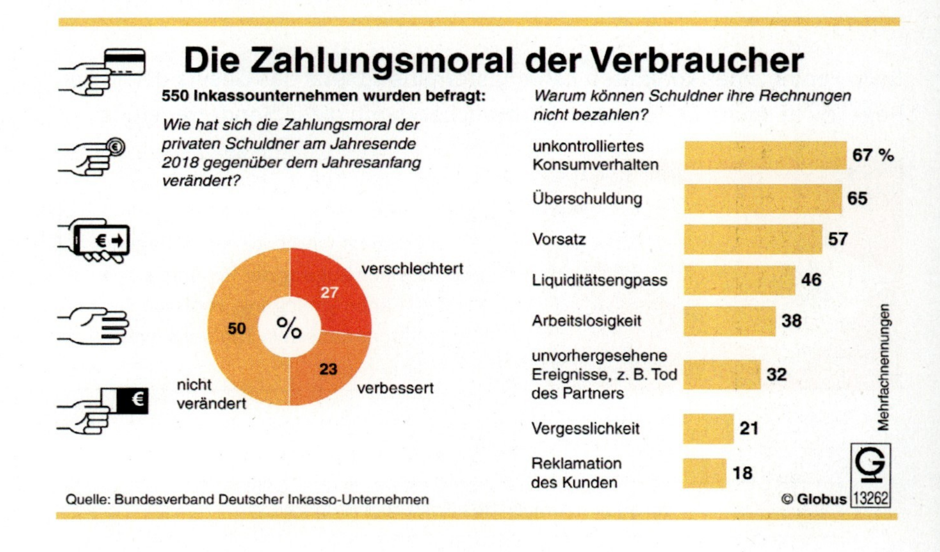

AUFGABEN

1. *Stühletausch:* Erkläre die Aussage: „Nicht pünktlich bezahlte Rechnungen können zu einer Kettenreaktion führen."
2. Beurteile folgende Aussage: „Das BGB schützt den Verbraucher bei einem möglichen Zahlungsverzug."
3. Recherchiere im Internet den aktuellen Basiszins und ermittle den momentan geltenden Verzugszinssatz für den Verbraucher.
4. Analysiere die Grafik M3 mithilfe der *Methode* auf S. 184:
   a) Beschreibe, wie sich die Zahlungsmoral verändert hat.
   b) Nenne die zwei häufigsten Gründe für den Zahlungsverzug.
   c) Erkläre, was hier der Begriff „Mehrfachnennungen" bedeutet.

Sachmängel

Fallbeispiel:
Amelie kauft sich mit ihrem Vater ein Smartphone. Nach zweiwöchiger Nutzung lässt es sich wegen eines Wackelkontakts nicht mehr aufladen. Die beiden gehen in das Geschäft und zeigen dem Verkäufer das defekte Handy. Dieser schlägt ihnen vor, es für ein paar Tage im Geschäft zu lassen, damit es gegebenenfalls repariert werden kann. Amelie kann sich aber keinen Tag ohne ihr Handy vorstellen und möchte sofort ein neues bekommen.

In diesem Fall handelt es sich, wie bei den letzten beiden Kaufvertragsstörungen auch (S. 140–144), um eine Pflichtverletzung. Jedoch liegt sie nicht darin, dass eine Leistung zu spät erfüllt wird. Vielmehr liegt der Fehler in der gelieferten Sache selbst. Es handelt sich hier um einen sogenannten **Sachmangel**.

Arten der Mängel

Wer eine Ware geliefert bekommt, sollte unverzüglich prüfen:

- Wurde die gleiche Sache geliefert, die bestellt wurde?
- Wurde die bestellte Menge geliefert?
- Ist die gelieferte Ware fehlerfrei, ist sie für die vorausgesetzte Verwendung geeignet?
- Wurde die Montage sachgerecht durchgeführt (wichtig z. B. bei Möbeln und Installationen) oder (bei „do it yourself") ist die Montageanleitung eindeutig und fehlerfrei?

<table>
<tr><th colspan="5">Sachmängelarten</th></tr>
<tr><th>Beschaffenheitsmängel
(fehlerhafte Ware)</th><th colspan="2">Montagemängel</th><th>Falschlieferung</th><th>Minderlieferung</th></tr>
<tr><td rowspan="2">entspricht nicht der vertraglichen Beschaffenheit und eignet sich nicht für die vertraglich vorausgesetzte Verwendung</td><td>Montagefehler</td><td>mangelhafte Montageanleitung</td><td rowspan="2">andere Sache geliefert</td><td rowspan="2">zu geringe Menge geliefert</td></tr>
<tr><td>unsachgemäße Montage des Verkäufers</td><td>Folge: falsche Montage durch den Käufer („Ikea-Klausel“)</td></tr>
<tr><td colspan="5">Beispiele</td></tr>
<tr><td>defekte Fahrradbremse</td><td>falsche Druckerinstallation</td><td>fehlerhafte Anleitung für den Bau eines Modellflugzeugs</td><td>Fußball statt Volleyball</td><td>4 statt 10 Stück</td></tr>
</table>

AUFGABEN

1. Gib an, welcher Mangel im obigen Fallbeispiel vorliegt.
2. Benenne die Ansprüche, die Amelie zu besitzen glaubt.
3. Überprüfe mithilfe der nächsten Seiten (S. 146/147), ob du Amelies Ansprüche für berechtigt hältst.

INFO

- Immer den Kassenbeleg aufheben (möglicher Nachweis bei Reklamationen)!
- Ware immer sofort überprüfen!
- Die Gewährleistung gilt auch für reduzierte Ware, wenn ein Mangel vorliegt (falls dieser nicht ausdrücklich Grund für den Preisnachlass war).

Der Mangel muss genau bezeichnet werden. Es stärkt in jedem Fall die Rechtsposition des Kunden, wenn er den Mangel möglichst sofort anzeigt, ihn genau bezeichnet und ihn schriftlich darlegt.

M4 Auszug aus einem Reklamationsschreiben

Passau, den 01.09.20xx

Sehr geehrte Damen und Herren,

am 01.04.20xx habe ich bei Ihnen den Heim-Video-Beamer High-Tech X 680 gekauft. Leider lässt er sich seit gestern nicht mehr einschalten.

Ich bitte Sie um kostenfreie Reparatur, denn ich würde dieses Modell weiterhin gerne nutzen.

Bitte rufen Sie mich zwecks einer Terminvereinbarung für eine kostenfreie Abholung oder Neulieferung an.

Mit freundlichen Grüßen

Ralph Krüger

Wie wir hier sehen, reklamiert der Kunde nach fünf Monaten. Hat er nach dieser Zeit überhaupt noch einen der in dem Brief gestellten Ansprüche?

Gewährleistungsfrist

Die Gewährleistungsfrist ist jener Zeitraum, in dem ein Unternehmen (Hersteller oder Verkäufer) für einen Mangel einzustehen hat. Sie beträgt zwei Jahre ab Übergabe der Sache an den Kunden.

Die **gesetzliche Gewährleistung** darf nicht mit der **freiwilligen Garantieleistung** verwechselt werden. Während die gesetzliche Gewährleistung immer gilt, kann auf die Garantieleistung nur zurückgegriffen werden, wenn der Händler oder der Hersteller sie im Einzelfall freiwillig anbietet.

Je länger die Auslieferung zurückliegt, desto schwerer ist der Nachweis, ob der Mangel bereits bei der Übergabe bestanden hat oder erst später durch einen Fehler des Kunden verursacht wurde.

Im Gesetz ist dies durch die sogenannte **„Beweislast"** geregelt. Sie besagt, wer wann seinem Vertragspartner etwas beweisen muss.

Die Beweislast liegt

bis 6 Monate	später (max. 2 Jahre)
beim Unternehmen (Hersteller/Verkäufer)	beim Käufer

Rechte des Käufers bei Mängeln

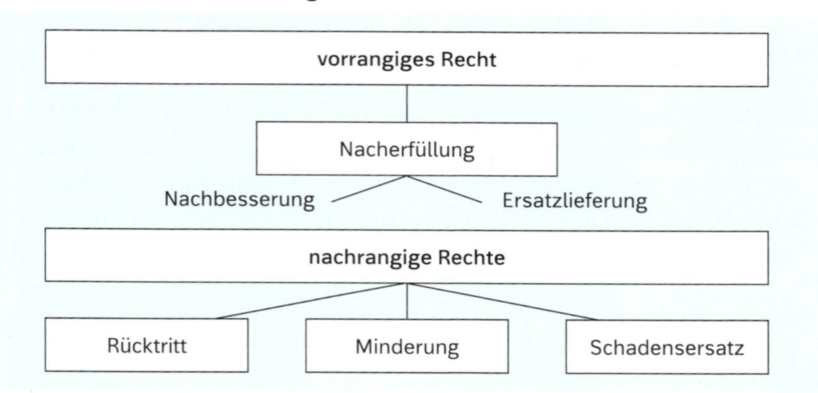

INFO

Rechtsprinzip „Vertragstreue“
(siehe S. 131)
Nacherfüllung hat Vorrang vor Rücktritt!

Vorrangiges Recht: Nacherfüllung

Der Käufer kann zwischen zwei Möglichkeiten wählen:

- Neu- oder Ersatzlieferung (Lieferung einer mangelfreien Sache)
  Beispiel: Das Touchpad am Tablet ist defekt. Hier ist meist der Ersatz des Geräts am sinnvollsten. (Beachte: Neu- und Ersatzlieferung ist nur möglich bei Gegenständen, die serienmäßig hergestellt werden.)
- Nachbesserung (Reparatur)
  Beispiel: Der defekte Anlasser am Auto wird durch einen neuen ersetzt.

Ist dem Verkäufer die vom Verbraucher gewählte Art der Nacherfüllung nicht zuzumuten bzw. nur mit unverhältnismäßig hohen Kosten möglich, kann er sie ablehnen und eine andere Form der Nacherfüllung wählen.

Nachrangige Rechte: Rücktritt vom Vertrag, Minderung, Schadensersatz

Auf das Recht auf Rücktritt sowie das Recht auf Minderung des Kaufpreises hat der Käufer nur Anspruch, wenn zwei durchgeführte Reparaturen erfolglos waren oder die Ware gar nicht mehr geliefert werden kann.

Ist dem Käufer zusätzlich ein Schaden entstanden, hat er das Recht auf Schadensersatz für entstandene Aufwendungen und auch Folgeschäden.
Beispiel: Durch Kurzschluss explodiert der Mixer und überall in der Küche sind die Spritzer vom roten Fruchtsaft. Die Wände müssen neu gestrichen werden. Der Hersteller hat den Verkäufer auf die defekten Kontakte hingewiesen und einen Verkauf dieser Serie verboten.

AUFGABEN

1. *Think-Pair-Share:* Unterscheide Garantie und Gewährleistung.
2. Erkläre das Wesen der sogenannten Beweislastumkehr.
3. Beurteile, ob Ralph Krüger (M4) Gewährleistungsansprüche hat.
4. Unterscheide die Prinzipien „Vor- und Nachrangigkeit“ im Kaufrecht.
5. Nenne Voraussetzungen für Rücktrittsmöglichkeiten vom Kaufvertrag im Falle einer mangelhaften Lieferung und grenze den Rücktritt vom Umtausch ab.

M5 Nass im wetterfesten Zelt

Georg bekommt zum Geburtstag ein neues, in der Werbung als wetterfest bezeichnetes Trekkingzelt geschenkt. Als er mit seinen Kumpels über das Wochenende auf ein Musikfestival fährt, prasselt ein starkes Gewitter nieder. Die Jungs werden in der Nacht tropfnass, denn das Zeltdach lässt den Regen nach fünf Minuten ungehindert durch.

M6 Undichte Waschmaschine

Simon kauft sich für seine erste eigene Wohnung eine neue Waschmaschine. Nachdem sie fünf Monate einwandfrei funktioniert hat, muss er allerdings plötzlich feststellen, dass aus der Maschine Wasser läuft. Erschrocken stellt er die Waschmaschine sofort ab und wischt den nassen Boden auf.

M7 Umtausch von reduzierter Ware?

Lorenzo hat eine reduzierte Jeansjacke gekauft. Zu Hause stellt er fest, dass der Reißverschluss klemmt. Er geht zurück und möchte eine andere reduzierte Jacke oder den Kaufpreis zurückhaben. Die Verkäuferin weist ihn darauf hin, dass Ausverkaufsware vom Umtausch ausgeschlossen ist.

M8 Brand durch defekte Lichterkette

Ilse Sommer kauft in einem Elektronikfachmarkt eine Lichterkette für ihr nächstes Fest. Diese verursacht in ihrer Wohnung wegen eines Kurzschlusses einen Zimmerbrand. Der Defekt dieses Modells war beim Hersteller bereits bekannt und der Verkäufer wurde vom Hersteller ausdrücklich darauf hingewiesen, diese Lichterkette aus dem Verkauf zu nehmen.

M9 Yasmin und Isabella kaufen Joggingschuhe

a) Yasmin hat um 30 Euro reduzierte Schuhe gekauft. Zu Hause stellt sie fest, dass ihr die Farbe der Schuhe nun doch nicht gefällt.

b) Ihre Freundin Isabella findet ebenfalls ein Paar Joggingschuhe. Auch sie zahlt einen reduzierten Preis. Nach zwei Joggingrunden reißen die seitlichen Nähte auf.

Beide gehen nach einer Woche ins Geschäft und möchten ihre Schuhe umtauschen.

AUFGABEN

1. Gruppenarbeit: Tauscht eure Erfahrungen mit fehlerhafter Ware aus.
   - Welche Rechte hättet ihr laut Gesetz gehabt?
   - Wie haben sich die Verkäufer in der Realität verhalten?
   - Welche Gründe gibt es für das Verhalten der Händler?

   Die Gruppensprecherin bzw. der Gruppensprecher präsentiert euer Ergebnis vor der Klasse.
2. a) Gib an, um welchen Mangel es sich in M5 handelt.
   b) Georgs Eltern bringen das defekte Zelt zurück. Nenne alle Ansprüche, die sie gegenüber dem Verkäufer geltend machen können.
   c) Erläutere, von welchem Recht sie sinnvollerweise Gebrauch machen werden.
3. Begründe, ob sich Simon auf sein Gewährleistungsrecht berufen kann (M6).
4. Der Geschäftsinhaber weist Lorenzo (M7) auf die Umtauschregelung für reduzierte Ware hin und ergänzt: „Du kannst meinetwegen einen Gutschein haben. Eine andere Jacke kann ich dir leider nicht geben, weil keine vorrätig ist. Dies mache ich aber nur kulanterweise. Verpflichtet bin ich dazu nicht.“
   Beurteile die Aussage des Geschäftsinhabers.
5. a) Bestimme, um welchen Mangel es sich im Fall M8 handelt.
   b) Ilse Sommer wendet sich an einen Rechtsanwalt, der mit dem Geschäft Kontakt aufnimmt und die Ansprüche von Frau Sommer darlegt. Begründe jeweils einzeln, welche das sein könnten.
6. Vergleiche beide Fälle in M9 und arbeite die Unterschiede bei den jeweiligen Rechtsansprüchen auf Umtausch heraus, wenn an der Kasse beim Einkauf das Schild „Ausverkaufsware ist vom Umtausch ausgeschlossen“ angebracht war.

Verjährung

Fallbeispiel:
Familie Graf macht in den Osterferien Urlaub in der Pension „Zur Schnecke“ am Bodensee. Die Rechnung bekommt Frau Graf am Tag der Abreise am 25.03.2020 ausgehändigt. Sie vergisst allerdings völlig, die Rechnung zu begleichen. Es erinnert sie auch niemand an die Schuld, weil die neue Mitarbeiterin an der Rezeption einen Fehler bei der Ablage gemacht hat. Erst durch eine Überprüfung der gesamten Buchführung am 04.04.2021 wird der Fehler entdeckt.

Muss Frau Graf noch zahlen oder ist die Rechnung schon verjährt?

Nach einer bestimmten Zeit „verjährt" eine Forderung des Gläubigers, wenn er seinen Anspruch in dieser Zeitspanne nicht geltend gemacht hat. Der Schuldner kann die Zahlung dann wegen Verjährung verweigern.

Das bedeutet jedoch nicht, dass die Forderung erloschen ist. Zahlt der Schuldner z. B. aus Unkenntnis nach einer eingetretenen Verjährung dennoch, so kann er den Betrag nicht wieder zurückfordern.

Verjährungsfristen

a) **Die regelmäßige Verjährungsfrist (drei Jahre)**, z. B. bei

- Forderungen von Kaufleuten/Handwerkern gegenüber Privatleuten
- Forderungen von Kaufleuten und Handwerkern untereinander
- arglistig verschwiegenen Mängeln

Man nennt die dreijährige Verjährungsfrist **regelmäßige Verjährungsfrist**, weil sie für die meisten Rechtsgeschäfte gilt, die aufgrund von Verträgen zustande kommen.

b) Beispiele für besondere Verjährungsfristen

Die **zweijährige Verjährungsfrist**, z. B. bei

- Gewährleistung aus dem Kaufvertrag (Mängelansprüche, siehe S. 146)
- Mängelansprüche bei Reiseverträgen

Die **zehnjährige Verjährungsfrist**, z. B. bei

- Urheberrechtsverletzungen (siehe hierzu Kap. IV.1.5, S. 116–120)
- Eigentumsansprüchen auf ein Grundstück

Die **dreißigjährige Verjährungsfrist**, z. B. bei

- einigen familien- und erbrechtlichen Ansprüchen
- durch Gericht rechtskräftig festgestellte Ansprüche
- Schadensersatzansprüche wegen Körperverletzung

Beginn der Verjährung

Die regelmäßige Verjährungsfrist beginnt nach Ende des Jahres, in dem die Forderung entstanden ist. Die weiteren Fristen, wie z. B. die dreißigjährige, beginnen dagegen mit dem Entstehen der Forderung.

Sinn der unterschiedlichen Verjährungsfristen

Mit der Verjährung verschafft das BGB dem Schuldner ein **Leistungsverweigerungsrecht**.

Durch eine zeitliche Begrenzung dient die Verjährung dem **Rechtsfrieden**.

- **Drei Jahre:** Ansprüche, die sich aus einem Vertrag ergeben, sollen möglichst bald abgewickelt werden. Gerade Privatpersonen soll es nicht zugemutet werden, Beweismittel über viele Jahre aufzubewahren.
- **Zehn bzw. dreißig Jahre:** Der Gesetzgeber gewährt den Geschädigten ein höheres Maß an Rechtsschutz. Das gilt insbesondere bei Körperverletzungen, deren Folgen oft nicht mehr zu beheben sind.

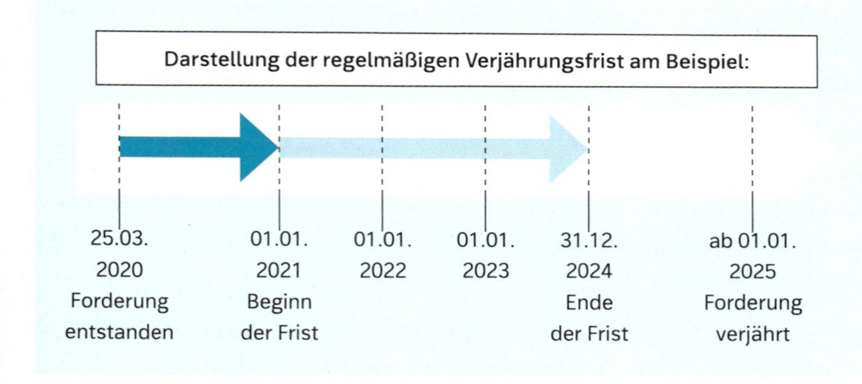

M10 Verschlafen?

Zeichnung: Jürgen Tomicek/LBS

Hemmung der Verjährung

Bestimmte Ereignisse können den Ablauf einer Verjährungsfrist hemmen, d. h., ein bestimmter Zeitraum fließt nicht in die Berechnung mit ein, z. B. wenn eine gerichtliche Klage erhoben worden ist.

AUFGABEN

1. Stelle mithilfe der *Methode* Karikaturanalyse auf S. 139 einen Zusammenhang zwischen dem in der Karikatur M10 dargestellten Wecker und dem Begriff „Verjährung" her.
2. Berechne,
   a) wann eine am 2. Januar 2021 fällige Rechnung über einen Fahrradkauf verjährt.
   b) das Ende der Gewährleistungsfrist für einen Computerkauf am 9. Juni 2020.

2.3 Verträge des Alltags

Fallbeispiel:

1. Familie Binder muss aus ihrer Wohnung ausziehen, weil ihr diese gekündigt wurde. Der kürzlich verheiratete Sohn des Eigentümers möchte die Wohnung beziehen. Glücklicherweise haben die Binders schnell eine schöne neue Wohnung gefunden, und der schriftliche Mietvertrag mit dem Eigentümer Herrn Reich kann geschlossen werden.

2. Beim Umzug ist leider Antons Fahrrad vom Umzugswagen gefallen und muss in die Reparatur. Damit er in die Schule fahren kann, leiht ihm sein Freund Onur für eine Woche ein Rad.

3. Anton bekommt zum Einzug von seinem Opa einen Kickertisch für sein neues großes Zimmer.

4. Weil das neue Wohnzimmer der Binders viel größer als das alte ist, brauchen sie neue Möbel. Die dazu nötigen Mittel bekommen sie von ihrer Bank.

Wie wir aus diesen Fallbeispielen ersehen können, müssen im Alltag vielerlei Verträge geschlossen werden. Wir werden nun die vier obigen Verträge genauer betrachten.

Mietvertrag

Wie circa jeder Zweite in Deutschland (2017: 51 Prozent) wohnen die Binders nicht in ihren eigenen vier Wänden, sondern haben eine Wohnung oder ein Haus gemietet, wozu wie bei den Binders der Abschluss eines Mietvertrags nötig ist (Fallbeispiel 1).

Dabei lauern viele Fallen – von der Kündigungsfrist über die Wohnungsgröße, Betriebskostenanteile, Treppenreinigung, Rauchen auf dem Balkon bis zur Tierhaltung. Die zahlreichen weiteren Streitmöglichkeiten kannst du aus der Grafik M3 auf S. 155 entnehmen.

Viele Reibereien können vermieden werden, wenn beim Abschluss des Mietvertrags schon all diese hier aufgeführten Störfaktoren geklärt werden.

Grundsätzliche gesetzliche Regelungen zum Mietvertrag finden wir im BGB:

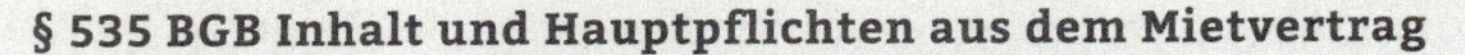

§ 535 BGB Inhalt und Hauptpflichten aus dem Mietvertrag

(1) Durch den Mietvertrag wird der Vermieter verpflichtet, dem Mieter den Gebrauch der Mietsache während der Mietzeit zu gewähren. Der Vermieter hat die Mietsache dem Mieter in einem zum vertragsgemäßen Gebrauch geeigneten Zustand zu überlassen und sie während der Mietzeit in diesem Zustand zu erhalten. [...]
(2) Der Mieter ist verpflichtet, dem Vermieter die vereinbarte Miete zu entrichten.

Der Vermieter und der Mieter gehen laut § 535 BGB beim Mietvertragsabschluss Verpflichtungen ein:

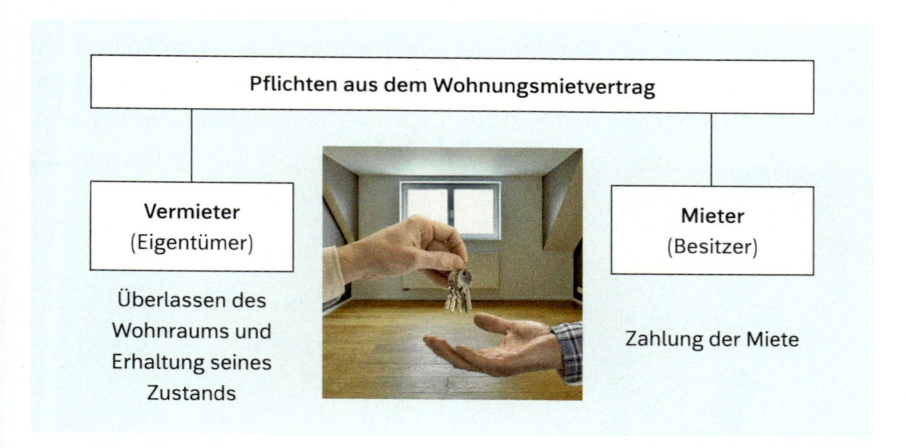

Die Wohnungsmiete

Unter **Miete** versteht man den für die vermietete Sache (z. B. Wohnung, Auto) vereinbarten Preis. Der Begriff Miete wird am häufigsten im Zusammenhang mit der Wohnungsmiete verwendet.

Da die Nachfrage nach Wohnraum groß ist, sind die Vermieter häufig gegenüber dem Mieter im Vorteil. Andererseits gehört das Wohnen zu den Grundbedürfnissen des Menschen, sodass das BGB zahlreiche Schutzbestimmungen im Rahmen des Mietrechts erlassen hat:

a) Form des Mietvertrages
Die Schriftform ist grundsätzlich empfehlenswert.

b) Kaution
Beim Abschluss eines Mietvertrages verlangt der Vermieter meist eine Sicherheit in Form von Geld. Die Kaution muss der Vermieter für den Mieter anlegen und ihm beim Auszug wieder zurückzahlen oder kann sie im Falle von etwaigen Beschädigungen usw. für notwendige Reparaturen verwenden.

c) Probleme bei der Mietzahlung
Gegen das Risiko, keine Miete zu erhalten, sichern sich die Vermieter vor Abschluss des Mietvertrages in der Regel ab. Oft verlangen sie im Rahmen einer **Selbstauskunft** z. B. eine Gehaltsbestätigung oder gar eine Bonitätsauskunft. Mit der **Bonitätsauskunft** kann ein Mieter seine Zahlungszuverlässigkeit belegen. Sie zeigt aber auch, wenn er Zahlungsverpflichtungen nicht erfüllt hat.

Der bekannteste Anbieter von Bonitätsauskünften ist die **Schufa (Schutzgemeinschaft für allgemeine Kreditsicherung)**. Die Schufa ist eine Aktiengesellschaft mit Sitz in Wiesbaden. Sie nimmt Erfahrungen von Unternehmen mit der Kreditwürdigkeit einzelner Personen oder anderer Unternehmen auf, speichert sie eine bestimmte Zeit und gibt sie an ihre Vertragspartner weiter.

INFO

Bonität
Kreditwürdigkeit

Die **Schufa** gibt Auskunft für:
- Vermieter,
- Arbeitgeber,
- Kreditgeber.

Schufa-Vertragspartner, z. B. gewerbliche Vermieter, können sich die Bonitätsauskunft selbst einholen. Private Vermieter werden dagegen den Mieter um Vorlage bitten.

Jeder Mieter kann auch freiwillig eine kostenpflichtige Bonitätsauskunft über sich anfordern. Bei der Schufa enthält sie zum einen ein Zertifikat zur Weitergabe an den Vermieter, zum anderen alle Daten, die zur Person gespeichert sind. Dieser zweite Teil dient nur der eigenen Information und sollte nicht weitergegeben werden. Eine kürzere Onlinevariante bietet der **Bonitätscheck**, der nur die Informationen umfasst, die für den Vertragsabschluss wichtig sind.

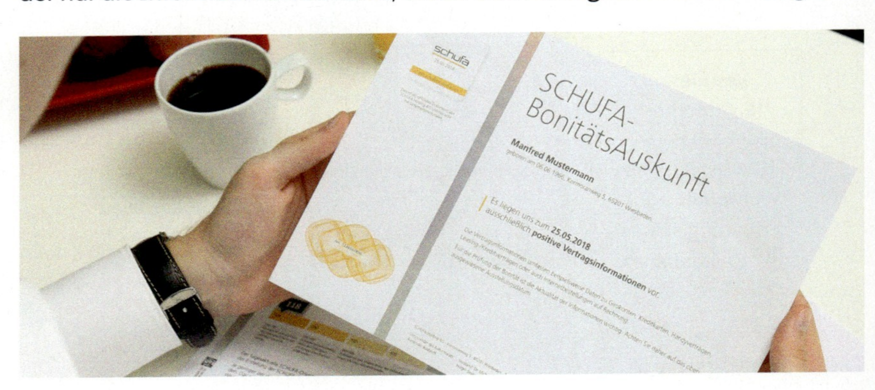

M1 Eigenbedarfskündigung

Zeichnung: Jürgen Tomicek/LBS

d) Kündigung

Sie beendet das Mietverhältnis. Grundsätzlich können beide Vertragspartner kündigen. Weil aber den Mieter eine Kündigung sehr einschneidend treffen kann, hat er günstigere Kündigungsfristen als der Vermieter und muss auch keinen Kündigungsgrund angeben.

Die Kündigungsfristen für den Vermieter richten sich nach der Dauer des Mietverhältnisses. Damit eine Kündigung durch den Vermieter wirksam ist, muss neben der Einhaltung der Frist auch ein Kündigungsgrund gegeben sein wie

- schwere Verstöße gegen die Hausordnung,
- Eigenbedarf des Vermieters (siehe die Karikatur M1).

Die Kündigungsfristen betragen

- **für Mieter:** 3 Monate,
- **für Vermieter:** 3–9 Monate abhängig von der Vertragsdauer.

Kündigung

fristlos	regulär	besonderer Kündigungsschutz
• bei Zahlungsverzug über zwei Termine • bei vertragswidrigem Gebrauch • bei fortgesetzter Störung des Hausfriedens (Partys, zu laute Musik) • bei Vernachlässigung der Sorgfaltspflicht • bei unbefugter Überlassung an Dritte	Kündigungsfristen • Vermieter: bis zu 9 Monate (schriftliche Begründung) • Mieter: 3 Monate	• verlängerte Kündigungsfrist bei lang andauernden Mietverhältnissen – länger als 5 Jahre = 6 Monate – länger als 8 Jahre = 9 Monate • Kündigung bei berechtigtem Interesse des Vermieters möglich, z. B. Eigenbedarf (Die Tochter/der Sohn des Vermieters möchte in die Wohnung einziehen.) • keine Kündigung möglich, wenn es für den Mieter persönliche Härte wäre (z. B. kein Ersatzwohnraum zu zumutbaren Bedingungen)

M2 **Was an Kosten hinzukommt**

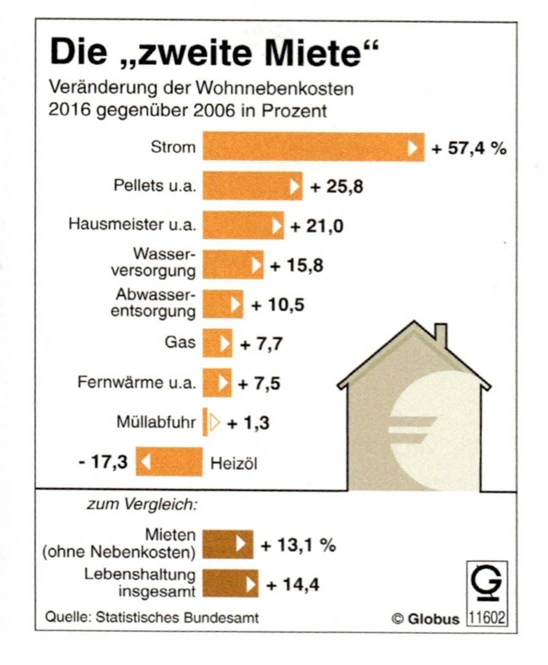

M3 **Streitthemen**

AUFGABEN

1. Begründe, warum gerade beim Mietvertrag die Schriftform einer mündlichen Form vorzuziehen ist.
2. Beschreibe die Möglichkeiten eines Vermieters, sich vor Abschluss des Mietvertrages über die Zahlungsfähigkeit eines Mieters zu informieren.
3. *Placemat:* Begründe die unterschiedlichen Kündigungsfristen für Mieter und Vermieter.
4. Ein Mieter möchte zum 30.11. ausziehen. Gib an, wann er kündigen muss. Berücksichtige, dass hier eine Karenzzeit (Wartezeit) von drei Werktagen zugebilligt wird. Wir nehmen an, dass sich in diesem Jahr nur Werktage an den errechneten Termin anschließen.
5. Analysiere die Karikatur M1 mithilfe der *Methode* Karikaturanalyse auf S. 139. Beachte insbesondere die folgenden Schritte:
   - Beschreibe die dargestellten Personen genau in ihrer Körperhaltung, Mimik und Gestik.
   - Arbeite heraus, mit welchem Problem sich die Personen auseinandersetzen müssen.
6. Erkläre den Begriff „zweite Miete“ (M2) und beschreibe ihre Veränderung zwischen 2006 und 2016.
7. „Die Betriebskosten blähen die Monatsmiete immer mehr auf.“ Begründe diese Aussage mithilfe von einzelnen Beispielen aus der Grafik M2.
8. a) Stelle mithilfe der Grafik M3 heraus, worüber sich Vermieter und Mieter am meisten streiten. Benenne den Begriff, den du dafür in M2 kennengelernt hast.
   b) Nenne Beispiele für Wohnungsmängel.

Die Leihe

Wie Fallbeispiel 2 (S. 152) zeigt, hat sich Anton von Onur ein Fahrrad geliehen.

> **§ 598 BGB Vertragstypische Pflichten bei der Leihe**
>
> Durch den Leihvertrag wird der Verleiher einer Sache verpflichtet, dem Entleiher den Gebrauch der Sache *unentgeltlich* zu gestatten.

Onur hat Anton im Rahmen eines Leihvertrages die **kostenlose Nutzung** überlassen. Beide haben einen **Leihvertrag** abgeschlossen.

Fallbeispiel:
Am Samstag entdeckt Onur das völlig verschmutzte Fahrrad am Rand des Fußballplatzes. Die Bremsen und Gangschaltung sind abgerissen. Wütend wendet er sich an Anton: „Du bringst mir sofort morgen das Rad. Den Schaden musst du natürlich auch ersetzen." Anton weist auf die vereinbarte Rückgabe am Mittwoch hin – wie soll er sonst in die Schule kommen? Den Schaden zahlt er auch nicht, denn das hätte ja auch Onur passieren können.

> **§ 605 BGB Kündigungsrecht**
>
> Der Verleiher kann die Leihe kündigen:
> 1. wenn er infolge eines nicht vorhergesehenen Umstandes der verliehenen Sache bedarf,
> 2. wenn der Entleiher einen vertragswidrigen Gebrauch von der Sache macht, insbesondere unbefugt den Gebrauch einem Dritten überlässt, oder die Sache durch Vernachlässigung der ihm obliegenden Sorgfalt erheblich gefährdet. [...]
>
> **§ 280 BGB Schadensersatz wegen Pflichtverletzung**
>
> (1) Verletzt der Schuldner eine Pflicht aus dem Schuldverhältnis, so kann der Gläubiger Ersatz des hierdurch entstehenden Schadens verlangen. Dies gilt nicht, wenn der Schuldner die Pflichtverletzung nicht zu vertreten hat.

Anton hat sicherlich nicht die notwendige Sorgfalt bei der Nutzung des Fahrrades walten lassen. Deshalb kann Onur das Rad vorzeitig zurückfordern und auch Schadensersatz verlangen, wie z. B. die Reparatur der Gangschaltung und der Bremsen.

Pflichten aus dem Leihvertrag

Verleiher Onur	Entleiher Anton
unentgeltliche Überlassung einer Sache	Sorgfalt bei der Nutzung der übergebenen Sache, Rückgabe u. ggf. Schadensersatz

M4 Was ist hier falsch?

Häufig wird der Begriff Leihe fälschlicherweise auch für entgeltliche Überlassung verwendet. Diese stellt aber juristisch gesehen einen Mietvertrag dar.

Der Schenkungsvertrag

In Fallbeispiel 3 (S. 152) hat Antons Großvater ihm einen Kickertisch geschenkt.

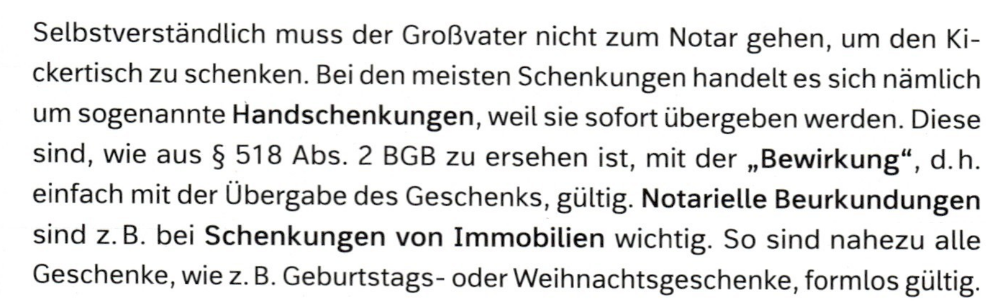

§ 518 BGB Form des Schenkungsversprechens

(1) Zur Gültigkeit des Vertrages, durch den eine Leistung schenkweise versprochen wird, ist die notarielle Beurkundung des Versprechens erforderlich. [...]
(2) Der Mangel der Form wird durch die Bewirkung der versprochenen Leistung geheilt.

Selbstverständlich muss der Großvater nicht zum Notar gehen, um den Kickertisch zu schenken. Bei den meisten Schenkungen handelt es sich nämlich um sogenannte **Handschenkungen**, weil sie sofort übergeben werden. Diese sind, wie aus § 518 Abs. 2 BGB zu ersehen ist, mit der **„Bewirkung"**, d.h. einfach mit der Übergabe des Geschenks, gültig. **Notarielle Beurkundungen** sind z.B. bei **Schenkungen von Immobilien** wichtig. So sind nahezu alle Geschenke, wie z.B. Geburtstags- oder Weihnachtsgeschenke, formlos gültig.

Im Gegensatz zu allen anderen Verträgen, die du kennengelernt hast, entstehen aus dieser Schenkung **nur einem der beiden Vertragspartner** (hier dem Großvater) zu erfüllende **Pflichten** (hier die Eigentumsübertragung). Anton entstehen dagegen außer der **Annahme der Schenkung** keinerlei Verpflichtungen zu Gegenleistungen oder Nachteile. Dies gilt jedoch nicht für alle Schenkungen. Denken wir z.B. an das Schenken eines Hundes, was durchaus Verpflichtungen nach sich zieht, wie z.B. das Versorgen oder Versichern des Hundes.

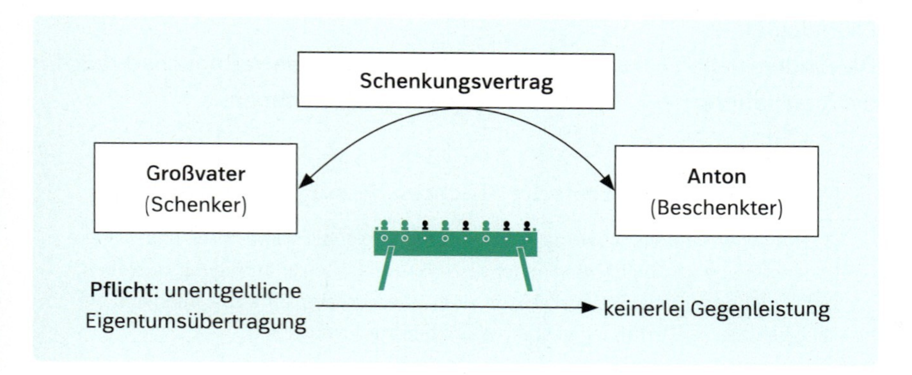

AUFGABEN

1. Das Foto M4 zeigt, wie im Alltag der Begriff Leihe falsch verwendet wird. Nenne weitere Beispiele, wo Miete mit Leihe verwechselt wird.
2. a) Grenze den Leihvertrag vom Mietvertrag ab.
   b) Grenze den Leihvertrag vom Schenkungsvertrag ab.
3. Deine Tante schenkt dir 100 Euro zum Geburtstag. Begründe, ob du deine Eltern fragen musst, ob sie mit der Schenkung einverstanden sind.

Der Darlehensvertrag

Im Fallbeispiel 4 (S. 152) wird ausgeführt, dass die Binders bei ihrer Bank ein Darlehen aufnehmen müssen, weil ihre Mittel nicht zur Anschaffung eines neuen Wohnzimmers ausreichen.

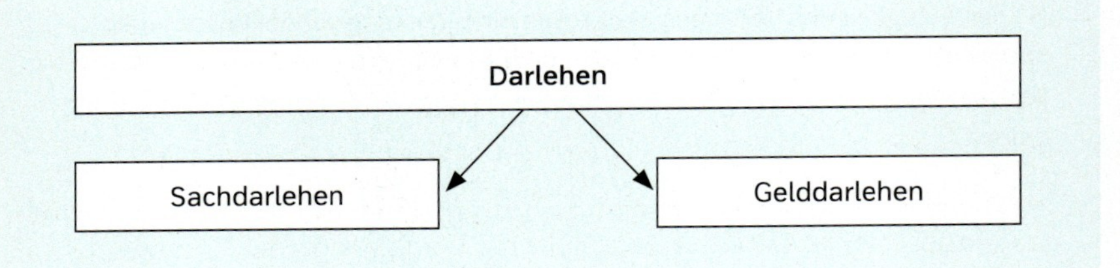

Sicher denkst du bei dem Wort Darlehen zunächst immer an Geld, das Banken ausleihen. (Das Wort Darlehen hat denselben Wortstamm wie leihen.) Aber es gibt auch Darlehen, bei denen kein Geld im Spiel ist.

a) Das Sachdarlehen

Fallbeispiel:
Du borgst dir von deinem Banknachbarn eine Tintenpatrone. Er überlässt dir die Patrone zum Verbrauch und du gibst ihm am nächsten Tag wieder eine andere Patrone zurück.

Wie wir an diesem Fallbeispiel sehen, ist der Darlehensvertrag ein Vertrag zur Verbrauchsüberlassung. Durch den Verbrauch kann nicht dieselbe Patrone zurückgegeben werden, sondern nur eine ähnliche.

b) Das Gelddarlehen

Fallbeispiel:
Die Binders haben bei der Isarbank einen sogenannten Verbraucherkredit für die Anschaffung neuer Wohnzimmermöbel aufgenommen.

§ 488 BGB Vertragstypische Pflichten beim Darlehensvertrag

(1) Durch den Darlehensvertrag wird der Darlehensgeber verpflichtet, dem Darlehensnehmer einen Geldbetrag in der vereinbarten Höhe zur Verfügung zu stellen. Der Darlehensnehmer ist verpflichtet, einen geschuldeten Zins zu zahlen und bei Fälligkeit das zur Verfügung gestellte Darlehen zurückzuzahlen.

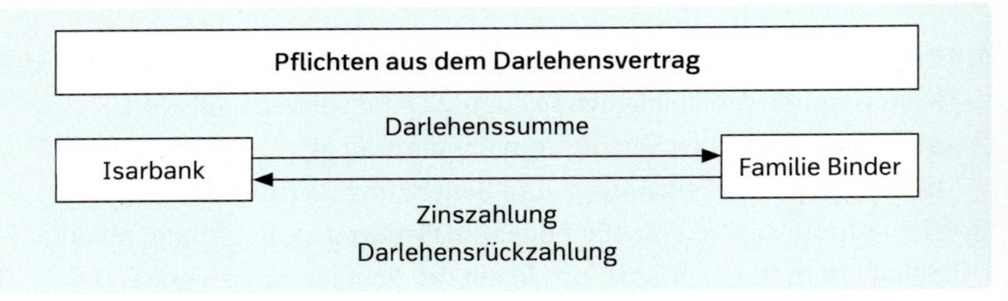

Günstige Voraussetzungen für eine Kreditaufnahme sind:
- volle Geschäftsfähigkeit (zwingend erforderlich)
- Arbeitnehmerverhältnis (Selbstständige bekommen schwerer einen Kredit, weil das Arbeitseinkommen eines Arbeitnehmers leichter festzustellen und sicherer ist.)
- Einkommensnachweis (z. B. mehrere Gehaltsabrechnungen)
- ständiger Wohnsitz, Arbeitsplatz und Kontoverbindung in Deutschland
- Angabe von bestehenden Krediten
- mögliche Sicherheiten (z. B. Spar-oder Immobilienvermögen)
- Bonitätsauskunft (Hier sind z. B. alle Schulden aufgeführt und Einträge, die auf schlechtes Zahlungsverhalten hinweisen, siehe S. 153/154.)

M5 Wer bekommt Kredit?

M6 Die Nachbarn helfen aus

Familie Gruber bekommt unerwartet Besuch. Sie bittet – weil die Geschäfte bereits geschlossen haben – die Nachbarn um einen Kasten Bier und verspricht, ihn morgen gefüllt wieder zurückzugeben.

M7 Karibik auf Pump?

AUFGABEN

1. a) Beantworte die Frage in M5.
   b) Begründe deine Antwort, indem du Personengruppen aufführst, die keine Chance auf einen Kredit haben.
2. Begründe, welche Vertragsart im Fall M6 vorliegt.
3. Grenze den Sachdarlehensvertrag von der Leihe (S. 156) ab und nenne jeweils ein Beispiel.
4. Recherchiere im Internet ein Kreditangebot über 10.000 Euro für die Familie Binder, die den Kredit zur Möbelanschaffung für ein Jahr aufnehmen möchte, und finde das günstigste heraus.
5. Viele Reiseveranstalter haben die in M7 genannte Option seit Jahren im Programm und bieten z. B. eine Reise in die Karibik auf Ratenbasis an. Bei den derzeit niedrigen Kreditzinsen klingt das verlockend. Warum soll das, was mit dem Auto oder mit dem Haus funktioniert, nicht auch mit dem Urlaub gehen? „Verreisen auf Pump“ – würdest du das tun? Führt in der Klasse eine Pro- und Kontra-Diskussion (*Methode* S. 138) über diese Frage.
6. Übertrage die Tabelle in dein Heft und ergänze die Lücken ①–⑮.

Vertrag	Vertragspartner		Wesen des Vertrags
①	Mieter	②	entgeltliche ③ der Mietsache
④	⑤	Entleiher	⑥ Überlassung einer Sache zum Gebrauch
⑦	Darlehens-⑧	Darlehens-⑨	⑩ des Darlehensgebers, einen Geldbetrag gegen Zahlung von ⑪ zur Verfügung zu stellen
⑫	⑬	⑭	⑮ Zuwendung

2.4 Gerichtliche und außergerichtliche Klärung von Streitfällen

Die außergerichtliche Klärung von Streitfällen

M1 Nachbarschaftsstreit

Schon lange ärgert sich Frieda Specht über ihren Nachbarn Gerd Fröhlich. Seit letzter Woche hat sich der Streit der beiden Bad Aiblinger sehr zugespitzt, weil Herr Fröhlich eigenmächtig und heimlich die an der Grundstücksgrenze gepflanzte Hecke von Frau Specht um etwa 40 cm gekürzt hat. Ihn störte es schon lange, dass er auf seiner Terrasse wegen der Pflanzen am Zaun nachmittags keine Sonne mehr hatte. Frau Specht ist empört und will jetzt 500 Euro Schadensersatz von Herrn Fröhlich. Er weigert sich jedoch zu zahlen. Immer wenn sich die beiden treffen, endet das Gespräch mit gegenseitigen Beschimpfungen. Zuletzt wird sogar mit dem Gang zum Gericht gedroht.

Nachbarschaftliche Streitigkeiten sind keine Seltenheit. Sie aber alle in einen **Prozess** münden zu lassen wäre aus vielen Gründen **problematisch**:

- Die schon jetzt völlig **überlasteten Gerichte** sollen nicht noch mehr in Anspruch genommen werden.
- Ein Gerichtsprozess verursacht **hohe Kosten und Unannehmlichkeiten**. So müssen die Kläger z. B. grundsätzlich die Gerichtsgebühren vorschießen und meistens lange Zeit auch Rechtsanwälte bezahlen. Ausgang und Länge eines Prozesses sind nie garantiert, sodass vielleicht sogar die gesamten Kosten auf den Verlierer des Rechtsstreits zukommen können.
- Es ist besser, nachbarschaftliche Streitigkeiten einvernehmlich beizulegen, damit das **nachbarschaftliche Miteinander** nicht – wie es bei einem jahrelangen Prozess meist der Fall ist – **für alle Zeiten unmöglich** wird.
- Zu bedenken ist ebenfalls, dass die **Gerichtsverhandlungen öffentlich** sein müssen, was für die Prozessteilnehmer nicht immer angenehm ist.

Wir sehen, dass aus vielen Gründen außergerichtliche Klärungsversuche einem Gerichtsprozess vorzuziehen sind. Daher gibt es heute viele Instrumente, die Streitschlichtung außergerichtlich durchzuführen.

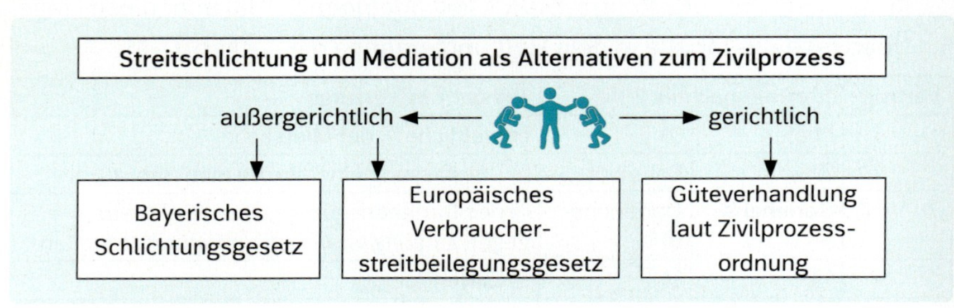

a) Obligatorische Streitschlichtung (Bayerisches Schlichtungsgesetz)

Für die nachbarschaftliche Streitigkeit in M1 schreibt das **Bayerische Gesetz zur obligatorischen Streitschlichtung in Zivilsachen** (**Bayerisches Schlichtungsgesetz – BaySchlG**) vor, dass zunächst ein **außergerichtlicher Einigungsversuch** von einem **neutralen Schlichter** durchgeführt wird.

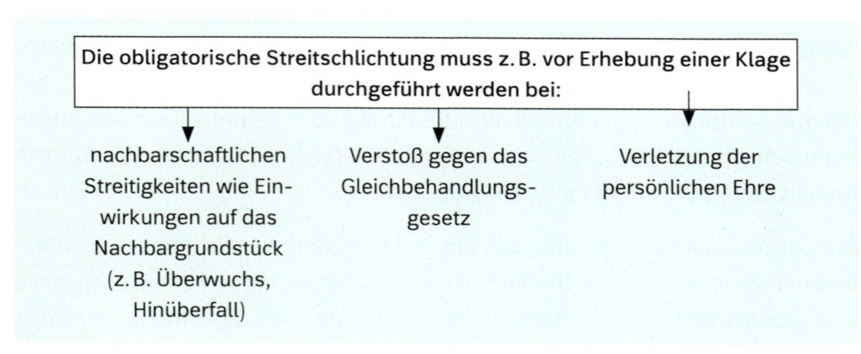

Broschüre „Schlichten statt Prozessieren", hrsg. vom Bayerischen Staatsministerium der Justiz, Referat für Öffentlichkeitsarbeit, September 2017

Das Gesetz verlangt, dass beide Parteien ihren Wohnsitz in demselben Landgerichtsbezirk haben.

Zuständig sind **Gütestellen**, die ihren Sitz im Amtsgerichtsbezirk des Antragsgegners haben. Die Adressen der Gütestellen können u. a. bei der Rechtsanwaltskammer oder Landesnotarkammer erfragt werden, denn meist werden diese Schlichtungen von Notaren und zuständigen Rechtsanwälten durchgeführt.

Ablauf der Schlichtung:

- **Antragstellung:** Der Antrag muss die Parteien mit Namen und Anschrift, eine kurze Darstellung der Streitsache sowie die Angabe, was der Antragsteller erreichen möchte, enthalten. Für diesen Antrag gibt es ein Musterformular, das die Vorgehensweise erleichtern soll.
- **Kosten:** Ein Teil der Gebühren muss immer im Voraus entrichtet werden.
- **Durchführung der Schlichtung:** Die Gütestelle bestimmt einen Schlichtungstermin, zu dem beide Parteien eingeladen werden und persönlich zu erscheinen haben. Es findet keine aufwendige Beweisaufnahme statt, jede Partei kann jedoch Beweismittel oder Zeugen mitbringen.
- **Ziel des Schlichtungsverfahrens:** Es soll eine gütliche (= einvernehmliche) Einigung erreicht werden. Der Schlichter unterbreitet Vorschläge und versucht, eine für beide Parteien akzeptable Lösung des Streits zu erreichen. Unter der Leitung des Vermittlers wird gemeinsam eine Lösung des Konflikts erarbeitet, die den Interessen beider Parteien gerecht wird. Es gibt dabei **keine Gewinner oder Verlierer**.
- **Happy End?** Die Vereinbarung muss vom Antragsteller, vom Gegner oder vom Schlichter schriftlich festgehalten und von allen Beteiligten unterschrieben werden. Kommt es zu keiner Einigung, ist das Protokoll dem Gericht zur Klageerhebung vorzulegen, denn es muss ein Nachweis für eine erfolglos verlaufene Schlichtung vorgelegt werden.

b) Das freiwillige Verbraucherschlichtungsverfahren nach dem Verbraucherstreitbeilegungsgesetz (VSBG)

Fallbeispiel:
Astrid Gruber hat Wohnzimmermöbel im Wert von 15.000 Euro gekauft. Beim Abschluss des Kaufvertrages wurde vereinbart, dass sie als kleine Zugabe eine Stehlampe im Wert von 200 Euro erhalten wird. Entgegen dieser Vereinbarung wurde diese nicht geliefert. Die Kundin versuchte mehrmals vergeblich, in Telefongesprächen an die fällige Lieferung zu erinnern. Leider findet sie den Kaufvertrag nicht mehr und das Möbelhaus zeigt keinerlei Verhandlungsbereitschaft. Die Stehlampe ist aber nicht so viel wert, dass sich ein Gang zum Anwalt oder gar Gericht lohnen würde.

Auf der Website des Möbelhauses entdeckt sie den Hinweis, dass das Unternehmen zwar nicht verpflichtet ist, in ein Streitbeilegungsverfahren einzuwilligen, dies aber trotzdem anbietet. Hier findet sie auch den Link zur europäischen Online-Streitbeilegungsplattform, der für alle Internetkaufverträge verpflichtend angegeben werden muss.

Gesetzliche Grundlage hierfür ist das sogenannte **Verbraucherstreitbeilegungsgesetz**, das seit 2016 in Kraft ist und **im europäischen Rahmen** für die Schlichtung von Streitigkeiten zwischen Verbrauchern und Unternehmen als Grundlage dient.

WEBCODE

WES-116645-423
Hier findest du die europäische Online-Streitbeilegungsplattform.

Frau Gruber hat sich auch an die Verbraucherzentrale gewandt und folgenden Flyer entdeckt:

Das Verbraucherschlichtungsverfahren nach dem neuen Verbraucherstreitbeilegungsgesetz (VSBG)

Von: Verbraucherzentrale Bayern e. V.

Sie haben Ärger mit einer Kaufsache, die Sie bei einem Unternehmer erworben haben? Dieser reagiert nicht oder zeigt keine Verhandlungsbereitschaft?

Die Kaufsache ist aber nicht so viel wert, dass sich ein Gang zum Anwalt oder zum Gericht lohnen würde?

Dann schafft vielleicht ein Schlichtungsverfahren speziell für Verbraucherangelegenheiten Abhilfe.

Aus: Redaktion VZ - Verbraucherzentrale Bayern, Das Verbraucherschlichtungsverfahren nach dem neuen Verbraucherstreitbeilegungsgesetz (VSBG), in: www.vis.bayern.de/recht/rechtsdurchsetzung/aussergerichtliche_streitbeilegung/verbraucherschlichtung.htm, Stand: 13.7.2017 (Zugriff: 30.1.2019)

Frau Gruber liest nach und erfährt, dass ein Verbraucherschlichtungsverfahren für sie kostenlos ist, für den Unternehmer jedoch kostenpflichtig. Alle Verbraucher, die mit Unternehmen einen Vertrag geschlossen haben, z. B. einen Kaufvertrag oder aber auch einen Auftrag an einen Handwerker, können mit Zustimmung des Unternehmers an einem solchen Verfahren teilnehmen.

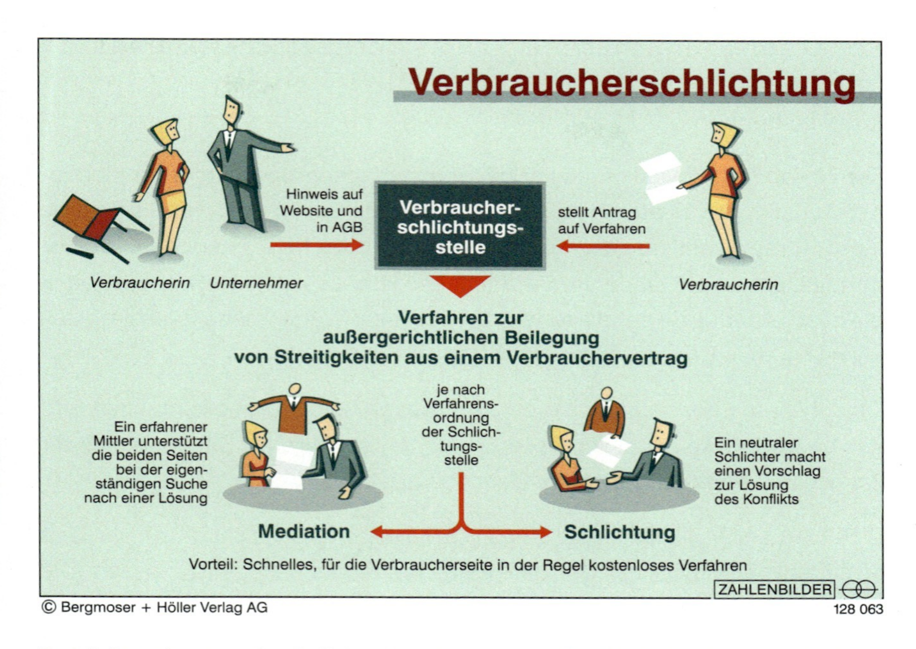

 128 063

Du siehst oben zwei mögliche Verfahren in der Streitschlichtung erwähnt:

- **Die Schlichtung:** Die Durchführung einer Schlichtung erfordert viel Fachkompetenz des Schlichters. So müssen Sachverhalt, Rechtslage und Konfliktsituation bewertet werden können. Häufiges Ziel einer Schlichtung stellt der Vergleich, d. h. die gütliche Einigung, dar.
- **Die Mediation:** Dagegen erfolgt in der Mediation keinerlei Bewertung, sondern sie hat zum Ziel, die Kommunikation der streitenden Parteien zu fördern, sodass die Konfliktparteien selbst eine Problemlösung finden.

In der Praxis hat sich die Kombination aus Mediations- und Schlichtungsverfahren herausgebildet.

M2 Erfolgreiche Streitschlichtung?

Zeichnung: Winfried Besslich

AUFGABEN

1. Schildere, wie ein Schlichtungsspruch im Fall M1 aussehen könnte.
2. Recherchiere im Internet den zuständigen Standort für Gütestellen und finde Rechtsanwälte, die mit der obligatorischen Streitschlichtung im Fall M1 betraut werden könnten.
3. Frau Specht (M1) ist froh, die Gütestelle in Anspruch genommen zu haben, denn der Mediator konnte einen Vergleich erzielen: „Dadurch habe ich mir viel erspart." Konkretisiere, was sie damit meinen könnte.
4. Erstelle ein Schaubild zum Ablauf einer obligatorischen Streitschlichtung (S. 161).
5. Recherchiere im Internet ein Unternehmen, mit dem du schon häufiger einen Kaufvertrag geschlossen hast, und überprüfe (z. B. in den AGB), ob das Unternehmen am Streitbeilegungsverfahren (S. 162) teilnimmt.
6. Sicherlich bildet auch deine Schule Streitschlichter oder Mediatoren aus. Analysiere die Karikatur M2 mithilfe der *Methode* auf S. 139 und vergleiche die Ziele von Streitschlichtern mit der Darstellung in der Karikatur.

Rollenspiel zur Schlichtung eines Nachbarschaftsstreits

Konfliktsituation

Die 70-jährige Witwe Frau Keller hat schon länger großen Ärger mit der Familie Lustig, den Mietern von nebenan. Mittags um 13 Uhr, wenn sie gerne ihren Mittagsschlaf machen möchte, mäht der Vater häufig den Rasen. Nachmittags lärmen die Kinder im Garten beim Fußballspielen und abends feiern die Lustigs häufig Gartenpartys, die bei schönem Wetter manchmal bis in den Morgen gehen.

Obwohl Frau Keller schon oft die Polizei wegen Ruhestörung kontaktiert hat, gab es bis jetzt keinerlei Verbesserung der festgefahrenen Situation. In ihrer Verzweiflung droht sie jetzt, vor Gericht zu ziehen.

Weil Frau Keller die Nachteile eines Prozesses fürchtet, schlägt sie vor, den Streit einvernehmlich mit der Hilfe eines Mediators beilegen zu lassen. Die Lustigs sind einverstanden und sie vereinbaren mit einem Mediator einen Termin.

Vorbereitung des Rollenspiels

1. Teilt die Klasse in sechs Gruppen:

Spielerinnen und Spieler	Familie Lustig (mind. drei Personen)
	Frau Keller
	Mediator
Beobachterinnen und Beobachter	für die Familie
	für Frau Keller
	für den Mediator

2. Verteilt die Rollenkarten an die Familie Lustig, Frau Keller und den Mediator.

Rollenkarte Frau Keller

Frau Keller kommt nicht mehr zur Ruhe. Sie fühlt sich von der Lautstärke der benachbarten Familie nicht nur gestört, sondern bekommt sogar regelmäßig Herzrasen und Magenschmerzen.

Rollenkarte Familie Lustig

Aus Sicht von Familie Lustig ist die Nachbarin eine ständig nörgelnde und äußerst unsympathische alte Frau. Man stellt zuletzt jeglichen Kontakt ein und reagiert überhaupt nicht mehr auf irgendwelche Beschwerden.

Rollenkarte Mediator

Ein Mediator (unparteiischer Dritter) ist bei der Konfliktlösung behilflich. Das gemeinsame Ziel in einer Mediation ist es, eine Lösung ohne Verlierer zu finden. Der Mediator hat die Aufgabe, die Kommunikation der beiden Kontrahenten zu fördern, aber keine Lösungsmöglichkeiten vorzugeben.
Dies kann in folgenden Schritten vorgenommen werden:

- Er lässt die Teilnehmer/-innen die Konfliktsituation aus ihrer Sicht heraus beschreiben.
- Er fordert die Teilnehmer/-innen auf, ihre Emotionen mitzuteilen (dies ist ein Versuch, Einfühlungsvermögen zu ermöglichen).
- Er ermuntert die Teilnehmer/-innen, ihre Wünsche zu äußern.

3. Macht euch alle mit der Konfliktsituation vertraut.
4. a) **Vorbereitungen der Spielerteams:** Entwickelt alle zusammen im Vorfeld eine Strategie, Argumente und Lösungsmöglichkeiten.
   b) **Vorbereitung der Beobachtungsgruppen:** Erstellt schriftlich Beobachtungsaufträge. Hier nur ein paar Beispiele:

- Waren die Argumente stichhaltig?
- Sind die Spieler/-innen aufeinander eingegangen?
- Wer hat sich durchgesetzt?
- Wie haben sie sich durchgesetzt?

Durchführung des Rollenspiels

5. Während das Rollenspiel durchgeführt wird, verfolgen die Beobachter/-innen die Argumente und das Verhalten ihrer Spieler/-innen und notieren sich alles stichpunktartig.

Ergebnisphase

6. Zusammenfassung der Ergebnisse und Auswertung (Tafel, Folie ...): War die Mediation erfolgreich und nachhaltig?
7. Aufnehmen von Verbesserungsvorschlägen

Das Rollenspiel kann gegebenenfalls ein weiteres Mal mit Rollenwechsel gespielt werden.

Die gerichtliche Klärung von Streitfällen im Zivilprozess

M3 Streitfall Mietwucher

Heinz Krause vermietet eine 1½-Zimmer-Wohnung in Erding an die 4-köpfige Familie Yilmaz für 1.200 Euro Monatsmiete und eine Vorauszahlung für sechs Monate. Nach drei Wochen bietet ein Bekannter Herrn Yilmaz eine 3-Zimmer-Wohnung für 900 Euro an und so erfährt er, dass es sich bei seiner Miete um einen Wucherpreis handelt.
Herr Yilmaz kündigt seine Wohnung sofort und verlangt von Herrn Krause 6.000 Euro zurück. Dieser weigert sich jedoch, sodass Herr Yilmaz über einen Rechtsanwalt Klage einreicht.
In diesem Fall wird ein Zivilverfahren beim Amtsgericht Erding durchgeführt. Amtsgerichte sind bei Mietangelegenheiten und bei Streitwerten unterhalb der 5.000-Euro-Grenze zuständig.

Jedem **Zivilprozess** soll nach dem Willen des Gesetzgebers möglichst eine sogenannte **Güteverhandlung als Alternative** vorausgehen. Die Güteverhandlung wird von einem speziell in Mediation geschulten Richter durchgeführt.

Ein **Mediator** verfolgt das Ziel, die Kommunikation der streitenden Parteien zu unterstützen. Oft enden diese Mediationsverfahren mit einem **Vergleich**. Dies bedeutet, dass beide Parteien durch einen Kompromiss einen Prozess vermeiden konnten. Falls es aber zu keiner gütlichen Einigung kommen sollte, beginnt das **Verfahren beim zuständigen Zivilgericht**. Es erfolgt die Klageerhebung durch die Zustellung der eingereichten Klageschrift.

M4 Der Gang eines Zivilprozesses

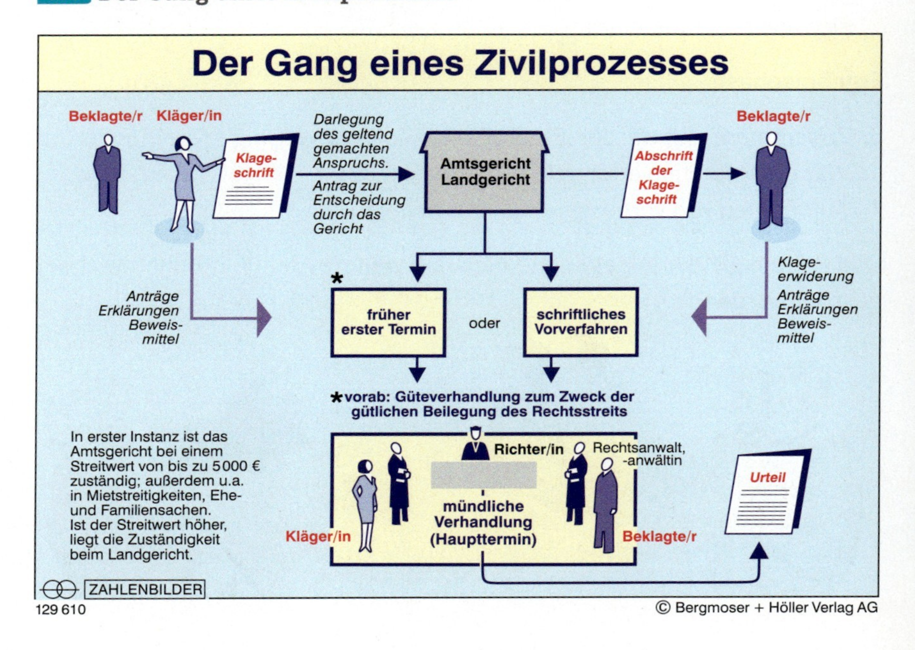

In zivilrechtlichen Angelegenheiten wird das **Gericht nicht von sich aus tätig**, sondern Antragsteller oder Antragsgegner beantragen jede Maßnahme. Die **Einhaltung von Fristen und Terminen** ist wichtig.

Beim **Verhandlungstermin** trägt die klagende Partei vor, wie sie ihre Ansprüche begründet. Die Gegenpartei legt ihre Rechtsauffassung dar. Beide können sich von einem Rechtsanwalt vertreten lassen. Jede Partei muss die behaupteten Tatsachen durch Sachverständige, Zeugen, Augenschein (mitgebrachte Beweismittel), Urkunden o. Ä. beweisen. Der Prozess endet mit einem **Urteil**, das dem Kläger seinen Anspruch voll, teilweise oder nicht zuerkennt. Außerdem wird über die Kosten und die vorläufige Vollstreckbarkeit entschieden. Dabei gilt: **Wer im Zivilprozess verliert, der zahlt**.

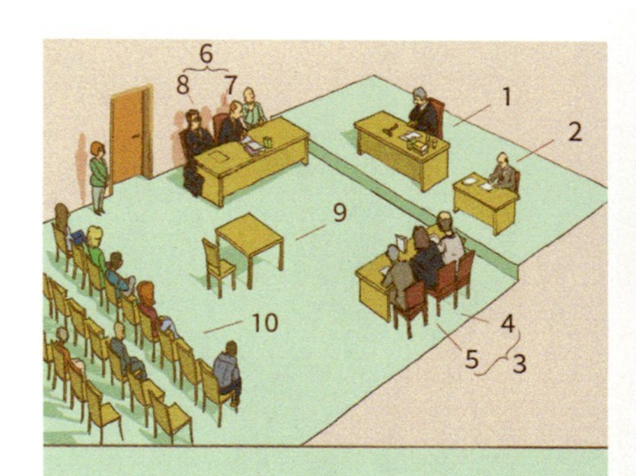

1. Richter
   Prozessleitung und Urteilsverkündung
2. Protokollführer
3. Partei Kläger
4. Klägeranwalt
   Beratung, Vertretung bei Gericht
5. Sachverständiger
6. Partei Beklagter
7. Beklagtenanwalt
   Beratung, Vertretung bei Gericht
8. Sachverständiger
9. Zeugen
10. Zuschauer

M5 Mögliches Endurteil zum Streitfall Mietwucher (siehe M3)

1. Der Beklagte wird verurteilt, an den Kläger 6.000 Euro nebst Zinsen in Höhe von 5 Prozentpunkten über dem jeweiligen Basiszinssatz seit dem 01.05.20xx zu zahlen.
2. Die Kosten des Rechtsstreits trägt der Beklagte.

Der Prozess kann auch durch eine **gütliche Einigung** (**Vergleich**) enden. Ebenso kann er beendet werden durch **Verzicht des Klägers** auf seinen Anspruch, **Klagerücknahme** oder **Anerkenntnis des Beklagten**.

Wenn Kläger oder Beklagter sich mit dem Urteil nicht abfinden wollen, gehen sie in die nächste Instanz, wo das Verfahren noch einmal aufgerollt wird. Man bezeichnet diesen Vorgang als **Berufung**.

Der Verlierer des Prozesses muss in Abhängigkeit vom Streitwert folgende **Prozesskosten** tragen: Gerichtsgebühr, Rechtsanwalt des Klägers und des Beklagten, Zeugengebühren, eventuelle Auslagen.

AUFGABEN

1. *Think-Pair-Share:* In M4 findest du den Hinweis „vorab: Güteverhandlung zum Zweck der gütlichen Beilegung des Rechtsstreits".
   a) Stelle heraus, was mit „vorab" gemeint ist.
   b) Grenze die Güteverhandlung vom Gerichtsprozess ab.
   c) Erläutere, wie ein Rechtsstreit bei einer gütlichen Einigung endet.
2. Gib an, welches Gericht zuständig ist, wenn durch einen Baumsturz ein Schaden von 4.500 Euro am Dach des Nachbarn A entstanden ist und Nachbar B sich weigert, den Schaden zu ersetzen. Nutze M3 oder M4.
3. Beurteile die Aussage „Wo kein Kläger, da kein Richter".
4. a) Schildere mögliche Beweisaufnahmen im Prozess M3/M5.
   b) Erkläre, auf welche Rechtsgrundlage sich der Richter beziehen könnte.
   c) Recherchiere Anwaltskosten und Gerichtsgebühren im Fall M3/M5.

Mountainbiken am Gardasee

Stefan, Henri und Basti, drei Berufsschulfreunde, haben etwas zu feiern: Ihre Ausbildung zum Sport- und Fitnesskaufmann haben sie mit Bravour beendet. Nun wollen sie sich mit einer gemeinsamen Biketour am Gardasee belohnen. Von Freunden haben sie von schwierigen und interessanten Trails gehört. Sportlich fit trauen sie sich diese anspruchsvollen Wege durchaus zu.

Mit großem Elan gehen sie an die Planung ihrer großen Tour (Teil I).

Aber nicht alles verläuft so ganz reibungslos (Teil II).

Bildet in der Klasse sechs Gruppen, bestimmt jeweils eine Gruppensprecherin bzw. einen Gruppensprecher und legt euch für die Lösung der Fälle das BGB bereit.

Teil I: Planung der Tour

Teil II: Verlauf der Tour

Gruppe 1

a) Für die Anfahrt ist gesorgt, denn Stefan hat von seinen Eltern deren alten Campingbus geschenkt bekommen.

b) Stefan kommt mit einem völlig verschmutzten und durch das Parken auf einem engen Campingplatz zerkratzten Bus zurück. Seine Eltern sind sehr verärgert und verbieten ihm, den Campingbus nochmals zu benutzen. Sie wollen ihn lieber Stefans Bruder schenken.

Gruppe 2

a) Da ein Reifen ein schlechtes Profil hat, kauft Stefan von einer Werkstatt, die so manches „unter der Hand“ macht, einen neuen Reifen ohne Rechnung. Stefan bezahlt den angeblich neuen Reifen.

b) Nachdem die Gruppe kaum 100 km gefahren ist, platzt der gekaufte Reifen. Die Jungs ziehen den Reservereifen auf und kaufen bei der nächsten Werkstatt einen schon ziemlich abgefahrenen Reifen für alle Fälle. Wütend lässt Stefan den kaputten Reifen in der Werkstatt zurück. Zu Hause möchte er sein Geld wiederbekommen.

Gruppe 3

a) Basti fürchtet, dass sie sich auf der Tour verfahren könnten. Daher besorgt er sich beim Aiblinger Outlet-Center einen Handyhalter für sein Mountainbike, um über eine Navigations-App den Weg nachverfolgen zu können.

b) Als Basti den Handyhalter an seinem Fahrrad befestigen will, um ihn vorab schon einmal auszuprobieren, stellt er fest, dass laut Montageanleitung eine Stellschraube fehlt. Er möchte vom Outlet-Center einen neuen Halter.

Gruppe 4

a) Um die Fahrräder mit dem Campingbus transportieren zu können, geht Stefan zum örtlichen Fahrradhändler „Radl-König“, der auch Fahrradheckträger vermietet. Er wählt einen Heckträger für 6 Euro pro Tag aus.

b) Stefan ist beim Ausparken an eine Mauer gefahren und hat den Fahrradheckträger am Campingbus verbogen. Man konnte zwar die Räder noch befestigen, aber beim Zurückgeben verlangte der Händler 50 Euro für die Reparatur des Heckträgers.

Gruppe 5

a) Henri fehlt noch Regenkleidung. Bei einem Onlinehändler kauft er eine als wind- und wasserdicht bezeichnete Sportjacke mit passender Regenhose.

b) Nach drei Tagen überrascht sie ein Gewitter. Henri zieht seine neue Regenkleidung über. Leider stellt er fest, dass er darunter völlig nass wird und auch sein gelber Pullover die rote Farbe der Jacke angenommen hat.

Gruppe 6

a) Die drei wollen noch unbedingt eine Action Cam für einen der Helme anschaffen. Henri fällt ein, dass sein Freund Julian eine solche besitzt, und er bittet Julian, ihm die Kamera für die Tour auszuleihen.

b) Als Henri in einer Pause seinen Helm mit der geliehenen Action Cam auf eine Brüstung legt, stößt er versehentlich daran und beides fällt den felsigen Abhang hinunter. Der Helm und die Kamera sind unbrauchbar geworden.

Gruppenaufträge Teil I:

1 Benennt mithilfe der Paragrafen rechts das jeweils abgeschlossene Rechtsgeschäft.

2 Erklärt die Eigentums- und Besitzverhältnisse nach Abschluss und Erfüllung des Rechtsgeschäftes.

3 Erläutert die aus dem Rechtsgeschäft entstehenden Rechte und Pflichten.

INFO

Für die Lösung der Aufgaben benötigt ihr folgende Paragrafen aus dem BGB:
§ 123
§ 134
§ 323
§ 433
§ 434
§ 437
§ 518
§ 530
§ 535
§ 598

Gruppenaufträge Teil II:

4 Beurteilt, ob bei dem Rechtsgeschäft alle Pflichten erfüllt wurden. Stellt dabei etwaige Pflichtverletzungen heraus.

5 Begründet, welchen Lösungsweg die drei für ihr jeweiliges Problem wahrscheinlich gefunden haben werden.

6 Schildert, welche Möglichkeiten die drei hätten, wenn sich die anderen Parteien nicht auf diese Lösung (Aufgabe 5) einlassen würden.

Teil III: Präsentation der Ergebnisse

Die Gruppensprecher/-innen präsentieren ihren Fall und Lösungsvorschlag.

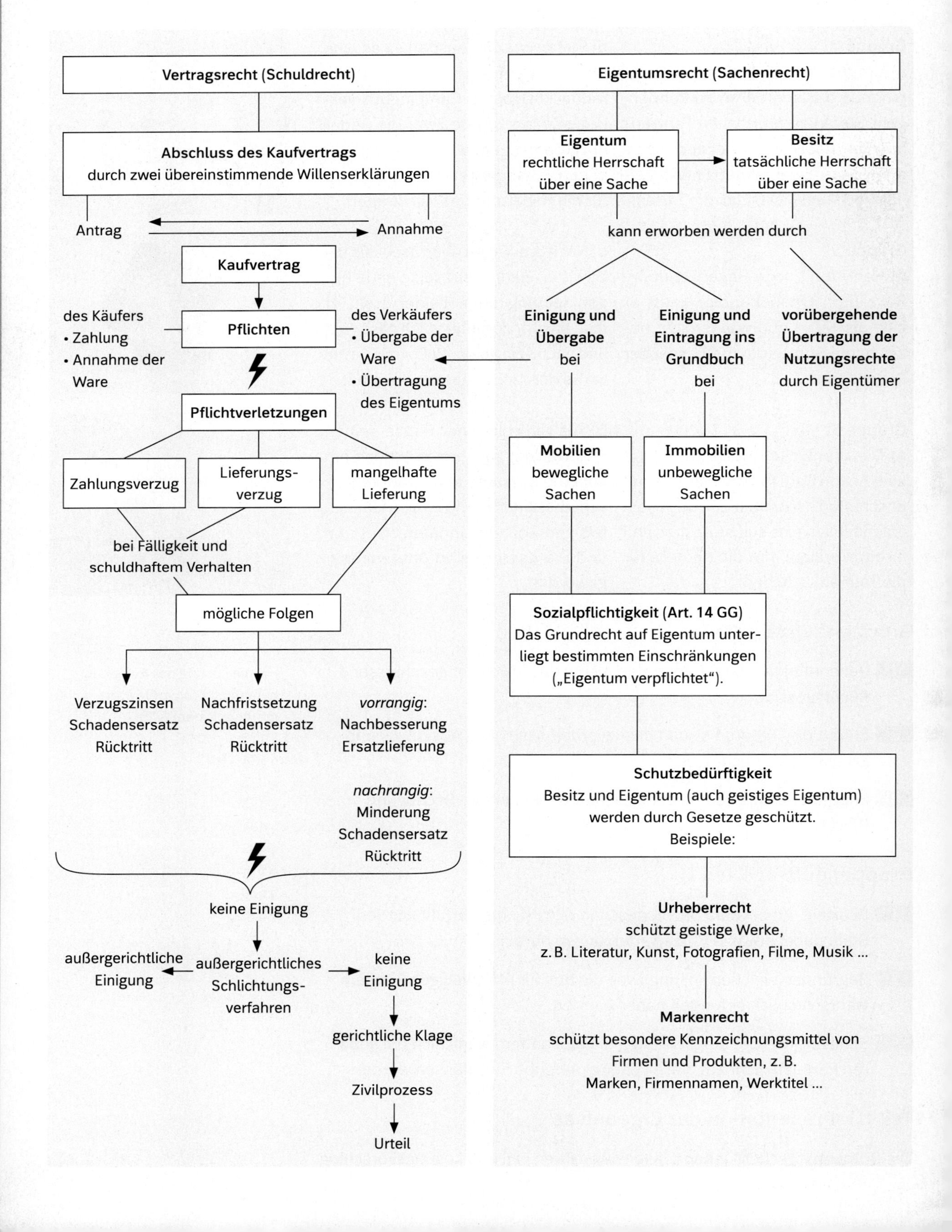

Vertragsrecht (Schuldrecht)
Abschluss des Kaufvertrags
durch zwei übereinstimmende Willenserklärungen
Antrag
Annahme
Kaufvertrag
des Käufers
• Zahlung
• Annahme der Ware
Pflichten
des Verkäufers
• Übergabe der Ware
• Übertragung des Eigentums
Pflichtverletzungen
Zahlungsverzug
Lieferungsverzug
mangelhafte Lieferung
bei Fälligkeit und schuldhaftem Verhalten
mögliche Folgen
Verzugszinsen
Schadensersatz
Rücktritt
Nachfristsetzung
Schadensersatz
Rücktritt
vorrangig:
Nachbesserung
Ersatzlieferung
nachrangig:
Minderung
Schadensersatz
Rücktritt
keine Einigung
außergerichtliche Einigung
außergerichtliches Schlichtungsverfahren
keine Einigung
gerichtliche Klage
Zivilprozess
Urteil
Eigentumsrecht (Sachenrecht)
Eigentum
rechtliche Herrschaft über eine Sache
Besitz
tatsächliche Herrschaft über eine Sache
kann erworben werden durch
Einigung und Übergabe bei
Einigung und Eintragung ins Grundbuch bei
vorübergehende Übertragung der Nutzungsrechte durch Eigentümer
Mobilien
bewegliche Sachen
Immobilien
unbewegliche Sachen
Sozialpflichtigkeit (Art. 14 GG)
Das Grundrecht auf Eigentum unterliegt bestimmten Einschränkungen („Eigentum verpflichtet“).
Schutzbedürftigkeit
Besitz und Eigentum (auch geistiges Eigentum) werden durch Gesetze geschützt.
Beispiele:
Urheberrecht
schützt geistige Werke,
z. B. Literatur, Kunst, Fotografien, Filme, Musik ...
Markenrecht
schützt besondere Kennzeichnungsmittel von Firmen und Produkten, z. B.
Marken, Firmennamen, Werktitel ...

V Berufliche Orientierung

In diesem Kapitel lernst du, ...

- die Bedeutung von Arbeit als Lebensgrundlage des Menschen zu analysieren.
- Besonderheiten und Entwicklungen auf dem Arbeitsmarkt zu beurteilen.
- Formen von Arbeitslosigkeit zu unterscheiden, die Folgen zu diskutieren und mögliche Gegenmaßnahmen zu bewerten.
- die Angebote der Bundesagentur für Arbeit für deine Berufswahl zu nutzen.
- für dich passende Aus- und Weiterbildungsmöglichkeiten auszuwählen.
- deine Interessen und Kompetenzen zu erkennen und Berufsziele zu formulieren.
- dich auf ein erfolgreiches Berufspraktikum vorzubereiten.

1 Arbeit als Lebensgrundlage des Menschen

1.1 Arbeit im wirtschaftlichen Sinne

INFO

Der **Begriff Arbeit** kommt vom mittelhochdeutschen arebeit und bedeutet Beschwernis, Leiden, Mühsal.

Arbeit kann verschiedene Bedeutungen haben. Sie kann eine Tätigkeit sein, mit der man gezielt etwas Bestimmtes erreichen möchte. Es kann sich aber auch um eine Tätigkeit handeln, mit der man seinen Lebensunterhalt erzielt. Oder aber Arbeit ist ein anderes Wort für einen Test in der Schule.

Du lernst den Begriff Arbeit auch in Physik (Mechanik) in der 9. Jahrgangsstufe kennen: Arbeit = übertragene Energie.

Sieh dir folgende Bilder an.

Alle Personen auf den Bildern arbeiten. Allerdings erzielen sie mit dem Einsatz ihrer geistigen und körperlichen Tätigkeit kein Einkommen. Sie gehen also keiner Arbeit im wirtschaftlichen Sinne nach.

Wir befassen uns hier aber nur mit dem **Arbeitsbegriff im wirtschaftlichen Sinne**. Darunter verstehen wir Arbeit, die bezahlt wird, für die man also ein **Einkommen bzw. Entgelt** erhält (Erwerbstätigkeit).

Arbeit im wirtschaftlichen Sinne zum Zweck des Gelderwerbs

sonstige Arbeit, z. B. Haus- oder Gartenarbeit, Schulaufgaben, ehrenamtliche Tätigkeit usw.

M1 Arbeit oder nicht?

Methode

Wochenübersicht: Wann arbeite ich?

Erstelle eine Wochenübersicht, in der du deine Tätigkeiten der kommenden Woche einträgst. Markiere farbig, was Arbeit im wirtschaftlichen Sinne (rot) und was sonstige Arbeit (blau) sowie was Freizeit (grün) ist. Folgende Übersicht kann dir als Muster dienen:

	Mo	Di	Mi	Do	Fr	Sa	So
14 Uhr	Haus-aufgabe		Haus-aufgabe		Haus-aufgabe		Oma
15 Uhr				Haus-aufgabe	Haus-aufgabe		Oma
16 Uhr	zu Jessie	Lernen Schul-aufgabe	Fußball-training	Zahn-arzt	Zeitung aus-tragen	Fußball-spiel	
17 Uhr	zu Jessie		Fußball-training	Zahn-arzt		Fußball-spiel	Haus-aufgabe
18 Uhr			Haus-aufgabe	Lernen SA	Kino		

AUFGABEN

1. *Think-Pair-Share:* Entscheide und begründe jeweils, welche Tätigkeiten in M1 Arbeit im wirtschaftlichen Sinne sind und welche nur ein Zeitvertreib. Diskutiert die Ergebnisse in der Klasse.
2. Stelle mithilfe der obigen *Methode* fest, welche Tätigkeiten du selbst im Alltag verrichtest. Handelt es sich dabei um Arbeit im wirtschaftlichen Sinne? Begründe deine Aussage im Zweiergespräch.

1.2 Arten der Arbeit

In unserem **arbeitsteilig organisierten Wirtschaftsleben** werden viele verschiedene Aufgaben und Tätigkeiten verrichtet, aus denen sich zahlreiche **unterschiedliche Berufe** gebildet haben.

Diese Berufe werden immer **spezialisierter** und allein an der Berufsbezeichnung ist nicht immer erkennbar, welche Tätigkeiten jemand ausübt. So kann z. B. ein Bäcker Brote und Semmeln in seiner eigenen Bäckerei herstellen oder aber in der Fabrik als Bäcker am Fließband stehen oder aber im Partyservice belegte Brötchen zubereiten. Allerdings wurden manche Berufsbezeichnungen genau angepasst und präzisiert, wie z. B. Kauffrau/-mann für Gesundheitswesen oder für Verkehrsservice oder für Büromanagement.

Man unterscheidet deshalb Arbeit nach unterschiedlichen Gesichtspunkten.

Beispiel für geistige Tätigkeiten: Richter

Unterscheidung nach der Art der beanspruchten Kräfte:

- **Geistige Tätigkeiten:**

Hierunter sind in erster Linie Denkaufgaben zu verstehen, wie z. B. die Erstellung von Präsentationen, Erarbeitung von Konzepten, Betreuung von Kunden, Erstellung von Angeboten. Typische Berufsgruppen sind Sekretäre, Lehrkräfte, Richter oder Rechtsanwälte.

- **Körperliche Tätigkeiten:**

Man denkt hier sicher zuerst an Handwerksberufe, wie Schreiner, Elektriker oder Maurer, die Kraft, Ausdauer und einen besonderen physischen Einsatz erfordern. Aufgrund der Technisierung und Digitalisierung haben diese Berufe aber auch zunehmend komplexere geistige Ansprüche.

Eine Einteilung in rein geistige oder körperliche Tätigkeiten ist heute kaum mehr möglich.

Beispiel für körperliche Tätigkeiten: Schreiner

Unterscheidung nach dem Umfang der Verantwortung:

- **Leitende (distributive) Tätigkeiten:**

Jemand, der in seinem Beruf Führungsaufgaben übernimmt und Weisungen an Mitarbeiter gibt, hat leitende Aufgaben. Ein Maurermeister, der in seinem eigenen Betrieb Gesellen beschäftigt, muss vielleicht selbst weniger körperlich arbeiten, jedoch trägt er die Verantwortung für die Entscheidungen, die er fällt.

- **Ausführende (exekutive) Tätigkeiten:**

Diese Arbeitnehmer führen ihre Tätigkeit in der Regel nach Anweisungen aus. Ihr eigener Verantwortungsbereich ist dadurch sehr eingeschränkt.

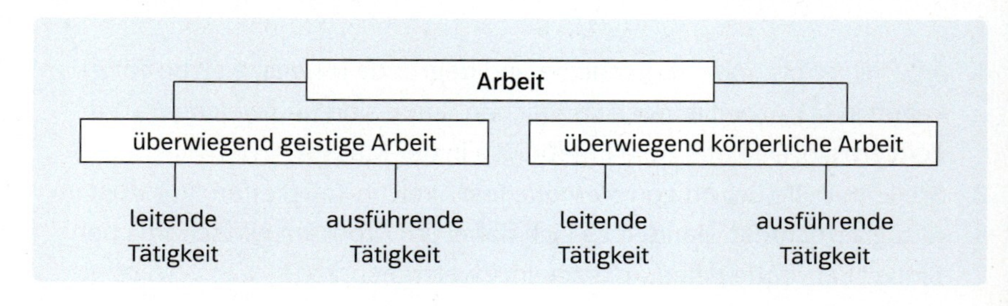

M1 Welche Art von Arbeit ist das?

M2 Ausbildungsberufe in Deutschland

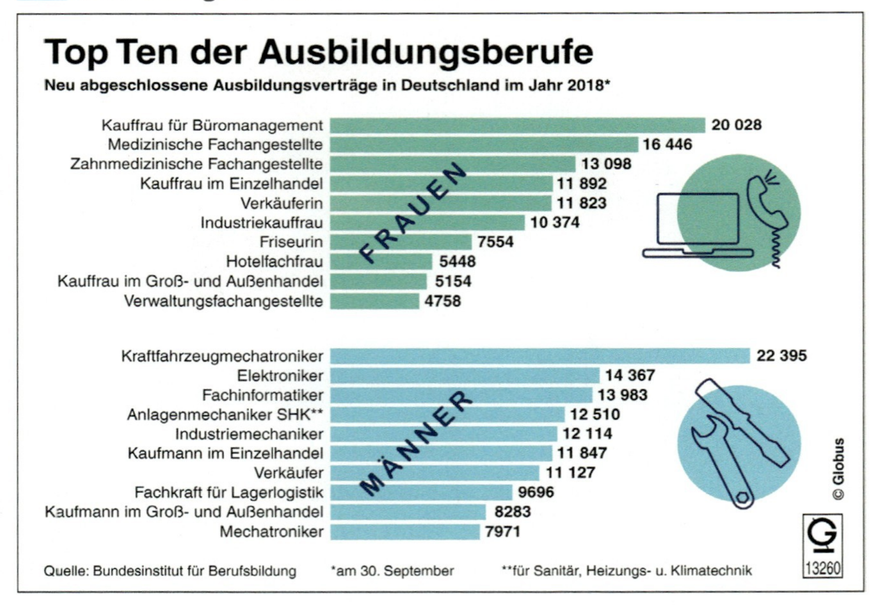

AUFGABEN

1. Ordne die Bilder in M1 den Arten der Arbeit auf S. 174 zu.
2. Schätze ein, warum es so viele ähnliche Berufsbezeichnungen gibt (M2).
3. Recherchiere im Internet (*Methode* auf S. 43) und erstelle ein Tätigkeitsprofil zum Beruf des Architekten und zum Beruf Fachinformatiker/in – Systemintegration.
4. Recherchiere (*Methode* auf S. 43), welche Spezialisierungen es im Bereich des Elektronikers gibt. Begründe, warum das wohl so ist.
5. Recherchiere im Internet (*Methode* auf S. 43), wie viele Berufe es derzeit im Handwerk gibt.

1.3 Motive zur Arbeit

Die Erwerbstätigkeit nimmt im Leben eines jeden Menschen einen zentralen Platz ein. Sie dient nicht nur zur Sicherung des Lebensunterhalts, sondern bedeutet für die meisten noch mehr, denn die Menschen haben die unterschiedlichsten **Motive**, um zu arbeiten. (Beachte dazu die Pyramide in M1.)

Obwohl die meisten Menschen die Notwendigkeit einer fast lebenslangen Arbeit und Berufstätigkeit akzeptieren, ist die **Einstellung zu ihrer Tätigkeit** sehr unterschiedlich.

INFO

Erinnere dich an die **Bedürfnispyramide nach Abraham Maslow**, die du in Kapitel I.1.1 behandelt hast (S. 11, M2).

M1 Bedeutung der Arbeit

Ich arbeite, weil ich mich weiterentwickeln möchte.

Bedürfnis nach Selbstverwirklichung

Ich arbeite, weil ich meine Ideen weitergeben möchte.

Bedürfnis nach Kreativität

Ich arbeite, weil ich die Anerkennung brauche und gerne mit Kollegen zusammen bin.

soziale Bedürfnisse

Ich arbeite, weil ich für mein Alter vorsorgen möchte.

Bedürfnis nach Sicherheit und Unabhängigkeit

Ich arbeite, um den Lebensunterhalt meiner Familie zu verdienen.

physiologische Bedürfnisse

Wir wissen, dass die Arbeitsleistung eines Menschen nicht nur von seiner **Leistungsfähigkeit**, wie z. B. seiner Begabung, sondern auch von seinem **Leistungswillen** abhängt. Hochmotivierte Menschen leisten gute und wertvolle Arbeit. Fast immer erhalten sie dadurch **Anerkennung**, die sie wiederum mit Zufriedenheit erfüllt. Je niedriger andererseits die Motivation zur Arbeit und je mehr sie nur als notwendiges Übel gesehen wird, um den Lebensunterhalt zu finanzieren, umso geringer werden der Arbeitserfolg und die erbrachte Leistung sein. Umgekehrt kann aber auch eine Tätigkeit selbst unbefriedigend und wenig motivierend sein. Viele empfinden Fließbandarbeit oder Arbeiten im Schichtbetrieb als belastend und wenig erfüllend.

Work-Life-Balance?

Ein weiteres Phänomen spielt in der Arbeitswelt von heute eine wichtige Rolle: **„Work-Life-Balance"**. „Work" steht für die Erwerbstätigkeit und „Life" für das Privatleben und die Freizeit mit Familie und Freunden. Viele Arbeitnehmer legen großen Wert darauf, dass beides ausgewogen ist (siehe M3).

M2 Aspekte der Arbeit

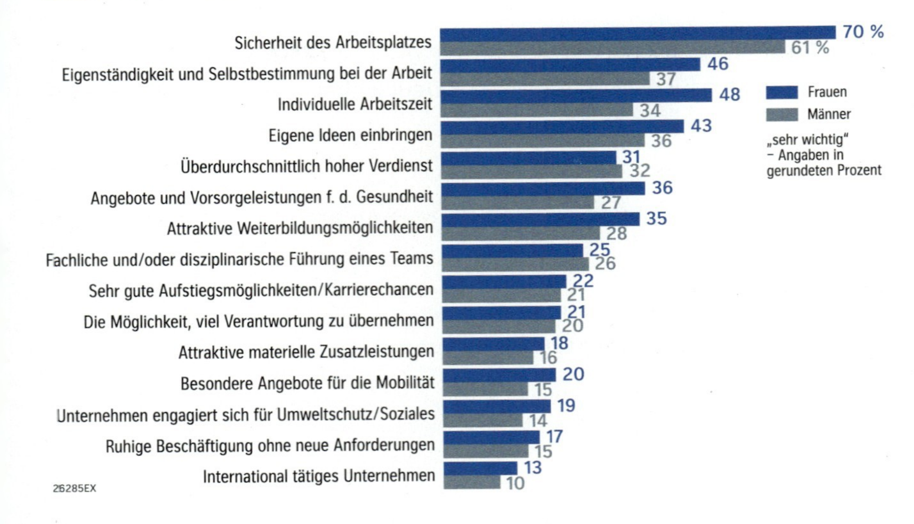

Aus: Bedeutung der Arbeit. Ein Kooperationsprojekt von GfK Verein und Bertelsmann Stiftung, www.bertelsmann-stiftung.de/fileadmin/files/user_upload/Bedeutung_der_Arbeit_final_151002_korr.pdf, 2015 (Zugriff: 30.1.2019), S. 14

M3 Work-Life-Balance

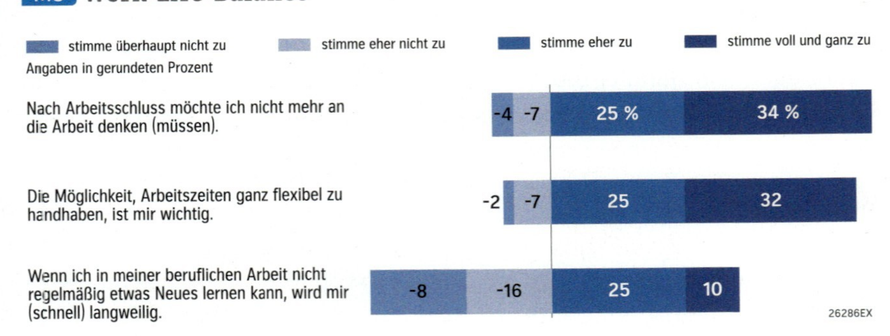

Aus: Bedeutung der Arbeit (siehe M2), S. 15 (Ausschnitt)

AUFGABEN

1. Beschreibe M1 und schätze ein, welche Motivation zur Arbeit bei folgenden Personen überwiegen wird:
   a) Der junge Familienvater Bernd K. arbeitet bei einem Autohersteller am Fließband.
   b) Leila W. ist Grundschullehrerin.
   c) Ines Z. arbeitet in einer Werbeagentur als Fotografin.
2. M2 zeigt, welche Aspekte den Arbeitnehmern wichtig sind. Lege für dich selbst die drei wichtigsten Beweggründe für Arbeit fest und begründe deine Auswahl.
3. Beantworte für dich folgende Frage: Arbeitest du, um zu leben, oder lebst du, um zu arbeiten?
4. Nenne Beispiele für ein mögliches Engagement der Unternehmen für den Umweltschutz und für Soziales (M2).
5. Begründe, warum Weiterbildungsmöglichkeiten für viele Arbeitnehmer eine große Rolle spielen (M2).
6. Widersprechen sich die drei Aussagen in M3 nicht? Diskutiert eure Meinung in der Klasse.

1.4 Rechtliche Grundlagen der Arbeit

Hoheitszeichen der Bundesrepublik Deutschland

Grundgesetz

Im **Grundgesetz** für die Bundesrepublik Deutschland ist die **freie Berufswahl** als Grundrecht gewürdigt.

> **Grundgesetz der Bundesrepublik Deutschland**
>
> **Art. 12**
>
> Die Deutschen haben das Recht, Beruf, Arbeitsplatz und Ausbildungsstätte frei zu wählen. Die Berufsausübung kann durch Gesetz oder aufgrund eines Gesetzes geregelt werden.

Jeder deutsche Staatsbürger darf sich seinen Beruf, den er ausüben möchte, frei wählen. Allerdings kann es sein, dass es gesetzliche Regeln bei der Ausübung des Berufs gibt.

Ein Arzt z. B., der eine Praxis eröffnen möchte, muss seine Niederlassung beantragen. Ein Händler muss das Ladenschutzgesetz beachten, genauso wie ein Metzger das Tierschutzgesetz. Bankkaufleute und Lehrkräfte beispielsweise haben eine besondere Verschwiegenheitspflicht.

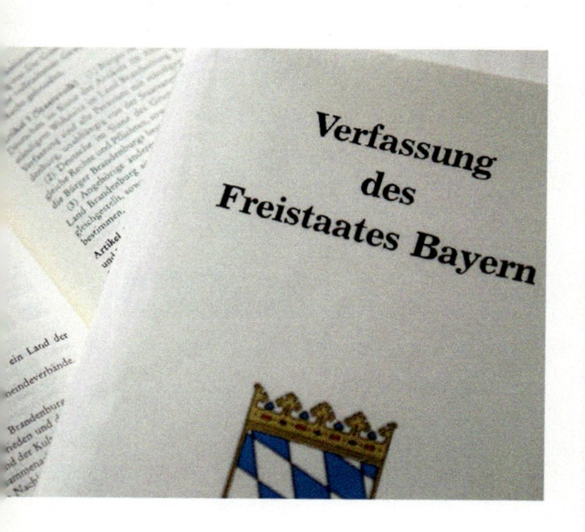

Bayerische Verfassung

Die **Bayerische Verfassung** behandelt die Arbeit in zwölf Artikeln (Art. 166 – 177) und hat sie unter den menschlichen Grundrechten als **schutzwürdig** herausgestellt.

> **Verfassung des Freistaates Bayern**
>
> **Art. 166**
>
> (1) Die Arbeit ist die Quelle des Volkswohlstandes und steht unter dem besonderen Schutz des Staates.
>
> (2) Jedermann hat das Recht, sich durch Arbeit eine auskömmliche Existenz zu schaffen.
>
> (3) Er hat das Recht und die Pflicht, eine seinen Anlagen und seiner Ausbildung entsprechende Arbeit im Dienste der Allgemeinheit nach näherer Bestimmung der Gesetze zu wählen.
>
> **Art. 167**
>
> (1) Die menschliche Arbeit ist als wertvollstes wirtschaftliches Gut eines Volkes gegen Ausbeutung, Betriebsgefahren und sonstige gesundheitliche Schädigungen geschützt.

Der Gesetzgeber hat durch die Verfassung den Auftrag, besondere Schutzbestimmungen zu erlassen, z. B. Arbeitszeitregelungen, Kündigungsschutz, Unfallschutz, Lärmschutz.

Allgemeine Erklärung der Menschenrechte

Auch in der **Allgemeinen Erklärung der Menschenrechte** durch die Vereinten Nationen findet die Arbeit besondere Würdigung.

Allgemeine Erklärung der Menschenrechte

Art. 23

(1) Jeder Mensch hat das Recht auf Arbeit, auf freie Berufswahl, auf angemessene befriedigende Arbeitsbedingungen sowie auf Schutz gegen Arbeitslosigkeit.

M1 Recht auf Arbeit?

a) Samuel, der rot-grün-blind ist, möchte unbedingt Elektriker werden. Hat er ein Anrecht darauf?

b) Anna-Tara möchte gerne im Betrieb am Ort eine Ausbildung zur Lacklaborantin machen. Allerdings hat der Betrieb derzeit keinen Bedarf. Hat sie ein Anrecht auf einen Ausbildungsplatz dort?

c) Herr Kuhn ist arbeitslos geworden. Hat er ein Recht darauf, einen neuen Arbeitsplatz zu bekommen?

AUFGABEN

1. *Placemat:* Begründe, weshalb das Thema Arbeit wohl in diesen wesentlichen Gesetzestexten verankert ist.
2. Erläutere, was unter dem Art. 166 Abs. 1 Bayerische Verfassung zu verstehen ist.
3. Löse die Fälle in M1 mithilfe der Gesetzestexte.
4. Recherchiere, was die Vereinten Nationen sind, die die Allgemeine Erklärung der Menschenrechte verfasst haben.

2 Der Arbeitsmarkt

2.1 Allgemeine Grundlagen

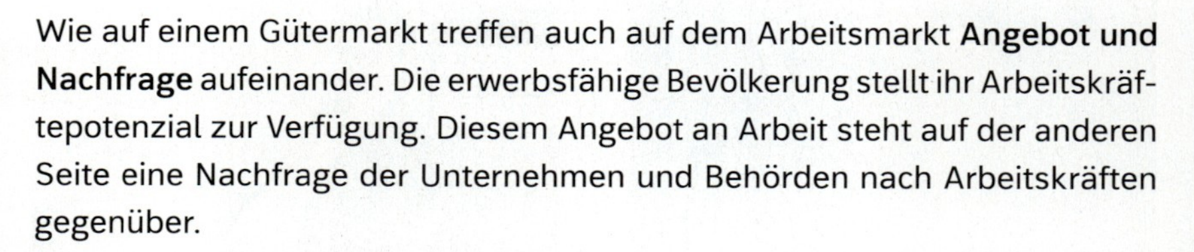

Wie auf einem Gütermarkt treffen auch auf dem Arbeitsmarkt **Angebot und Nachfrage** aufeinander. Die erwerbsfähige Bevölkerung stellt ihr Arbeitskräftepotenzial zur Verfügung. Diesem Angebot an Arbeit steht auf der anderen Seite eine Nachfrage der Unternehmen und Behörden nach Arbeitskräften gegenüber.

Die **gesamte Arbeitsnachfrage** bzw. das **gesamte Arbeitsangebot (Arbeitsvolumen)** kann man messen: Dazu muss die durchschnittliche Arbeitszeit eines jeden Erwerbstätigen berücksichtigt werden. Ändert sich also die Zahl der Erwerbsfähigen oder die Arbeitszeit, dann beeinflusst dies das Arbeitsvolumen.

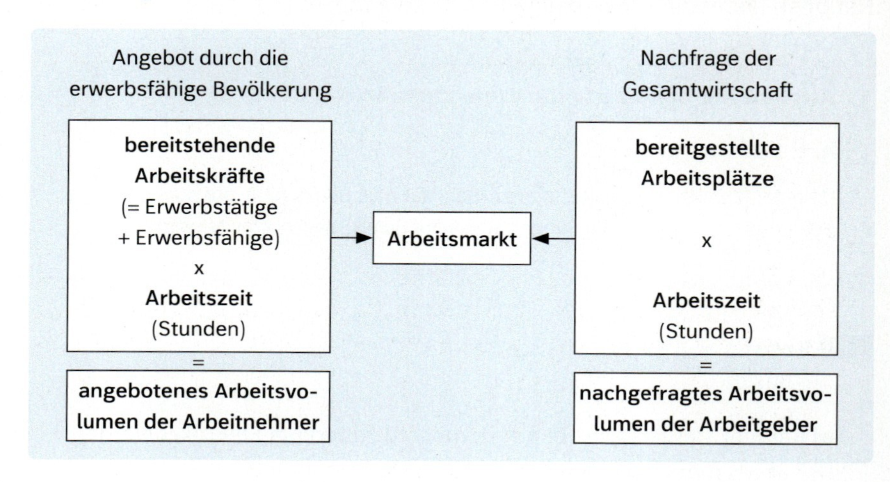

INFO

Mit der Bedeutung der Arbeit hast du im vorigen Kapitel bereits gelernt, dass Menschen **unterschiedliche Beweggründe zur Arbeit** haben.

Der Arbeitsmarkt – kein Markt im herkömmlichen Sinn

Obwohl es sich streng genommen um einen Markt handelt, so ist der Arbeitsmarkt doch ein besonderer. Die **Arbeitskräfte** sind nämlich **keine Ware**, kein Produkt, das produziert wird, um möglichst teuer verkauft zu werden.

Vielmehr sind sie **Individuen**, die unter menschenwürdigen Bedingungen arbeiten (Art. 1 GG) und ein angemessenes Entgelt für ihre Leistung erhalten möchten. Denn damit können sie ihre Ziele umsetzen, für die sie arbeiten. Zudem gibt es in Deutschland ein **soziales System**, das mit der Arbeitskraft und dem damit erwirtschafteten Vermögen finanziert wird und das die Arbeitnehmer gegen Krankheit, Arbeitsunfälle und Arbeitslosigkeit absichert.

AUFGABEN

1. Bestimme, wer auf dem Arbeitsmarkt die Nachfrage und wer das Angebot bildet.
2. *Kugellager:* Begründe, inwiefern der Arbeitsmarkt kein Markt im herkömmlichen Sinn ist.

2.2 Entwicklungen auf dem Arbeitsmarkt

Demografischer Wandel

Die Bevölkerungszahl in Deutschland schrumpft. Die Altersstruktur wird sich weiter erheblich ändern. Es gibt immer mehr ältere Menschen. Auch eine verstärkte Zuwanderung wird dieses Defizit kaum schließen können. Zudem gehen mehr Kinder auf weiterführende Schulen und beginnen daher, später zu arbeiten. Die Zahl der Erwerbsfähigen wird also insgesamt weniger.

INFO

Personen, die dem Arbeitsmarkt nicht zur Verfügung stehen, wie Schülerinnen und Schüler, Hausfrauen und -männer oder Rentnerinnen und Rentner, werden als **Nichterwerbspersonen** bezeichnet.

M1 Demografischer Wandel

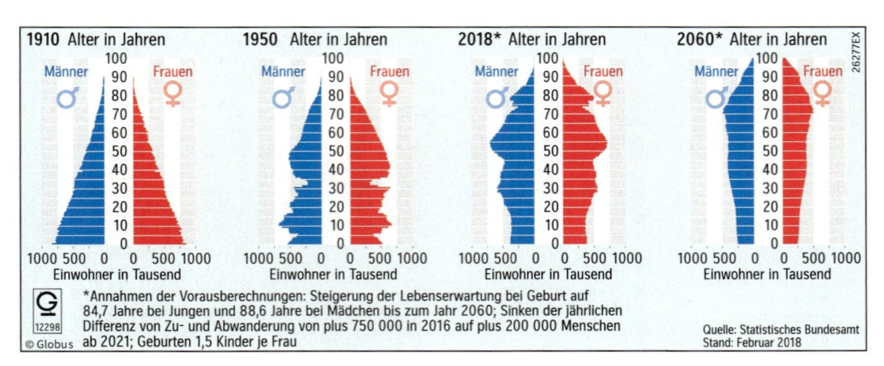

WEBCODE

WES-116645-521
Film: Einfach erklärt: Demografischer Wandel

WES-116645-522
Film: Einfach erklärt: Strukturwandel

Wandel in der Arbeitswelt

Im Jahr 1950 waren noch 25 Prozent der Erwerbstätigen in der Landwirtschaft tätig. Heute sind es unter 1 Prozent (siehe auch Kapitel I.2.1, S. 16/17). Es gibt also eine enorme **Verschiebung der Erwerbstätigen in den Wirtschaftssektoren**. Besonders die Dienstleister, und hier die IT- und die Gesundheitsbranche, werden in den kommenden Jahren weiter zunehmen.

INFO

In der Volkwirtschaft werden klassischerweise drei Produktionsbereiche, die sogenannten **Wirtschaftssektoren**, unterschieden:

- **primärer Sektor:** sogenannte Urproduktion, z. B. Land- und Forstwirtschaft, Bergbau, Viehzucht, Jagd, Fischfang,
- **sekundärer Sektor:** Industrie und Gewerbe,
- **tertiärer Sektor:** Dienstleistungen und Verwaltung.

Heute wird in Bezug auf Dienstleistungen z. T. noch der **quartäre Sektor** unterschieden, in den alle Berufe fallen, die sich mit der Sammlung und Verarbeitung von Informationen befassen, z. B. Rechts- oder Wirtschaftsberater.

M2 Verschiebungen auf dem Arbeitsmarkt

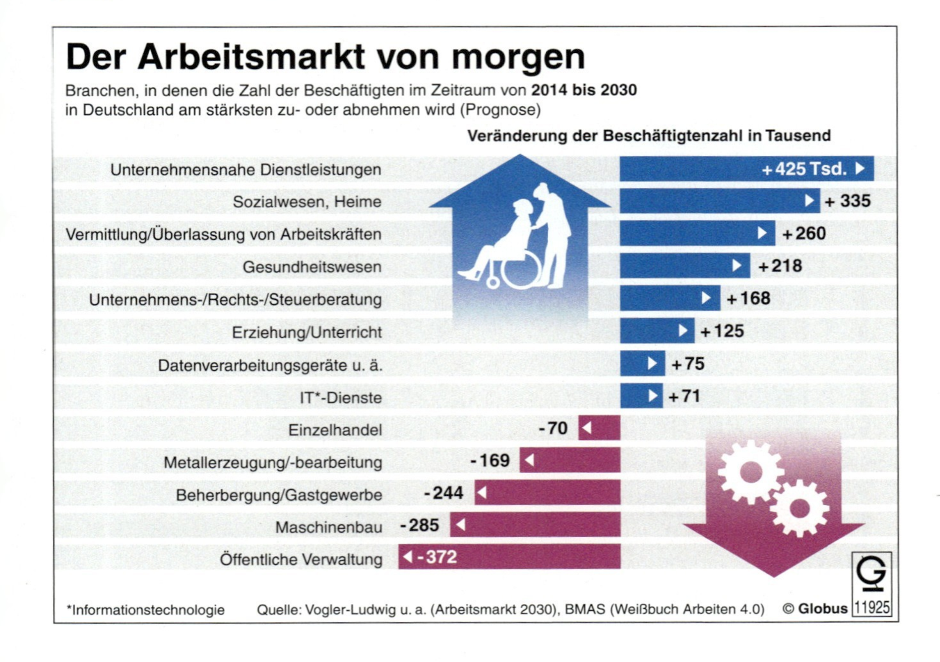

WEBCODE

WES-116645-523
Film: Einfach erklärt:
Digitalisierung der Arbeitswelt

Industrie 4.0

Diese Entwicklungen gehen noch weiter. Die **Digitalisierung** hat die Produktionsprozesse grundlegend verändert und völlig neue Berufsfelder geschaffen. Mit der **Industrie 4.0** ist es Computern in Netzwerken möglich, miteinander zu agieren und selbstständig zu handeln („Internet der Dinge"). **Künstliche Intelligenz** (Ki) bedeutet, dass IT-Systeme selbstständig lernen. Algorithmen sind die Grundlage und erlauben Unternehmen eine passgenaue Planung.

M3 Industrie 4.0

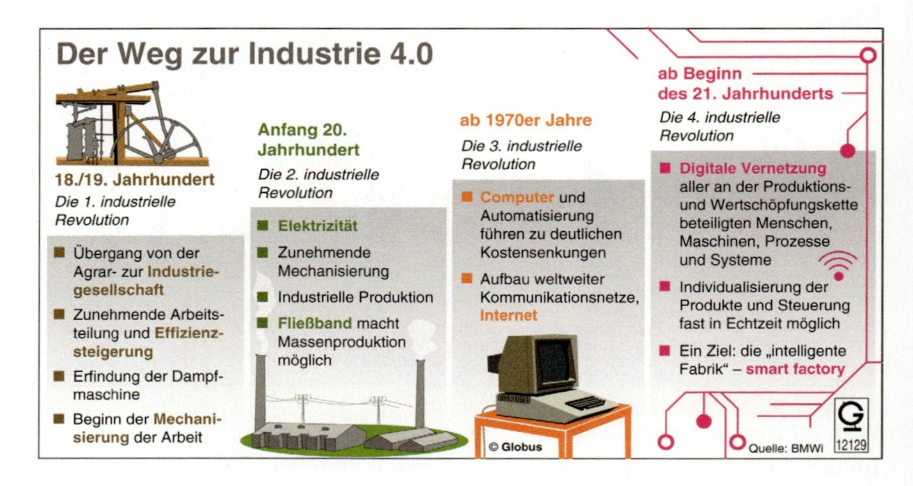

Veränderungen in der Familienstruktur

Anders als noch vor einigen Jahrzehnten hat sich die **typische Rollenverteilung** von früher **gewandelt**. Die Frau blieb damals meistens bei den Kindern zu Hause und nur der Mann ging arbeiten. Heute nehmen sich viele Männer eine Auszeit vom Beruf (Elternzeit) für die Familie oder tauschen die Rollen und bleiben statt der Frau bei den Kindern zu Hause.

M4 Familie und Beruf

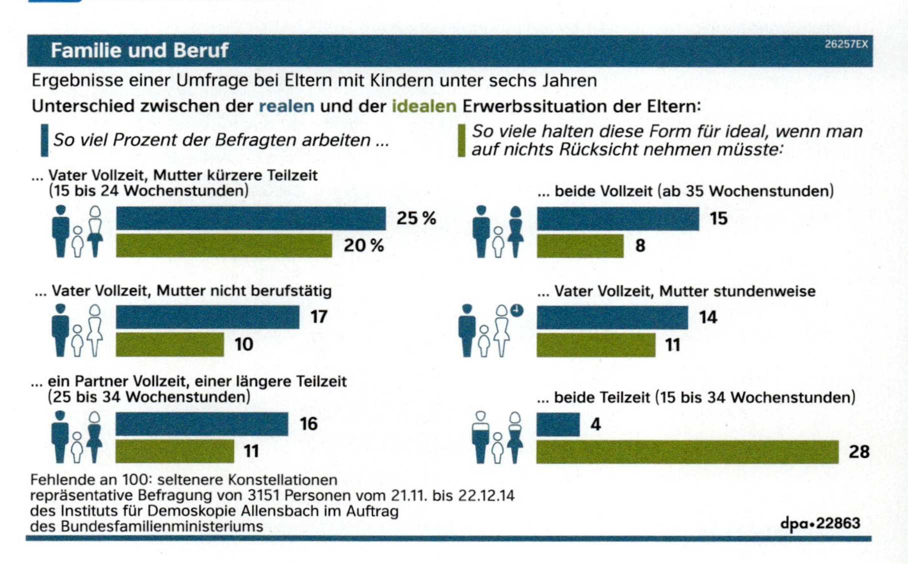

Neue Arbeitsformen
Zudem halten neue Arbeitsformen in Unternehmen Einzug:

- **Job-Sharing:** Zwei oder mehr Arbeitnehmer teilen sich mindestens eine Vollzeitstelle. Dieses System ähnelt der Teilzeitarbeit, allerdings stimmen sich die Mitarbeiter sehr stark untereinander ab. Der Arbeitsplatz ist so belegt, dass zu den Geschäftszeiten immer einer der Mitarbeiter anwesend ist, auch im Krankheitsfall.
- **Desk-Sharing:** Es gibt keine festen Arbeitsplätze mehr im Büro. Jeder kann sich täglich beliebig einen Platz wählen, denn nicht jeder arbeitet zur gleichen Zeit. Man braucht also weniger Arbeitsplätze.
- **Homeoffice:** Manche Arbeitgeber ermöglichen es den Arbeitnehmern, von zu Hause aus zu arbeiten. Damit lassen sich insbesondere Familienplanung und Arbeit leichter vereinbaren. Allerdings birgt dies auch Nachteile, z. B. eine weniger klare Trennung von Arbeit und Freizeit.
- **Bring your own device** (BYOD): Jeder kann sich mit seinem privaten Endgerät in die IT-Firmenstruktur einloggen und gemeinsame Datenbereiche nutzen. Das spart enorme Anschaffungs- und Wartungskosten.
- **Crowdsourcing:** Arbeitsaufträge werden z. B. über das Internet an die Öffentlichkeit („Crowd“ = Masse) gegeben, die dann freiwillig ihre Ideen und Vorschläge einbringt.

Job-Sharing

Homeoffice

Durch die Möglichkeiten, die **digitale Medien** bieten, könnten Arbeitnehmer grundsätzlich immer und überall arbeiten. Einzig der Bereich der Produktion und Fertigung ist noch an das Unternehmen gebunden. Vor allem **Start-up-Unternehmen** (siehe die Grafik auf S. 184) profitieren von immer neuen Formen der Umsetzung ihrer Geschäftsideen, die innovativ, neuartig und gewinnversprechend sind. Grundvoraussetzung für ein Funktionieren moderner Arbeitsformen ist ein gewisses Vertrauen und die Schaffung von Freiräumen.

Sabbatical

Besondere Beschäftigungsformen
- **Teilzeitbeschäftigung:** Als teilzeitbeschäftigt gelten Arbeitnehmer, deren regelmäßige Wochenarbeitszeit geringer ist als die im Betrieb übliche Arbeitszeit für Vollzeitkräfte (z. B. 22 statt 38,5 Stunden).
- **Geringfügige Beschäftigung**, sogenannte **Minijobs**: Nicht die Zeit ist hier begrenzt, sondern das Einkommen. Allerdings müssen die in einer Branche geltenden Mindestlöhne eingehalten werden.
- **Befristete Beschäftigung:** Arbeitnehmer werden für eine bestimmte Dauer, z. B. ein Jahr, eingestellt.
- **Leiharbeit, Zeitarbeit:** Eine Leiharbeiterfirma beschäftigt Arbeitnehmer und verteilt sie auf dem Arbeitsmarkt je nach Bedarf.
- **Sabbatical:** Arbeitnehmer sammeln Zeit auf einem Arbeitszeitkonto an und können dann für eine gewisse Zeit in Urlaub gehen, meistens ein Jahr. Sie bleiben Beschäftigte des Unternehmens.

Diese Beschäftigungsformen nehmen auf dem Arbeitsmarkt zu, da sie für den Arbeitgeber eine enorme Flexibilität in einer schnelllebigen Zeit bedeuten.

WEBCODE
WES-116645-524
Film: Einfach erklärt: Arbeitsverhältnisse

Infografiken auswerten

Eine Infografik ist eine bildliche Zusammenfassung von Daten und Inhalten, um diese übersichtlich darzustellen. Es können dabei sehr viele Informationen verarbeitet werden, ohne dass es chaotisch oder unklar wirkt.

Vorgehensweise bei der Auswertung

1. **Stelle dir folgende grundlegenden Fragen zu der Infografik:**
- Was ist das Thema? Wie lautet der Titel?
- Was wird genau dargestellt (z. B. Zeitraum, Prozentwerte/absolute Zahlen, bestimmte Bevölkerungsgruppen)? In welcher grafischen Form?
- Wann und wo ist die Grafik erschienen? Wer ist Herausgeber (derjenige, der die Daten verarbeitet hat)? Aus welcher Quelle stammen die Daten? Ist sie zuverlässig? Recherchiere ggf. dazu im Internet.

2. **Finde heraus, welche Daten für deine Fragestellung wichtig sind:**
- Ist eine zeitliche Entwicklung/Veränderung zu erkennen?
- Werden verschiedene Inhalte miteinander verglichen?
- Gibt es auffällige Höchst- oder Tiefstwerte?

3. **Werte die Daten aus:**
- Welche Schlussfolgerung kann man ziehen?
- Gibt es Regelmäßigkeiten oder Zusammenhänge?

Beispiel zur Auswertung von Infografiken

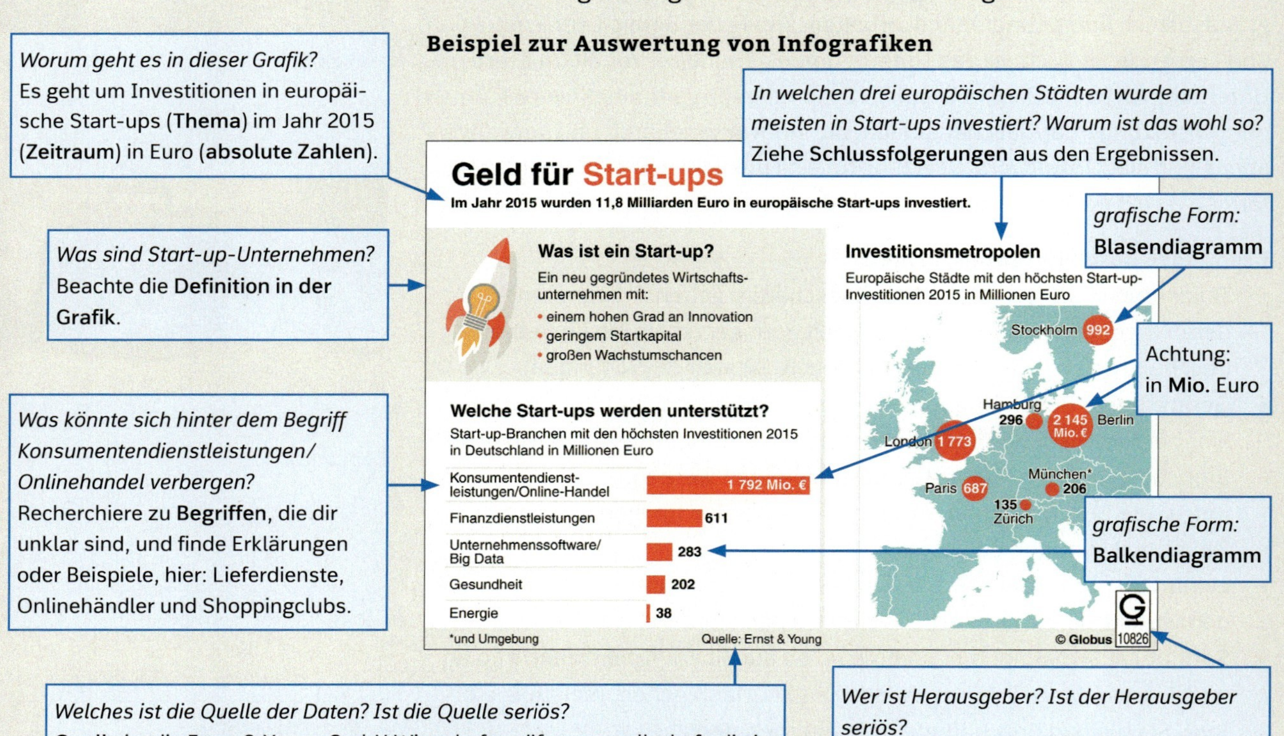

Worum geht es in dieser Grafik?
Es geht um Investitionen in europäische Start-ups (**Thema**) im Jahr 2015 (**Zeitraum**) in Euro (**absolute Zahlen**).

Was sind Start-up-Unternehmen?
Beachte die **Definition in der Grafik**.

Was könnte sich hinter dem Begriff Konsumentendienstleistungen/Onlinehandel verbergen?
Recherchiere zu **Begriffen**, die dir unklar sind, und finde Erklärungen oder Beispiele, hier: Lieferdienste, Onlinehändler und Shoppingclubs.

In welchen drei europäischen Städten wurde am meisten in Start-ups investiert? Warum ist das wohl so?
Ziehe **Schlussfolgerungen** aus den Ergebnissen.

grafische Form:
Blasendiagramm

Achtung:
in **Mio.** Euro

grafische Form:
Balkendiagramm

Welches ist die Quelle der Daten? Ist die Quelle seriös?
Quelle ist die Ernst & Young GmbH Wirtschaftsprüfungsgesellschaft, die in den Bereichen Wirtschaftsprüfung, Steuerberatung, Transaktionsberatung und Managementberatung tätig ist.

Wer ist Herausgeber? Ist der Herausgeber seriös?
Globus-Grafiken werden von der Deutschen Pressagentur (dpa) **herausgegeben** und können als seriös gelten.

M5 **Leiharbeit in Deutschland**

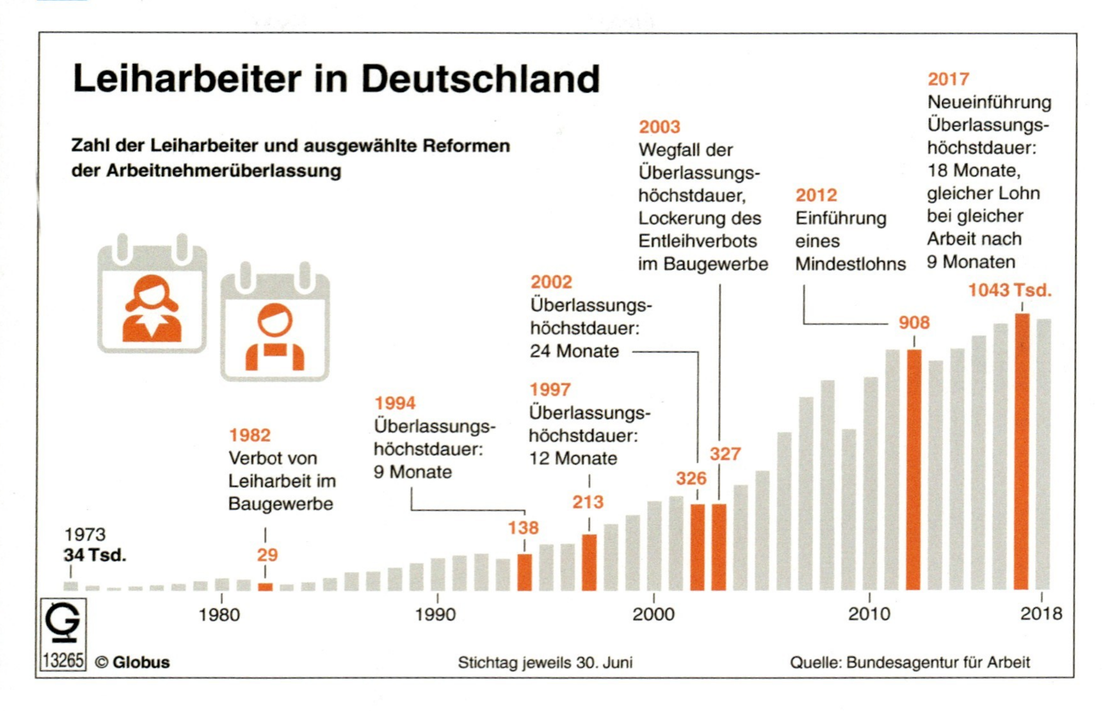

AUFGABEN

1. Betrachte die Grafik M1 (S. 181) und erkläre,
   a) warum es in dem Baum von 1950 einen Knick gibt.
   b) warum der Baum von 2060 so anders als der von 1910 aussieht.
2. Begründe, in welchen Branchen von M2 (S. 181) es die nächsten Jahre die stärksten Verschiebungen geben wird.
3. Stelle mithilfe von M3 (S. 182) heraus,
   a) welches die vier Stufen der industriellen Revolution sind.
   b) was das Besondere an Industrie 4.0 ist.
4. Begründe, welches Modell aus M4 (S. 182) du selbst bevorzugen würdest.
5. Diskutiert, welche Vor- und Nachteile Homeoffice mit sich bringen kann.
6. Begründe, welche der unterschiedlichen Arbeitsformen (S. 183) für dich persönlich vorstellbar wäre.
7. Analysiere M5 mithilfe der *Methode* Infografiken auswerten auf S. 184. Beziehe dabei die folgenden Aspekte ein:
   a) Formuliere, wie sich die Zahl der Leiharbeiter verändert hat, und nenne Gründe für diese Veränderungen.
   b) Beschreibe die Auswirkungen der gesetzlichen Regelungen zu Ausleihverboten (1982) und der Einführung des Mindestlohns (2012) und bewerte diese Entwicklungen.
8. Berechne, um wie viel Prozent die Anzahl der Leiharbeitsverträge 2017 im Vergleich zum Jahr 2002 angestiegen ist (M5).
9. Reflektiere die Auswirkungen von Leiharbeit (M5) auf
   a) die Betroffenen, b) andere Arbeitnehmer, c) Unternehmen.

3 Arbeitslosigkeit

3.1 Situationen auf dem Arbeitsmarkt

Zeichnung: Gerhard Mester

Unterbeschäftigung (Arbeitslosigkeit)

Von Arbeitslosigkeit spricht man, wenn die **Zahl der offenen Stellen** wesentlich geringer ist als die **Zahl der Arbeitsuchenden.**

Arbeitslose sind Personen, die nicht in einem Beschäftigungsverhältnis mit mindestens 15 Wochenstunden stehen und nach Arbeit suchen. Zudem müssen diese Personen bei der Agentur für Arbeit arbeitsuchend gemeldet sein. Schüler, Studenten oder Rentner gelten demnach nicht als Arbeitslose.

$$\textbf{Arbeitslosenquote}\ (\%) = \frac{\text{gemeldete Arbeitslose} \cdot 100}{\text{Erwerbspersonen (Erwerbstätige + Arbeitslose)}}$$

Vollbeschäftigung

Die Zahl der Arbeitsuchenden entspricht in etwa der Zahl der offenen Stellen, d. h., alle arbeitswilligen Arbeitnehmer können einen zumutbaren Arbeitsplatz finden. Der Beschäftigungsgrad ist also sehr hoch. Weil es immer Personen gibt, die gerade auf der Suche nach einem Arbeitsplatz sind, gilt bereits eine Arbeitslosigkeit von zwei Prozent als Vollbeschäftigung.

Überbeschäftigung

Die Zahl der Arbeitsuchenden ist geringer als die Zahl der offenen Stellen. In den 1950/60er-Jahren lag die Arbeitslosenquote zeitweise unter ein Prozent. 1964 gab es z. B. 100.000 Arbeitslose, aber gleichzeitig 700.000 offene Stellen.

Diese drei Situationen auf dem Arbeitsmarkt lassen sich auch in Form eines **Preis-Mengen-Diagramms**, das du bereits im Zusammenhang mit der Preisbildung auf dem Markt kennengelernt hast (siehe S. 22/23), darstellen.

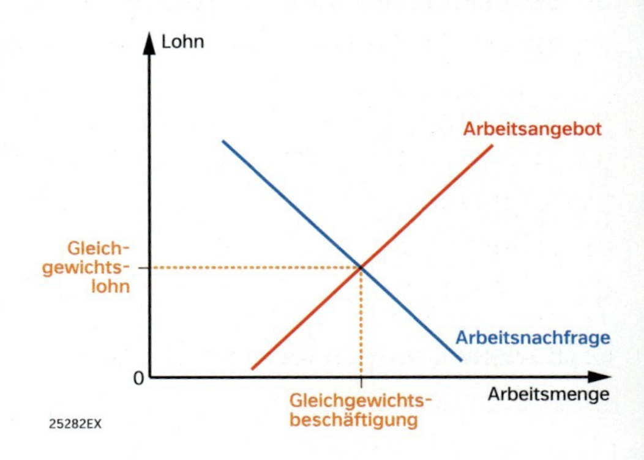

AUFGABEN

1. *Partnervortrag:* Erkläre in eigenen Worten die drei möglichen Situationen auf dem Arbeitsmarkt. Nutze dafür das Preis-Mengen-Diagramm.
2. Ordne ein, in welcher Situation sich der deutsche Arbeitsmarkt aktuell befindet. Recherchiere dazu bei der Bundesagentur für Arbeit (Webcode).
3. Vergleiche mithilfe einer Recherche (Webcode), ob es auf dem bayerischen Arbeitsmarkt Unterschiede zum gesamtdeutschen Arbeitsmarkt gibt.

WEBCODE

WES-116645-531
Statistiken der Bundesagentur für Arbeit zum Arbeitsmarkt

3.2 Formen der Arbeitslosigkeit

Friktionelle Arbeitslosigkeit

Möchte jemand seine Arbeitsstelle wechseln, so ist er unter Umständen kurzzeitig arbeitslos. Dies ist die friktionelle Arbeitslosigkeit.

Konjunkturelle Arbeitslosigkeit

Wenn die Konjunktur, also die gesamtwirtschaftliche Nachfrage, schwächer wird, produzieren die Unternehmen weniger, weil die Absatzmöglichkeiten sinken, und entlassen Arbeitskräfte, die sie aber in einer Aufschwungphase wiedereinstellen.

M1 Konjunkturkurve

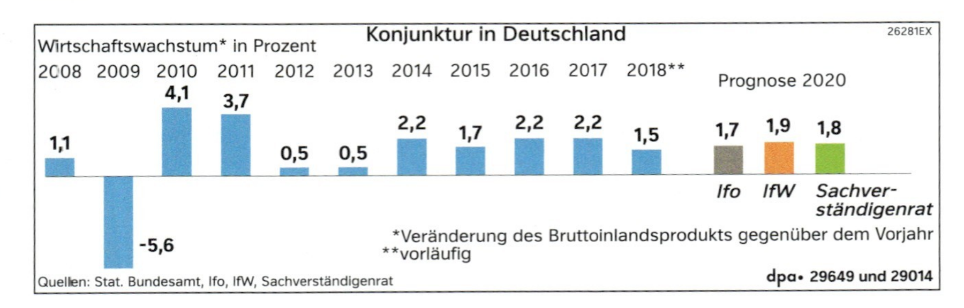

Strukturelle Arbeitslosigkeit

Sie entsteht durch dauerhafte Veränderungen in der Wirtschafts- und Arbeitswelt. Sie ist meist langfristig.

So verlagerte sich der Schwerpunkt der wirtschaftlichen Tätigkeit vom primären Sektor (Landwirtschaft) auf den sekundären Sektor (Produktion) und anschließend auf den tertiären Sektor (Dienstleistungen). Dadurch gingen im ersten Sektor viele Arbeitsplätze verloren, im tertiären wurden allerdings viele geschaffen (**intersektoraler Strukturwandel**).

Zudem gab es auch innerhalb der Sektoren strukturelle Veränderungen, die hauptsächlich aus technologischen Entwicklungen folgten (**intrasektoraler Strukturwandel**). Arbeitskräfte werden gerade im Produktionsbereich zunehmend durch Maschinen ersetzt. Aber auch im Verwaltungsbereich erledigen digitale Medien die Arbeit von Menschen.

Produktionsstrecke in einer Autofabrik in den 1930er-Jahren

Produktionsstrecke in einer Autofabrik heute

M2 Auswirkungen des Strukturwandels

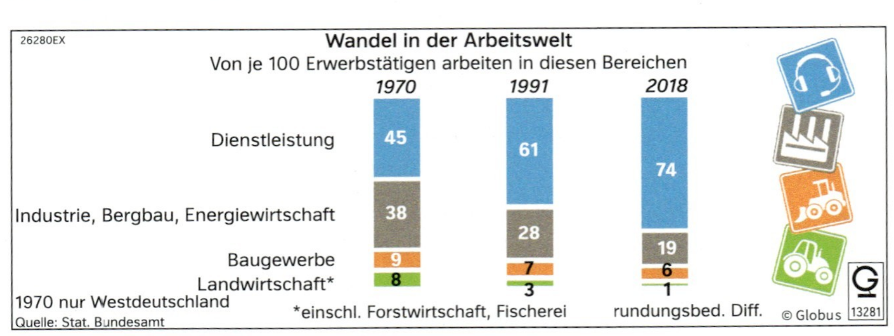

Die **Globalisierung** ermöglicht es Unternehmen, weltweit tätig zu sein. Arbeitsintensive Abläufe, wie in der Textilbranche, werden daher oft in sogenannte Billiglohnländer verlagert.

Der heutige Arbeitsmarkt erfordert von den Arbeitskräften ein hohes Maß an **Mobilität**. Viele Unternehmen verlagern ihre Standorte, zum Teil auch ins Ausland. Ist ein Arbeitnehmer nicht in der Lage, hier mitzugehen, so wird er arbeitslos. Schließen Großkonzerne einzelne Filialen, so sind mitunter Tausende Menschen plötzlich ohne Arbeit.

Saisonale Arbeitslosigkeit

Manche Branchen unterliegen saisonalen Schwankungen, d. h., sie sind nicht das ganze Jahr über gleich ausgelastet. Die Bau- oder Landwirtschaft haben z. B. im Winter weniger zu tun als im Sommer. Allerdings haben sich die winterlichen Verhältnisse und auch das Arbeitsmaterial geändert, sodass auch hier häufig das ganze Jahr über gearbeitet werden kann. Die Tourismusbranche bietet in der Nebensaison weniger Arbeitsplätze an als in der Hauptsaison.

Versteckte Arbeitslosigkeit

Viele Arbeitslose sind nicht arbeitsuchend bei der Bundesagentur für Arbeit gemeldet. Sie werden daher auch nicht statistisch erfasst. Häufig werden auch Arbeitsuchende, die sich in einer Umschulungsmaßnahme oder in Arbeitsbeschaffungsmaßnahmen befinden, nicht in die Statistiken aufgenommen.

M3 Arbeitslosenquote in Deutschland

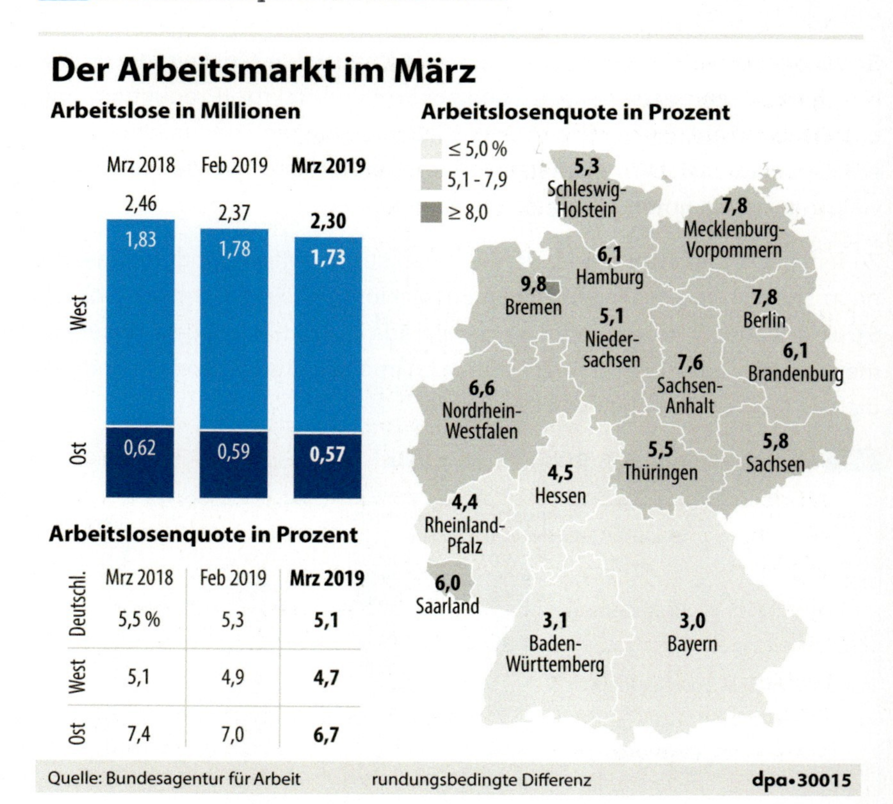

M4 Jugendarbeitslosigkeit in Europa

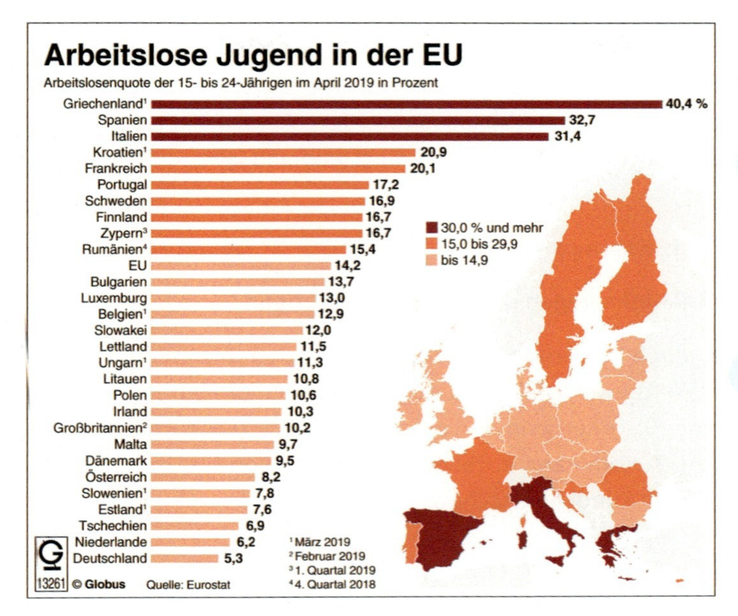

M5 Problemgruppen auf dem Arbeitsmarkt

AUFGABEN

1. Recherchiere im Internet die Arbeitslosenzahlen aus dem Zeitraum der in M1 dargestellten Konjunkturkurve und stelle einen Zusammenhang zwischen Konjunktur und den Zahlen auf dem Arbeitsmarkt her.
2. *Fishbowl:* Diskutiert in der Klasse, warum eine gute wirtschaftliche Lage nicht immer mit einer positiven Situation auf dem Beschäftigungsmarkt einhergehen muss.
3. Erkläre anhand von M2 die Wirtschaftssektoren.
4. Schildere mithilfe der Grafik M3 die bundesweite Entwicklung der Arbeitslosenquote (*Methode* auf S. 184).
5. Recherchiere im Internet nach den aktuellen Arbeitslosenzahlen. Benutze dazu den Webcode auf S. 186.
6. Berechne aus den Zahlen in M3, wie viele Erwerbspersonen im März 2019 in Deutschland gemeldet waren.
7. Vergleiche die Arbeitslosenquoten im Norden und im Süden Deutschlands und suche nach Gründen für die Unterschiede (M3).
8. *Think-Pair-Share:* Erkläre, warum 2018 die Jugendarbeitslosigkeit in Griechenland, Spanien und Italien so hoch war (M4). Denke an wirtschaftliche Zusammenhänge.
9. a) Ermittle aus M4 den Rang Deutschlands in der Jugendarbeitslosigkeit.
   b) Versuche zu erklären, aus welchen Gründen dieser zustande kommt.
10. Diskutiert in der Klasse, warum die in M5 genannten Gruppen zu den Problemgruppen gehören.
11. Erläutere, warum Nichtqualifizierte (M5) besonders schwer auf dem Arbeitsmarkt zu vermitteln sind.

3.3 Maßnahmen gegen Arbeitslosigkeit

Der Begriff Arbeit ist im Grundgesetz verankert. Zudem ist er Teil der grundgesetzlichen **Menschenwürde**. Daher kann das Problem der Arbeitslosigkeit nicht allein dem Arbeitsmarkt überlassen werden. Vielmehr muss auch der Staat durch seine Politik dazu beitragen, dass jede und jeder arbeiten kann und darf.

Vorbeugende Maßnahmen

Staatliche Maßnahmen gegen drohende Entlassungen

Der Staat kann durch Förderung des Wirtschaftswachstums und durch Verbesserung der Wettbewerbsfähigkeit auf den internationalen Märkten die Voraussetzungen für Unternehmen verbessern, damit diese Arbeitsplätze schaffen können. Zudem kann er rechtliche Regelungen für Unternehmen lockern, wie z. B. den Kündigungsschutz.

Kurzarbeit

Drohende Entlassungen können von den Unternehmen selbst vermieden werden, indem die Arbeitnehmerinnen und Arbeitnehmer Kurzarbeit leisten, d. h., sie arbeiten übergangsweise weniger, erhalten aber auch weniger Lohn. Bei Besserung der wirtschaftlichen Lage des Unternehmens werden die Mitarbeiterinnen und Mitarbeiter wieder normal beschäftigt.

Europäische Lösungen

Grundsätzlich ist Arbeitslosigkeit zwar ein nationales Thema, allerdings wird durch den Binnenmarkt und die darin enthaltene Arbeitnehmerfreizügigkeit gewährleistet, dass alle EU-Bürgerinnen und -Bürger innerhalb der Europäischen Union arbeiten dürfen. Dies kann eine Arbeitslosigkeit abwenden. Allerdings müssen die Menschen sehr flexibel und mobil sein, um die Situationen auf dem Arbeitsmarkt europaweit auszugleichen.

Reduzierung einer bereits bestehenden Arbeitslosigkeit

Durch **politische Maßnahmen** versucht die Bundesregierung, Arbeitslose schneller wieder in den Arbeitsmarkt zu bringen.

Der Staat ist z. B. als Erhalter von Straßen, Schulen und anderen öffentlichen Bauten wesentlicher Bestandteil der Nachfrageseite auf dem Markt. Durch diese Aufgabe kann er die **Nachfrage steigern** und damit Arbeitsplätze schaffen, indem er Straßen und öffentliche Gebäude baut oder saniert oder in die digitale Infrastruktur investiert.

Außerdem hat er durch die **Bundesagentur für Arbeit** (siehe S. 194/195) viele Instrumente zur Verfügung, die eine bereits bestehende Arbeitslosigkeit mindern können. Du erfährst im folgenden Kapitel mehr über die Arbeit der Bundesagentur.

M1 Maßnahmen gegen Arbeitslosigkeit

M2 Weiterbildung als Maßnahme gegen Arbeitslosigkeit

Weiterbildung im Betrieb

So nutzten die Unternehmen in Deutschland im Jahr 2015 Maßnahmen zur Weiterbildungihrer Mitarbeiter:

62 % klassische Lehrveranstaltungen

extern	56 %
intern	50

Häufigste Inhalte der Lehrveranstaltungen:
(Anteil a. d. Gesamtstundenzahl in %)

technische, praktische oder arbeitsplatzspezifische Kompetenzen	64 %
Kundenorientierung	27
allgemeine IT-Kenntnisse	20
Führungskompetenzen	18
Problemlösungskompetenzen	17
Teamfähigkeit	16
Büro- und Verwaltungsfertigkeiten	14
professionelle IT-Kenntnisse	11
Fremdsprachenkenntnisse	6

74 % andere Weiterbildungsformen

Weiterbildung am Arbeitsplatz	64 %
Informationsveranstaltungen	59
selbstgesteuertes Lernen (E-Learning)	26
Lern- und Qualitätszirkel	19
Job-Rotation, Austausch-programme u.ä.	10

Quelle: Statistisches Bundesamt (Juli 2017)
Befragung von rund 12 000 Unternehmen mit mindestens zehn Beschäftigten © Globus 11888

M3 Möglichkeiten bei Hilfebedürftigkeit

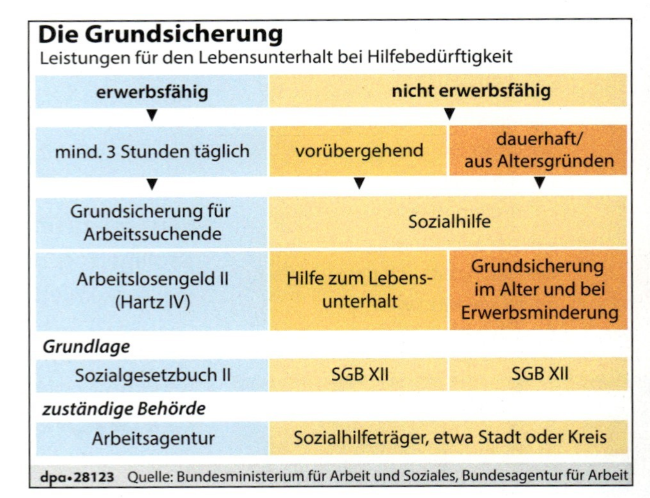

Die Grundsicherung
Leistungen für den Lebensunterhalt bei Hilfebedürftigkeit

erwerbsfähig	nicht erwerbsfähig	
mind. 3 Stunden täglich	vorübergehend	dauerhaft/ aus Altersgründen
Grundsicherung für Arbeitssuchende	Sozialhilfe	
Arbeitslosengeld II (Hartz IV)	Hilfe zum Lebens-unterhalt	Grundsicherung im Alter und bei Erwerbsminderung
Grundlage		
Sozialgesetzbuch II	SGB XII	SGB XII
zuständige Behörde		
Arbeitsagentur	Sozialhilfeträger, etwa Stadt oder Kreis	

dpa•28123 Quelle: Bundesministerium für Arbeit und Soziales, Bundesagentur für Arbeit

AUFGABEN

1. In M1 findest du verschiedene Wege aus der Arbeitslosigkeit.
   a) Erkläre, was man unter einer Initiativbewerbung versteht.
   b) Erstelle eine Rangfolge der Möglichkeiten danach, was deiner Meinung nach am meisten erfolgversprechend ist.
2. Erläutere, mit welchen politischen Maßnahmen der Staat versucht, Arbeitslosen bei der Arbeitsuche zu helfen. Recherchiere dazu auch im Internet (siehe z. B. Webcode rechts und auf S. 186).
3. Eine grundlegende Möglichkeit der Arbeitsplatzerhaltung ist eine gute Qualifikation (M2). Gib an,
   a) welche Formen der Weiterbildung Unternehmen anbieten,
   b) welche Inhalte für die Unternehmen eine besondere Rolle spielen.
4. Beschreibe, welche Leistungen der Staat Hilfsbedürftigen und welche davon insbesondere Arbeitslosen anbietet (M3).

WEBCODE

WES-116645-532
interaktive Grafiken zur Struktur des Bundeshaushaltes (Einnahmen und Ausgaben des Staates)

3.4 Auswirkungen der Arbeitslosigkeit

Oft wird die Wirkung der Arbeitslosigkeit auf die Betroffenen in der öffentlichen Diskussion vernachlässigt. Vielmehr sind häufig die entstehenden Kosten Thema.

Ökonomische Auswirkungen
Das wichtigste Ziel der staatlichen Arbeitsmarktpolitik ist die Verringerung von Arbeitslosigkeit und die Förderung der Beschäftigung.

INFO

Arbeitsmarktpolitische Maßnahmen
sind alle Maßnahmen zur Vermeidung und Reduzierung der Arbeitslosigkeit, wie Weiterbildung, Subvention von wirtschaftlichen Branchen oder Vermittlung von Arbeitskräften. Zudem erhalten Arbeitslose Transferzahlungen wie Arbeitslosengeld oder Beiträge zur Sozialversicherung.
Auch die Förderung der internationalen Wettbewerbsfähigkeit der Wirtschaft gehört dazu, weil auch dadurch der Arbeitsmarkt gestärkt wird.

Eine hohe Arbeitslosenzahl hat negative Auswirkungen auf die gesamte wirtschaftliche Situation. Zum einen bedeuten viele Arbeitslose hohe **Einbußen bei den staatlichen Einnahmen**, da die Einkommensteuer sinkt. Außerdem gibt es weniger Einnahmen durch die Umsatzsteuer, da weniger Menschen Geld für Konsumausgaben zur Verfügung haben.

Zum anderen erhöhen sich gleichzeitig die **Kosten für das soziale System**. Es müssen Lohnersatzleistungen, wie Arbeitslosengeld, an die Betroffenen gezahlt werden. Überdies steigen die staatlichen **Ausgaben für arbeitsmarktpolitische Maßnahmen**.

Psychosoziale Auswirkungen
Wird eine Person arbeitslos, dann ist das zunächst zumeist ein Schock. Schnell wird die Suche nach einem neuen Arbeitsplatz beginnen. Je nach Lage auf dem Arbeitsmarkt ist dies mehr oder weniger schnell von Erfolg gekrönt. Schlagen die Bemühungen jedoch fehl, so kann der Betroffene bald ungeduldig, pessimistisch und verzweifelt werden, bis er womöglich resigniert und in Depressionen verfällt.

Schlimmer noch ist die Situation, wenn der Betroffene sich um eine **Familie** kümmern muss und das Geld zum **Lebensunterhalt** benötigt. Existenzängste und Selbstzweifel führen schnell in einen Teufelskreis. Nicht selten nehmen Betroffene Kredite auf, die sie nicht mehr zurückbezahlen können. Durch die dauerhafte Sorge wird der Mensch in der Fähigkeit gelähmt, realistisch und objektiv zu denken.

Vor allem die **Langzeitarbeitslosigkeit** kann enorme psychologische und gesundheitliche Probleme mit sich bringen. Betroffene fühlen sich gesellschaftlich isoliert, sie haben Schuldgefühle und sehen ihre Fähigkeiten entwertet. Manche haben gesundheitliche Probleme, immer weniger Hoffnung und neigen zu Suchtverhalten oder werden aggressiv.

Auch die **Angehörigen**, besonders Kinder, leiden oft unter der Arbeitslosigkeit. Nicht selten führt diese zu einer Beeinträchtigung des Wohlstands, der Selbstachtung und des sozialen Ansehens. Viele Kinder möchten nicht, dass Freunde oder Mitschüler von dieser Situation erfahren, und verheimlichen sie. Sie schließen sich damit selbst aus ihrem sozialen Umfeld aus und machen es sich dadurch unnötig schwer.

M1 Kosten der Arbeitslosigkeit

Die tatsächlichen Kosten der Arbeitslosigkeit

Ausgaben und Mindereinnahmen durch Arbeitslosigkeit in Deutschland im Jahr 2017: **53,1 Milliarden Euro**

davon in Prozent	
Sozialleistungen (Arbeitslosengeld II*, Kostenerstattung für Unterkunft u. Heizung)	34 %
Versicherungsleistungen (Arbeitslosengeld I, Sozialversicherungsbeiträge für Arbeitslose)	20
Mindereinnahmen Sozialbeiträge	29
Mindereinnahmen Steuern	17

davon entfallen auf	
Bund	35 %
Bundesagentur für Arbeit	23
Rentenversicherung	16
Gemeinden	9
Krankenversicherung	9
Länder	7
Pflegeversicherung	1

Quelle: IAB (2019) *Hartz IV 13275 © Globus

M2 Regelsätze Hartz IV

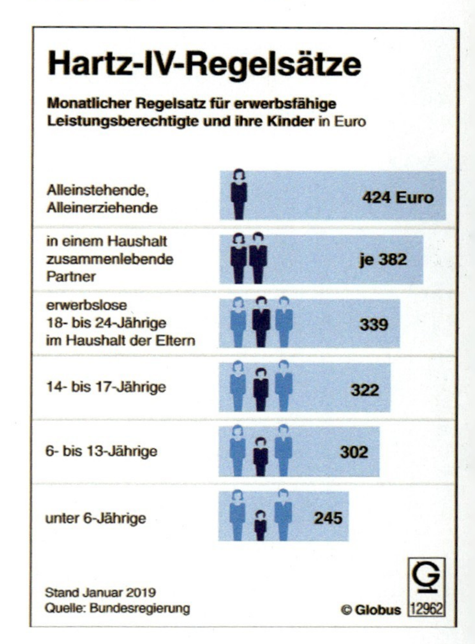

M3 Auswirkungen von Arbeitslosigkeit auf Betroffene

AUFGABEN

1. a) Benenne, wie hoch die Kosten der Arbeitslosigkeit im Jahr 2017 waren (M1).
   b) Im Jahr 1997 betrugen die Kosten noch 84,8 Mrd. Euro. Begründe, wie sich der starke Rückgang erklärt.
2. Vergleiche die Regelsätze für Hartz IV im Jahr 2019 (M2) mit den heutigen Regelsätzen. Recherchiere dazu die aktuellen Daten im Internet.
3. Frage deine Eltern nach allen monatlichen Ausgaben, die in der Familie anfallen.
   a) Erstelle daraus einen Haushaltsplan, so wie du es in der 7. Jahrgangsstufe kennengelernt hast.
   b) Beurteile, ob der Regelsatz für Hartz IV (M2 bzw. eigene Recherche aus Aufgabe 2) ausreichend ist.
4. *Placemat:* Stelle dar, welche Maßnahmen jemand ergreifen könnte, der arbeitslos geworden ist, um den in M3 dargestellten „Teufelskreis“ zu durchbrechen. Denke an das vorhergehende Unterkapitel 3.3. Betrachte auch das Schaubild zur Weiterbildung (S. 191, M2).

4 Die Bundesagentur für Arbeit

4.1 Geschichte und Aufbau

Die Bundesagentur für Arbeit, kurz auch BA oder umgangssprachlich Arbeitsamt genannt, hat ihren Hauptsitz in Nürnberg. Als Bundesbehörde erbringt sie seit ihrer Gründung als **Reichsanstalt für Arbeitsvermittlung und Arbeitslosenversicherung** im Jahre **1927** besondere Leistungen für den Arbeitsmarkt. Damals war ihre Hauptaufgabe, die bis zu 6 Millionen Arbeitslosen, das entsprach etwa einem Drittel aller Erwerbspersonen, zu unterstützen.

Erst nach dem Zweiten Weltkrieg nahmen die Arbeitsämter aber ihre eigentliche Arbeit wieder auf.

Mit der Verabschiedung des Arbeitsförderungsgesetzes im Jahr 1969 wurden die Arbeitsämter in **Bundesanstalt für Arbeit** umbenannt und nahmen neben den Aufgaben der Berufsberatung, Arbeitsvermittlung und Arbeitslosenversicherung nun auch die berufliche Aus- und Weiterbildung wahr.

Im Jahr **2004** wurde das Amt in **Bundesagentur für Arbeit** umbenannt. Ihre Aufgaben sind heute sehr vielfältig.

WEBCODE

WES-116645-541
Homepage der Bundesagentur für Arbeit

WES-116645-542
Hier kannst du dir eigene aktuelle Übersichten über die Arbeitsmarktsituation in bestimmten Berufsfeldern erstellen lassen.

4.2 Schwerpunkte in den Tätigkeiten

- **Arbeitsvermittlung:** Dies gehört zu den ursprünglichen Aufgaben der BA. Hierzu zählen auch die Aktivierung von Erwerbslosen und die berufliche Eingliederung oder Förderung der Aufnahme einer Erwerbstätigkeit.
- **Arbeitsmarktberatung:** Die BA ist ein Servicezentrum für Arbeitsuchende, aber auch Erwerbspersonen geworden. Berufliche Weiterbildungsmaßnahmen gehören ebenso zu ihren Aufgaben wie die Hilfe zum Verbleib in einer Beschäftigung. Zudem gibt es besondere Förderungen der Teilhabe von Menschen mit Behinderung am Arbeitsleben.
- **Berufsberatung:** Die BA übernimmt die Unterstützung bei der Berufswahl und Berufsausbildung. Dazu ist sie an Schulen präsent und arbeitet eng mit ihnen zusammen. Im Unterkapitel 6 erfährst du genauer, welche Möglichkeiten die BA dir hier bietet.
- **Arbeitsmarktbeobachtung:** Siehe den unteren Webcode in der Randspalte. Hier kann man auch den aktuellen Stellenindex betrachten.
- **Arbeitsmarkt- und Berufsforschung:** Die Daten der Arbeitsmarktbeobachtung werden genau analysiert und ausgewertet. Daraus entstehen Prognosen und Vorhersagen für den Arbeitsmarkt.
- **Zahlung von Entgeltersatzleistungen:** Wer arbeitslos geworden ist, hat Anspruch auf finanzielle Unterstützung. Das hast du im vorigen Kapitel bereits kennengelernt.

4.3 Berufliche Möglichkeiten in Europa

WEBCODE

WES-116645-543
nützliche Links für die Recherche nach Praktikumsmöglichkeiten in Europa

Besonders **Jugendlichen** bietet die Bundesagentur für Arbeit Unterstützung bei der beruflichen Orientierung.

Dabei vermittelt sie jungen Menschen auch die Möglichkeit, für eine gewisse Zeit im **europäischen Ausland** ein **Praktikum** zu absolvieren oder sogar dort zu arbeiten. Es gibt darüber hinaus viele **Programme**, die es erlauben, Europa mit seinen Arbeitsmöglichkeiten kennenzulernen. Beachte dazu auch die Links unter dem nebenstehenden Webcode.

Sowohl die Bundesagentur für Arbeit als auch das Programm Erasmus+ oder das Programm der Europäischen Kommission wie auch die Bundesregierung bieten vielfältige Angebote für Heranwachsende an.

Durch den sogenannten **Binnenmarkt**, der 1993 gegründet wurde, ist es den europäischen Bürgerinnen und Bürgern erlaubt, überall in der Europäischen Union zu arbeiten und tätig zu sein. Solltest du also z. B. als Informatiker lieber in Frankreich arbeiten oder einen Friseursalon in Italien eröffnen wollen, dann darfst du das unter Voraussetzung deiner Fähigkeiten.

Es ist also durchaus eine Alternative, sich europaweit zu interessieren und über den eigenen Tellerrand zu blicken.

AUFGABEN

1. Erkläre, warum die Arbeitsämter gegründet wurden (Kap. 4.1).
2. Erkundige dich bei deiner Wirtschaftslehrkraft oder der Beratungslehrkraft deiner Schule, ob und wann die Berufsberatung bei euch an der Schule Sprechstunden hat. Formuliere Fragen, die dich interessieren, und erprobt euer Gespräch zu zweit in einem kleinen Rollenspiel.
3. Recherchiere mithilfe des unteren Webcodes auf S. 194 zu einem Berufsfeld, das dich interessiert, die aktuellen Arbeitsmarktdaten für die Region Bayern.
   a) Ermittle, ob es hier mehr angebotene Stellen oder mehr Arbeitsuchende gibt.
   b) Könntest du dir vorstellen, ein anderes Berufsfeld zu wählen, das dich interessiert? Recherchiere die Lage hier.
   c) Beurteile, wie die Lage für alle Berufsfelder insgesamt aussieht.
4. Erläutere, was genau zu den Entgeltersatzleistungen (Kap. 4.2) gehören kann.
5. a) Recherchiere mithilfe des Webcodes in der Randspalte auf S. 195 nach Möglichkeiten, ein Praktikum im europäischen Ausland zu absolvieren.
   b) Elsa sagt: „Ich habe keine Lust, ein Jahr ins Ausland zu gehen, dann verliere ich nur den Anschluss in der Schule und außerdem kann ich das später immer noch machen." Entwickle Argumente, die Elsas Aussage entkräften, und schreibe ihr einen Brief.

5 Aus- und Weiterbildungsmöglichkeiten

5.1 Berufliche Möglichkeiten

Mit dem Realschulabschluss stehen dir alle Wege in eine berufliche Karriere offen. So kannst du eine **Duale Ausbildung** beginnen, die praktische und theoretische Ausbildung eng miteinander verbindet. Während einer Dauer von in der Regel zwei bis dreieinhalb Jahren erlernst du praktisch einen Beruf in einem Unternehmen und hast gleichzeitig Unterricht an der Berufsschule. Außerdem kannst du mit der **Berufsschule Plus**, auch Berufsabitur, eine Lehre im Handwerk beginnen und zugleich das Abitur an der Berufsschule erwerben. Dies dauert in der Regel vier Jahre. Ähnlich funktioniert die **Duale Berufsausbildung und Fachhochschulreife** (DBFH), bei der du eine Berufsausbildung und gleichzeitig das Abitur an der Berufsschule bzw. Fachoberschule erreichst.

Du weißt überhaupt noch nicht, was du werden möchtest? **Berufsfelder** helfen dir, zunächst eine grobe Richtung zu finden. Mit ihnen kannst du dir einen Überblick verschaffen, welche Berufe deinen Interessen entsprechen.

INFO

Die **Duale Ausbildung** heißt so, weil sie an zwei Lernorten erfolgt: dem Ausbildungsbetrieb, mit dem die Auszubildenden einen Berufsausbildungsvertrag abschließen, und der Berufsschule, die an 1 bis 2 Tagen die Woche oder im Blockunterricht besucht wird. Die Inhalte in Betrieb und Schule sind eng miteinander verzahnt und aufeinander abgestimmt. Daher genießt die duale Ausbildung international einen hervorragenden Ruf.

M1 Berufsfelder

Gesundheit

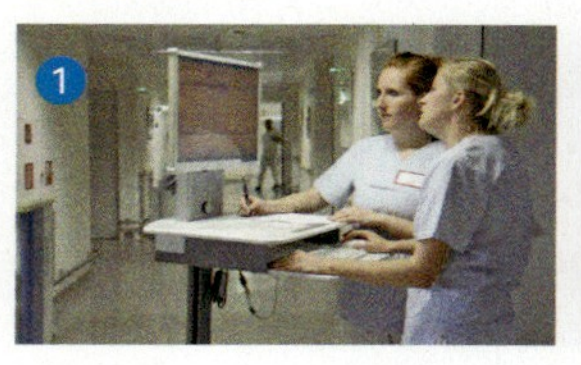

IT, Computer

Kunst, Gestaltung

Landwirtschaft, Umwelt

Medien

Metall, Maschinenbau

Naturwissenschaften

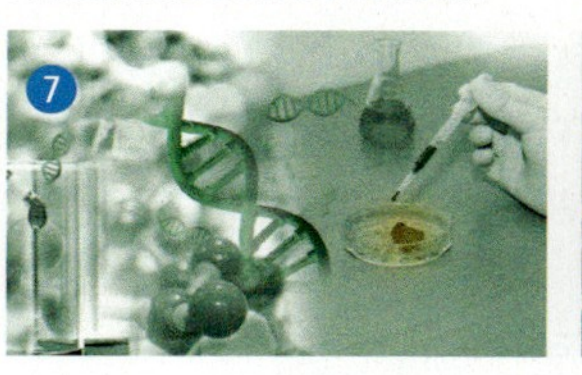

Produktion, Fertigung

Soziales, Pädagogik

Verkehr, Logistik

Technik

Wirtschaft, Verwaltung

WEBCODE

WES-116645-551
Weitere Informationen zu den Berufsfeldern kannst du hier bei der Bundesagentur für Arbeit recherchieren.

Im Idealfall wählst du deinen Beruf nach deinen **Interessen** aus. Darüber hinaus sind aber noch weitere **Kriterien bei der Berufswahl** wichtig.

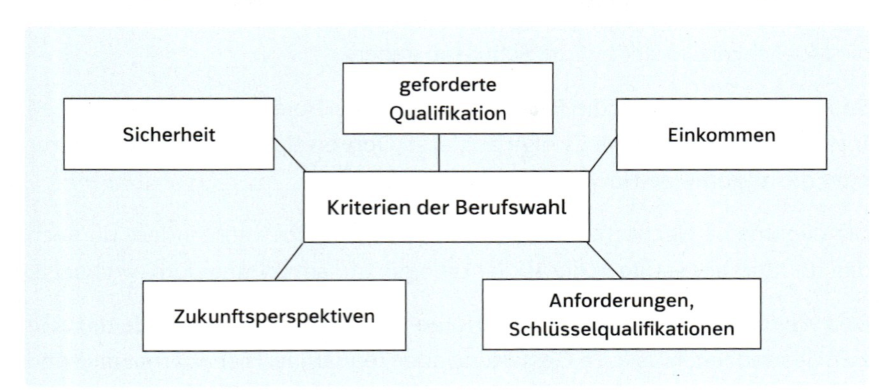

WEBCODE

WES-116645-552
Übersichtsseite zu Schule, Aus- und Weiterbildung von der Bundesagentur für Arbeit

Das Interesse ist das eine. Ob man aber auch die **Anforderungen** und **Qualifikationen** erfüllt, ist das andere. Du kannst z. B. an Musik sehr interessiert, aber leider völlig unmusikalisch sein. Der Beruf als Konzertpianist wird daher vermutlich ausscheiden. Oder der Beruf verlangt das Fachabitur, du hast aber den Realschulabschluss.

Es gibt **weitere Anforderungen**, wie etwa der Umgang mit Menschen, das Arbeiten im Freien oder am Computer. Es gehören auch die Schlüsselqualifikationen dazu. Pünktlichkeit, Teamfähigkeit, Leistungsbereitschaft oder Zuverlässigkeit sind nur einige der Eigenschaften, die gefordert werden können.

Vielen reicht es heute nicht mehr, einen Beruf zu erlernen und dann bis zum Rentenalter diese eine Tätigkeit auszuführen. Es ist wichtig, dass es die Möglichkeit gibt, sich **weiter- und fortzubilden** und weitere Ziele zu erreichen.
Das **Einkommen** spielt sicher eine nicht geringe Rolle. Jeder legt aber seinen Lebensstandard selbst fest.
Einen **sicheren Beruf** zu haben kann beruhigend sein. Als Beamter auf Lebenszeit ist man z. B. unkündbar.

M2 Zusammenhang zwischen Bildung und Einkommen

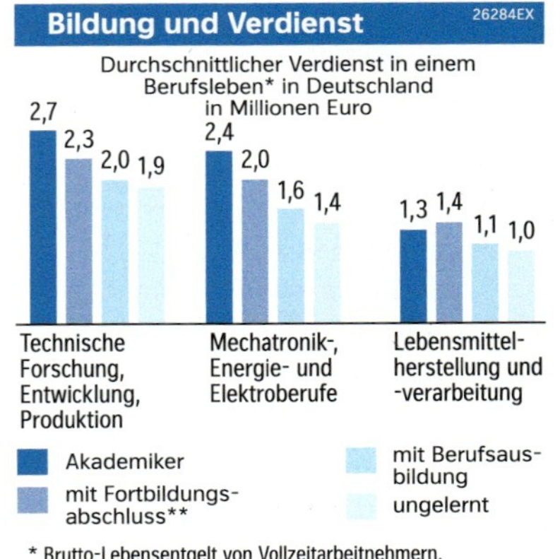

AUFGABEN

1. Erstelle ein Baumdiagramm (Randspalte) zur Lösung dieser Aufgaben:
   a) Welche zwei Berufsfelder aus M1 könnten für dich infrage kommen?
   b) Recherchiere mithilfe des Webcodes auf S. 196, welche einzelnen Berufe hinter diesen Berufsfeldern stecken. Welcher Beruf hört sich für dich interessant an?
   c) Welche Anforderungen musst du für diesen Beruf erfüllen?
2. Stelle heraus, welche Vorteile du in einer Dualen Ausbildung siehst.
3. Gib an, welche Kriterien für dich bei der Berufswahl besonders wichtig sind, und erstelle eine Rangliste. Besprecht die Listen in Zweiergruppen.
4. a) Schätze ein, warum man in der Lebensmittelbranche mit einem niedrigeren Abschluss mehr verdient (M2).
   b) Überprüfe, welche Berufe hinter den Berufsfeldern in M2 stecken.

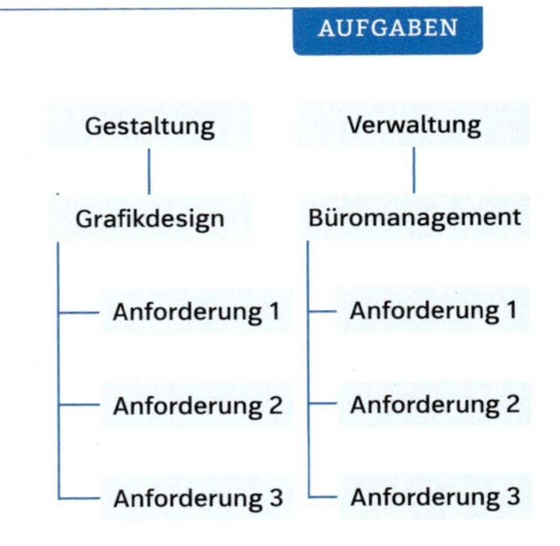

WEBCODE

WES-116645-553
Informationen zu den verschiedenen Schulformen bietet das Bayerische Staatsministerium für Unterricht und Kultus.

5.2 Weiterführende Schulen

Nach dem Realschulabschluss hast du neben der Dualen Ausbildung auch die Möglichkeit, weiter auf die Schule zu gehen.

So kannst du direkt an die **Fachoberschule** übertreten, die dir nach deinen Interessen verschiedene Zweige anbietet. Dort erreichst du das **Fachabitur** oder die **allgemeine Hochschulreife**.

Die allgemeine Hochschulreife kannst du auch bekommen, indem du nach der 10. Jahrgangsstufe in die 10. Jahrgangsstufe am **Gymnasium** wechselst.

Des Weiteren gibt es **Berufsfachschulen** für verschiedene Berufsfelder, wie z. B. Gesundheit, Musik, IT, Gestaltung oder Tourismus. Hier erlernst du einen Beruf.

Fachschulen dauern zwischen ein und vier Jahre. Hierzu zählen auch die Meisterschulen.

Fachakademien dauern zwei bis drei Schuljahre und bereiten auf eine gehobene Berufsbildung vor. Es gibt sie mit verschiedenen Ausbildungsrichtungen wie z. B. Landwirtschaft, Medizinwesen oder Brauerei.

WEBCODE

WES-116645-554
Ausbildung oder Studium? Oder beides? Entscheidungshilfe der Bundesagentur für Arbeit

5.3 Studium

Je nach Qualifikation kannst du an die Universität oder an die Hochschule gehen. Mit einem Meister oder nach Abschluss einer Fachschule oder Fachakademie kannst du auch ohne Abitur ein Studium beginnen.

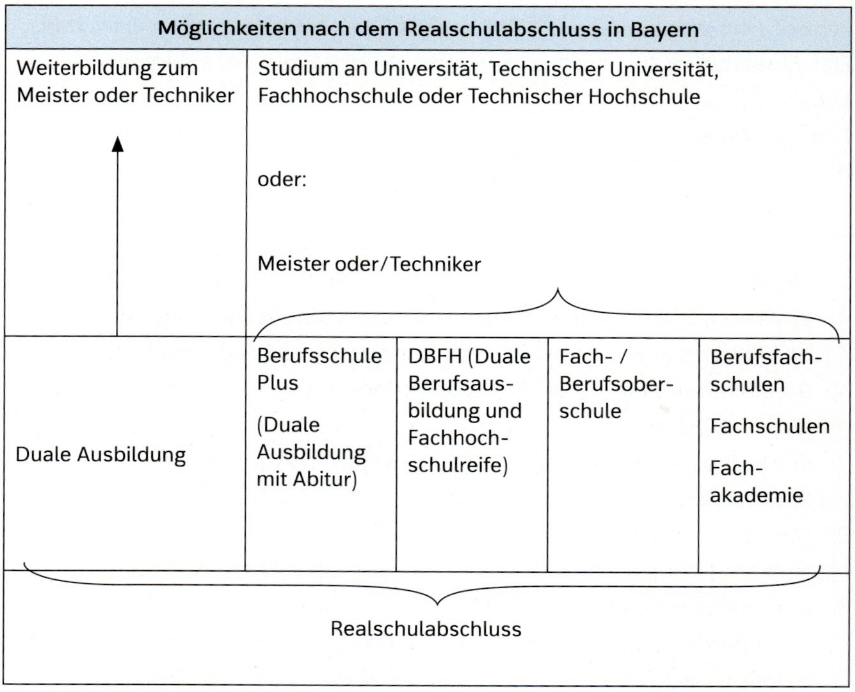

<table>
<tr><th colspan="5">Möglichkeiten nach dem Realschulabschluss in Bayern</th></tr>
<tr><td>Weiterbildung zum Meister oder Techniker
↑</td><td colspan="4">Studium an Universität, Technischer Universität, Fachhochschule oder Technischer Hochschule
oder:
Meister oder/Techniker</td></tr>
<tr><td>Duale Ausbildung</td><td>Berufsschule Plus
(Duale Ausbildung mit Abitur)</td><td>DBFH (Duale Berufsausbildung und Fachhochschulreife)</td><td>Fach- / Berufsoberschule</td><td>Berufsfachschulen
Fachschulen
Fachakademie</td></tr>
<tr><td colspan="5">Realschulabschluss</td></tr>
</table>

M1 Beliebte Studienfächer

Anzahl der Studierenden in Deutschland nach Studienfach und Geschlecht im Wintersemester 2017/18			
Studienfach	männlich	weiblich	insgesamt
Betriebswirtschaftslehre	124109	116463	240572
Maschinenbau/-wesen	100057	13434	113491
Rechtswissenschaft	51384	64833	116217
Informatik	93899	21106	115005
(Allgemein-)Medizin	36181	57765	93946
Psychologie	20419	60217	80636
Germanistik/Deutsch	16922	57425	74347
Elektrotechnik/Elektronik	60566	9068	69634

Aus: Studierende nach Nationalität, Geschlecht und Studienfach
© Statistisches Bundesamt (Destatis), 2018, Stand: 6.2.2019 (Auszug)

M2 Möglichkeiten mit Realschulabschluss

a) Ebru, 16 Jahre, hat einen Ausbildungsvertrag als Mechatronikerin unterschrieben.

b) Rochus, 15 Jahre, möchte nach dem Realschulabschluss in den medizinischen Bereich gehen. Er weiß aber noch nicht genau, ob er Gesundheits- und Krankenpfleger oder vielleicht sogar Arzt werden will.

c) Merle, 15 Jahre, interessiert sich für den Bereich Gesundheitsmanagement.

M3 Unbesetzte Lehrstellen

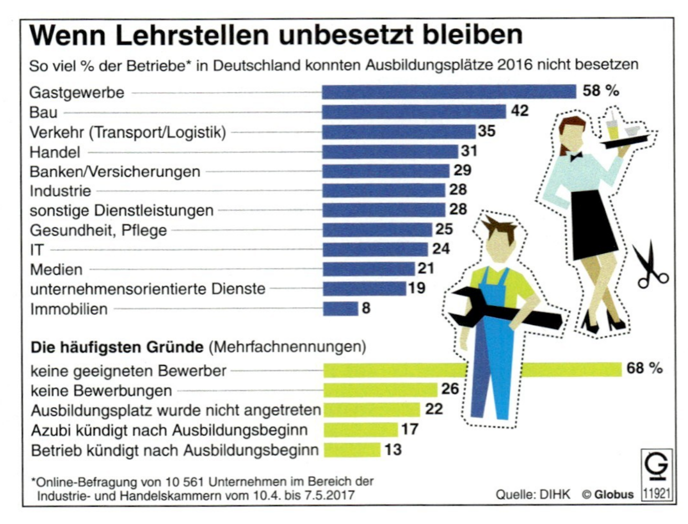

M4 Qualifizierung und Arbeitslosigkeit

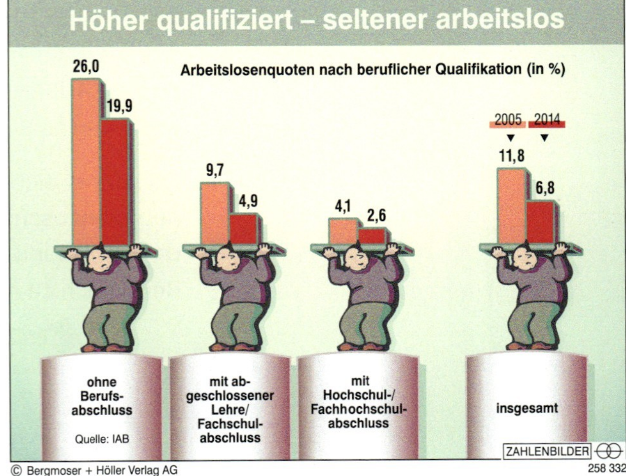

AUFGABEN

1. a) *Think-Pair-Share:* Formuliere mögliche Gründe, warum die Studienfachwahl bei Männern und Frauen z. T. so unterschiedlich ist (M1).
   b) Führt in der Klasse eine eigene Umfrage dazu durch, welches Studienfach ihr euch vorstellen könntet, und vergleicht das Ergebnis mit M1.
2. Lies die Fallbeispiele in M2 und erläutere:
   a) welche Aufstiegsmöglichkeiten Ebru nach der Ausbildung hat.
   b) Rochus wesentliche Unterschiede in den beiden Berufen.
   c) welche Möglichkeiten Merle zur Verfügung stehen.
3. Analysiere M3 (*Methode* auf S. 184):
   a) Nenne einen möglichen Grund, warum so viele Arbeitsplätze im Gastgewerbe unbesetzt bleiben.
   b) Erläutere, was mit „keine geeigneten Bewerber" gemeint sein könnte.
4. Erkläre, wie Arbeitslosigkeit und Qualifikation zusammenhängen (M4).

WEBCODE

WES-116645-555
Informationen zum Beruf des Mechatronikers im BERUFENET der Bundesagentur für Arbeit

WEBCODE

WES-116645-561
nützliche Links für Recherchen rund um deine Berufswahl

6 Berufswahl als Entscheidungsprozess

6.1 Mein Weg zum richtigen Beruf

So manche von euch haben sicher schon überlegt, was sie später einmal werden möchten. Einige von euch haben vielleicht sogar schon ein Praktikum in einem Unternehmen absolviert.

Der Weg der Berufsfindung ist ein langer Prozess. Es ist wichtig, zuerst zu erkennen, was einem Spaß macht und was man gerne tut. Hier liegen in aller Regel auch die **eigenen Stärken**.

In einem **Gespräch mit der Berufsberatung** kannst du dich für einen **Berufswahltest** anmelden, um deine Stärken auch entsprechenden Berufen zuzuordnen.

Du solltest auch ins **Berufsinformationszentrum** (BIZ) fahren, um in den Materialien dort zu stöbern. Die Mitarbeiter dort können dir auf jeden Fall weiterhelfen. Es stehen Filme zu den einzelnen Berufen zur Verfügung, die du allerdings auch online ansehen kannst. Ebenso bietet die elektronische Plattform **BERUFENET** der Bundesagentur für Arbeit umfassende Recherchemöglichkeiten zu Berufsfeldern an und stellt über 3.200 Berufe vor.

Du kannst dich nun daranmachen, bestimmte **Berufsfelder und Berufe** genauer anzuschauen. Es ist wichtig, die Tätigkeiten genau zu betrachten, die damit verbunden sind. Nur so kann man sich darüber klar werden, ob der Beruf auch zu einem passen könnte.

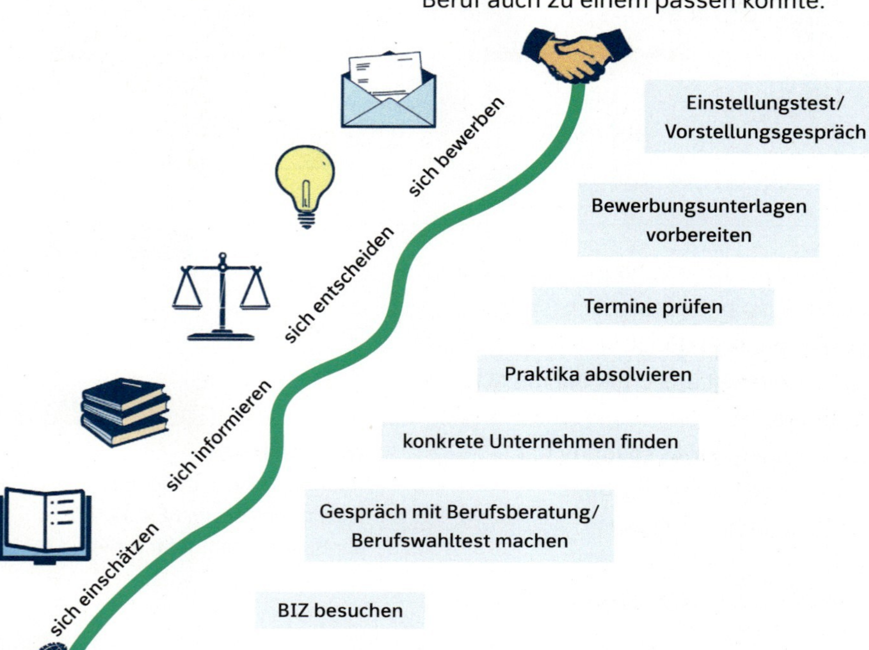

Im nächsten Schritt solltest du **Unternehmen in deiner Nähe** finden, in denen du ein **Praktikum** absolvieren kannst. Wie man hier vorgeht, lernst du in der Lernaufgabe am Ende des Kapitels (S. 206–209).

Beachte auch die **Termine und Fristen** für Anmeldungen zu Tests oder Bewerbungen.

6.2 Meine Stärken erkennen

WEBCODE

WES-116645-562
nützliche Links für das Erkennen der eigenen Stärken, z. B. Selbstfindungstool der Bundesagentur für Arbeit

Alina hat noch keine Ahnung, was sie werden möchte. Sie weiß auch nicht genau, was ihr liegt oder was sie gut kann. Ihre Wirtschaftslehrkraft Frau Sommerfeld empfiehlt ihr, einen Test zu machen, mit dem man sich selbst besser einzuschätzen lernt. Diese Tests nennt man **Selbstfindungs-, Selbsteinschätzungstests, Kompetenzchecks** oder auch **Potenzialanalyse**.

Eine gute Möglichkeit ist das **Selbstfindungstool der Bundesagentur für Arbeit**, bei dem du verschiedene Aufgaben bearbeitest, mit denen festgestellt wird, wo deine Stärken und Interessen liegen. Im Anschluss erhältst du eine Liste an Berufen, die zu dir passen könnten.

Es gibt auch verschiedene **Selbsteinschätzungstests in Papierform**. Allerdings erfordern diese eine aufwendige Auswertung.

Du kannst auch den **Berufswahltest** nach Anmeldung durch die Berufsberatung durchführen. In einem anschließenden Gespräch erfährst du alle Ergebnisse des Tests und kannst sie dir erklären lassen.

Frau Sommerfeld rät Alina: „Wichtig ist auch, dass du diese Potenzialanalyse nicht nur einmal machst. Wiederhole sie in einem Jahr, wenn es Zeit für die Bewerbung wird. Nicht selten ändern sich Interessen und Stärken."

M1 Welche Berufsfelder könnten zu diesen Interessen passen?

a) Ich versinke oft stundenlang beim Zeichnen.
b) Tiere und Pflanzen liegen mir besonders am Herzen.
c) Wenn etwas kaputt geht, versuche ich, es zu reparieren.
d) Auf meinem PC habe ich schon kleine Programme geschrieben.
e) Benötigt jemand Hilfe, bin ich gleich zur Stelle.

AUFGABEN

1. Nenne die drei Berufsfelder (S. 196, M1), die dich spontan am meisten interessieren würden. Begründe deine Entscheidung.
2. a) Ordne die Interessen (S. 201, M1) den Berufsfeldern (S. 196, M1) zu.
   b) Versuche, für dich selbst Interessen zu formulieren und zuzuordnen.
3. Führe das Selbstfindungstool der Arbeitsagentur durch (Webcode S. 201).
   a) Welche Berufe kommen für dich infrage? Schreibe die ersten drei auf.
   b) Entspricht dieses Ergebnis deinen Wünschen und Kompetenzen? Besprich dich mit einer Freundin oder einem Freund, wie sie/er dich sieht.
4. Tauscht euch in der Klasse oder in Kleingruppen aus: Habt ihr schon ein Praktikum absolviert? Wenn ja, in welchem Berufsfeld? Wenn nicht, in welchem Beruf würdet ihr gern ein Praktikum machen? Hefte dein Ergebnis oder deinen Wunsch mit Datum in deinem Portfolio (S. 204/205) ab.

WEBCODE

WES-116645-563
Berufe kennenlernen mithilfe der Bundesagentur für Arbeit

6.3 Anforderungen an meinen Wunschberuf

Alina hat drei Berufe gefunden, die zu ihr passen könnten. Einer davon ist Mediengestalterin digital und print im Arbeitsbereich Gestaltung und Technik. Sie weiß allerdings nicht genau, was tatsächlich von ihr erwartet wird. Sie recherchiert im Internet und wird vor allem auf drei Seiten fündig, die letztlich alle zur Bundesagentur gehören (siehe Webcode in der Randspalte). Frau Sommerfeld empfiehlt ihr, ein **Anforderungsprofil** zu erstellen, um einen besseren Überblick zu bekommen.

M1 Anforderungsprofil

Anforderungsprofil Mediengestalter digital und print (m/w/d)	
Voraussetzungen	rechtlich keine, Realschulabschluss oder Abitur von Vorteil
Kernaufgaben	Layout von Zeitschriften, Werbebroschüren oder Webseiten entwickeln und den Kunden präsentieren
Nebenaufgaben	Kalkulation von Aufträgen, Kundengespräche führen
Kenntnisse	Kunst, Deutsch, Englisch, Mathematik
Kompetenzen	Kreativität, Sinn für Ästhetik, Zeichnen, räumliches Vorstellungsvermögen, kaufmännisches Denken, organisatorische Fähigkeiten, handwerkliches Geschick, technisches Verständnis
Aufstiegsmöglichkeiten	Medienfachwirt, Techniker im Bereich Druck- und Medientechnik, Industriemeister, Studium

Teamfähigkeit – eine wichtige Schlüsselqualifikation

6.4 Schlüsselqualifikationen

Alina liest bei ihrer Recherche auch immer wieder von **Schlüsselqualifikationen**. Aber was ist darunter zu verstehen? Frau Sommerfeld gibt Auskunft: „Das sind Eigenschaften und Kompetenzen, die deine Einstellung, Arbeitsweise und dein Verhalten näher beschreiben. Sie werden auch Softskills genannt.“

M2 Wichtige Schlüsselqualifikationen

Sorgfalt	Ausdauer	Entscheidungsfreude
Höflichkeit	Eigeninitiative	Kooperation
Teamfähigkeit	Offenheit	Toleranz
Kreativität	Zielstrebigkeit	Freundlichkeit

6.5 Regionale Angebote entdecken

Alina ist sich nun sicher, dass der Beruf der Mediengestalterin durchaus für sie infrage käme. Sie würde gerne ein Praktikum machen. Dazu muss sie aber erst einmal wissen, welche Unternehmen diesen Beruf überhaupt ausbilden.

Am einfachsten ist die Suche über das **Internet** (siehe Webcode S. 202). Hier kann Alina sogar eine **App** herunterladen, um auf dem Laufenden zu bleiben. Zudem hat sie den Vorteil, dass ihr Vater in einem Unternehmen tätig ist, das eine eigene Medien- und Werbeabteilung hat. Sie will hier einmal anfragen. Ihre Tante hat sie außerdem auf eine Anzeige in der **Zeitung** aufmerksam gemacht.

Um den Jungen „typische Frauenberufe" (z. B. Erzieherin, Krankenschwester) und den Mädchen „typische Männerberufe" (z. B. Kfz-Mechatroniker, Schreiner) zu zeigen, organisieren die Staatsministerien für Arbeit und für Unterricht und Kultus den **Girls'Day** und **Boys'Day**; ein bundesweiter Aktionstag, der jährlich im März oder April stattfindet.

Methode

Stellenanzeigen auswerten

Betrachte die beiden folgenden Stellenanzeigen für eine Ausbildung.

1. Notiert in Partnerarbeit die Voraussetzungen und Schlüsselqualifikationen für diese Berufe.
2. Entscheide für dich, ob du diese Voraussetzungen erfüllst.
3. Befrage deine Partnerin oder deinen Partner, ob sie/er dich auch so sieht.
4. Welcher der beiden Berufe käme für dich eher infrage? Begründe deine Entscheidung. Besprecht euch in der Klasse.

Stellenanzeige 1:
Sport- und Fitnesskaufmann (m/w/d)

Das bringen Sie mit:
- (Fach-)Abitur oder sehr gute mittlere Reife
- Team- und Kommunikationsfähigkeit
- Interesse an kaufmännischen Fragen, an Sport und Fitness
- gepflegtes Erscheinungsbild
- Aufgeschlossenheit gegenüber Neuem
- Eigenverantwortlichkeit und Verantwortungsbewusstsein
- Leistungsbereitschaft
- selbstverständlicher Umgang mit dem PC sowie den gängigen Schreib- und Kalkulationsprogrammen

Stellenanzeige 2:
Mediengestalter digital und print (m/w/d)

Voraussetzungen:
- Realschulabschluss mit gutem Notendurchschnitt oder Abitur/Fachhochschulreife
- belastbare Kenntnisse in Mathematik und Deutsch
- Grundkenntnisse in Englisch und IT
- Kreativität und großes Interesse an Gestaltung
- konzeptionelles Denken
- Teamgeist sowie fairer und respektvoller Umgang mit anderen Menschen
- Kommunikationsfähigkeit

Ein Portfolio für die Berufswahl anlegen

1. Erstelle einen Ordner für deine persönliche berufliche Orientierung:

   a) Kaufe einen Ordner mit Trennregister.

   b) Beschrifte den Ordner mit „Meine Berufswahl".

   c) Beschrifte die Trennregister mit folgenden Inhalten:

   - ✓ Mein Profil
   - ✓ Mein Weg zu meinem Wunschberuf
   - ✓ Meine Bewerbung
   - ✓ Bescheinigungen/Zertifikate
   - ✓ Tipps für meine Berufswahl

   d) Sammle in diesem Ordner alles, was dir für deine Berufswahl wichtig erscheint:

   - ✓ **Mein Profil:** Selbst-, Fremdeinschätzungsergebnisse, Potenzialanalysen, Stärken und Schwächen, Berufswahltest(s)
   - ✓ **Mein Weg zu meinem Wunschberuf:** Anforderungsprofile, mögliche Unternehmen, Praktikumsstellen
   - ✓ **Meine Bewerbung:** Deckblatt, Anschreiben, Lebenslauf, Ausbildungsvertrag
   - ✓ **Bescheinigungen/Zertifikate:** Praktikumsbescheinigungen, Bescheinigungen des IT-Unterrichts, Sprachzertifikate, Bescheinigungen über soziales Engagement in Vereinen, in der Kirche oder Ähnliches, Ferienjobs
   - ✓ **Tipps für meine Berufswahl:** Vorlagen, zusätzliches Material auch über Veranstaltungen, Sozialversicherung, Finanzen (Schulden), Termine, Fristen

   e) Prüfe deinen Ordner ab und zu auf Vollständigkeit.

2. Finde zwei Berufe, die zu dir passen könnten. Vielleicht hast du auch das Selbstfindungstool der Bundesagentur für Arbeit durchlaufen. Nimm hier die zwei, die dir am meisten zusagen, sich aber doch unterscheiden.
   a) Erstelle ein Anforderungsprofil zu diesen Berufen. Nimm als Vorlage M1 auf S. 202 und verwende den dort angegebenen Webcode zur Recherche.
   b) Mach bei den Kenntnissen und Kompetenzen ein Häkchen, wenn du diese aus deiner Sicht erfüllst.
   c) Welche der Aufstiegsmöglichkeiten wären dir wichtig? Setze auch hier ein Häkchen.
   d) Betrachte nun die beiden Berufe und die Häkchen, die du gesetzt hast. Welcher der Berufe würde nun für dich wohl mehr infrage kommen? Gefällt dir dieser Gedanke?
3. Recherchiere mithilfe der *Methode* auf S. 43 im Internet nach dem Begriff Schlüsselqualifikationen. Erstelle eine Übersicht oder nimm M2 auf S. 202. Welche Schlüsselqualifikationen treffen auf dich besonders gut zu? Bitte eine Freundin oder einen Freund, diese Übersicht für dich auszufüllen. Gibt es Unterschiede zu deiner Selbsteinschätzung?
4. Suche mithilfe der Links unter dem Webcode auf S. 202 Unternehmen in deiner Region, die Praktikums- oder Lehrstellen für deinen Wunschberuf anbieten. Tragt eure Ergebnisse im Klassenverband in eine Landkarte ein.
5. Erkundige dich an deiner Schule, ob sie die Aktionen des Girls'Days und Boys'Days unterstützt.
6. Was sind „typische Männerberufe"? Was sind „typische Frauenberufe"? Benutze den Webcode rechts und nenne Beispiele.
   a) Beschreibe Kennzeichen von „typischen Männerberufen" und „typischen Frauenberufen".
   b) Betrachte die Übersicht der Berufe im Internet und stelle fest, welcher Beruf für dich eventuell infrage käme, obwohl er eigentlich „typisch" für das andere Geschlecht ist.
   c) Reflektiere, welche Probleme es geben könnte, wenn du diesen Beruf ergreifst.

WEBCODE

WES-116645-564
Informationen zum Girls'Day bzw. Boys'Day

Das Betriebspraktikum

Ausbildung zum Orgelbauer

WEBCODE

WES-116645-565
Links zur Suche nach Lehr- und Praktikumsstellen

Allgemeine Hinweise

Es gibt verschiedene Möglichkeiten, einen Beruf näher kennenzulernen, z. B. Expertengespräche mit Auszubildenden oder Unternehmern, Berufsinformationsmessen, Schnuppertage. Der beste Weg, einen bestimmten Beruf intensiver zu erleben, ist aber sicher, ein **mehrtägiges Praktikum** zu absolvieren.

Recherche

Du hast mittlerweile eine etwas genauere Vorstellung, in welche Richtung deine Berufswahl gehen könnte. Entscheide dich für einen Beruf, der dir im Moment am meisten zusagt.

1 a) Suche in der Klasse nach jemandem, die/der den gleichen oder einen ähnlichen Berufswunsch hat.
b) Recherchiert mithilfe der Links unter dem Webcode, wo in eurer Nähe ein Praktikumsplatz angeboten wird. Sucht dabei nach konkreten Unternehmen, die diesen Beruf ausbilden.
c) Geht im Internet auf eine Seite mit Landkarte und gebt als Suchbegriff euren Beruf ein. Eventuell müsst ihr den Ausschnitt der Ansicht verkleinern und noch mal in diesem Gebiet suchen. Vielleicht gibt es in eurer Region auch eine Broschüre mit Ausbildungsberufen und Unternehmen.
d) Erstellt eine Liste mit den Unternehmen, die ihr gefunden habt.
e) Suche nun für dich persönlich aus eurer Liste die drei Unternehmen heraus, die dir am meisten zusagen. Notiere dazu die Anschrift mit Telefonnummer, den zuständigen Ansprechpartner und ob es auf der Homepage ein Formular für Bewerbungen zu einer Praktikumsstelle gibt. Finde ansonsten heraus, wie man sich auf eine Praktikumsstelle bewerben soll (per Anruf, E-Mail oder Brief).

Kontaktaufnahme

Zur ersten Kontaktaufnahme empfiehlt es sich, das Unternehmen anzurufen oder eine E-Mail zu schreiben.

Mögliche Satzbausteine

Guten Tag Frau/Herr ..., mein Name ist ...

Ich interessiere mich für den Beruf des .../der ...

Bieten Sie in diesem Schuljahr Praktikumsplätze an?

Oh, das ist toll. Ginge es vielleicht in den Osterferien vom ... bis ...?

Checkliste – richtig telefonieren

- ✓ Lege dir Stift und Papier parat, damit du Notizen machen kannst.
- ✓ Notiert zu zweit zuvor Fragen, die für ein erstes Gespräch wichtig sein könnten.
- ✓ Erstelle für dich eine Übersicht, sodass du genügend Platz hast, um die Antworten zu notieren.
- ✓ Bedenke, dass du in aller Regel den zuständigen Ansprechpartner nicht direkt anrufen kannst, sondern mit der Vermittlung verbunden sein wirst. Nenne deinen Namen, sage, dass es sich um eine Praktikumsstelle handelt, und frage, ob du Frau/Herrn X sprechen könntest.
- ✓ Stelle dann deine Fragen und mache dir Notizen.

2 Übt zu zweit ein Telefongespräch zur Praktikumsplatzsuche. Eine/-r ist Schüler/-in, die/der andere der Personalchef/-in des Unternehmens.
a) Stimmt eure Fragen miteinander ab. Überlegt euch eure Namen und euren Wunschberuf. Nehmt auch die Übersicht der passenden Schlüsselqualifikationen und Voraussetzungen zur Hand (S. 205).
b) Setzt euch Rücken an Rücken und tut so, als ob ihr miteinander telefonieren würdet. Nehmt eure Notizen zur Hand und ergänzt sie.
c) Spielt euer Gespräch in der Klasse vor.

WEBCODE
WES-116645-566
Hier findest du die beiden folgenden Vorlagen in Originalgröße.

Trotz eines persönlichen Gesprächs wirst du wahrscheinlich deine Bewerbung um einen Praktikumsplatz schriftlich stellen müssen.

Checkliste – E-Mails schreiben und beantworten

- ✓ Deine E-Mail-Adresse sollte am besten aus deinem Namen bestehen. Du kannst für eine bestehende Adresse auch einen zweiten Namen einrichten.
- ✓ Setze dich selbst in BCC, sodass du prüfen kannst, ob die E-Mail richtig versendet wurde. In manchen E-Mail-Programmen kannst du auch eine Lesebestätigung setzen, damit du siehst, ob deine Mail gelesen wurde.
- ✓ Formuliere einen klaren Betreff, z. B. „Bewerbung um ein Praktikum als …".
- ✓ Verwende eine höfliche Anrede, z. B. „Sehr geehrte Frau …". Idealerweise kannst du einen Ansprechpartner namentlich ansprechen (vorher am Telefon erfragen). Achte darauf, dass du den Namen richtig schreibst.
- ✓ Überprüfe dein Anschreiben auf Tipp- oder Grammatikfehler.
- ✓ Verwende keine Abkürzungen oder Emojis.
- ✓ Formuliere einen passenden Abschlusssatz, z. B. „Über eine Antwort von Ihnen freue ich mich."
- ✓ Wähle eine passende Grußformel, z. B. „Mit freundlichen Grüßen".
- ✓ Vergiss nicht den Anhang, z. B. mit Lebenslauf, Zeugnis.

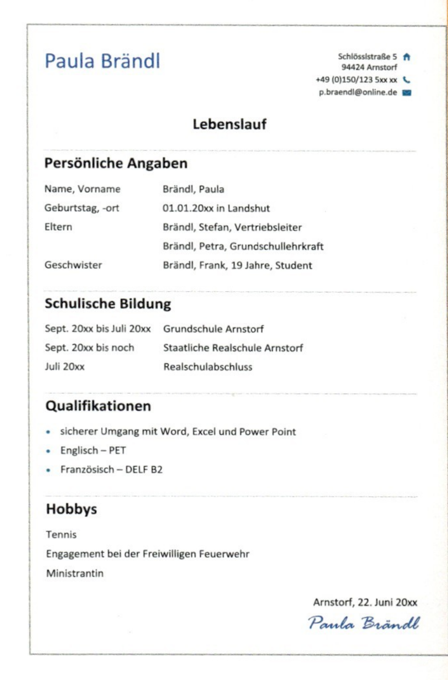

Paula Brändl

Schlössistraße 5
94424 Arnstorf
+49 (0)150/123 5xx xx
p.braendl@online.de

Lebenslauf

Persönliche Angaben

Name, Vorname	Brändl, Paula
Geburtstag, -ort	01.01.20xx in Landshut
Eltern	Brändl, Stefan, Vertriebsleiter
	Brändl, Petra, Grundschullehrkraft
Geschwister	Brändl, Frank, 19 Jahre, Student

Schulische Bildung

Sept. 20xx bis Juli 20xx	Grundschule Arnstorf
Sept. 20xx bis noch	Staatliche Realschule Arnstorf
Juli 20xx	Realschulabschluss

Qualifikationen

- sicherer Umgang mit Word, Excel und Power Point
- Englisch – PET
- Französisch – DELF B2

Hobbys

Tennis
Engagement bei der Freiwilligen Feuerwehr
Ministrantin

Arnstorf, 22. Juni 20xx
Paula Brändl

Kurzbewerbung
Sollte dein Unternehmen ein **Formular** für Bewerbungen anbieten, so folge einfach den vorgegebenen Schritten. Bei einer **offenen Bewerbung** kann es sein, dass du nur ein Bewerbungsanschreiben brauchst. Manche Unternehmen verlangen aber sogar für ein Praktikum einen Lebenslauf.

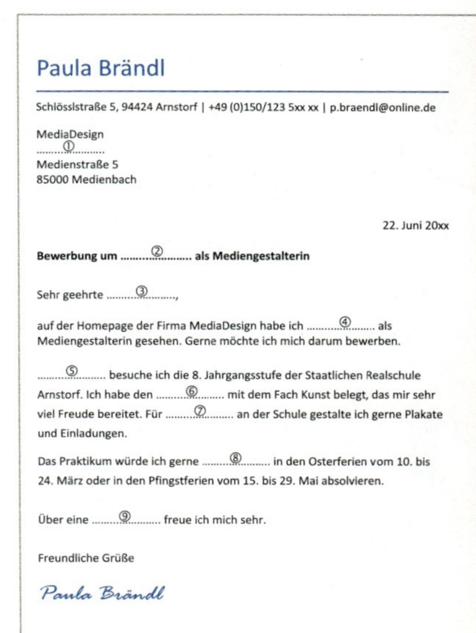

Paula Brändl

Schlössistraße 5, 94424 Arnstorf | +49 (0)150/123 5xx xx | p.braendl@online.de

MediaDesign
……①……
Medienstraße 5
85000 Medienbach

22. Juni 20xx

Bewerbung um ……②…… als Mediengestalterin

Sehr geehrte ……③……,

auf der Homepage der Firma MediaDesign habe ich ……④…… als Mediengestalterin gesehen. Gerne möchte ich mich darum bewerben.

……⑤…… besuche ich die 8. Jahrgangsstufe der Staatlichen Realschule Arnstorf. Ich habe den ……⑥…… mit dem Fach Kunst belegt, das mir sehr viel Freude bereitet. Für ……⑦…… an der Schule gestalte ich gerne Plakate und Einladungen.

Das Praktikum würde ich gerne ……⑧…… in den Osterferien vom 10. bis 24. März oder in den Pfingstferien vom 15. bis 29. Mai absolvieren.

Über eine ……⑨…… freue ich mich sehr.

Freundliche Grüße

Paula Brändl

3 a) Füge folgende Angaben in die Lücken im Anschreiben rechts ein:

Derzeit | Frau Franksen | sozialen Zweig | in einer Woche | Frau Franksen, Personalleiterin | positive Antwort | Veranstaltungen | eine Praktikumsstelle | das Angebot eines Praktikumsplatzes

b) Formuliere einen alternativen Einstiegssatz: Wie könntest du auf die Firma aufmerksam geworden sein?
c) Nenne andere passende Grußformeln.

Mein Praktikum im Unternehmen
Zeitraum: ______________
Betreuer: ______________
Beruf: ______________
Abteilungen, die ich gesehen habe:
• ______________
• ______________
Was mir besonders gefallen hat:
• ______________
• ______________
Was mir nicht so gut gefallen hat:
• ______________
• ______________

WEBCODE

WES-116645-567
Film: Einfach erklärt:
Vorstellungsgespräch

Vorbereitung des Praktikums

Zur Vorbereitung des Praktikums ist es wichtig, dass du eine Art Berichtsheft anlegst, in welchem du dir Notizen machen kannst. Dein Heft kann folgende Punkte enthalten:

- Daten zum Unternehmen
- Anforderungsprofil: Erstelle das Anforderungsprofil im Vorhinein und hake dann einfach ab, was du während deines Praktikums erkennen konntest. Lass zusätzlichen Platz, damit du Punkte ergänzen kannst.
- Lege ein Raster mit der Anzahl der Tage an, die du im Unternehmen sein wirst. Lass genügend Platz, damit du Notizen zu deinen Tätigkeiten machen kannst.
- Erstelle eine Übersicht mit zwei Spalten zu positiven Eindrücken, aber auch zu negativen.

4 Erstellt im Klassenverband ein Berichtsheft mit den relevanten Daten. Ihr könnt das Heft auch am PC gestalten. Heftet es dann in eurem Portfolio ab. Vergesst nicht, je Praktikum eine eigene Seite anzulegen.

Durchführung des Praktikums

Mache dich im Vorfeld kundig, wie du gekleidet sein sollst. Für Berufe im Büro empfiehlt sich **gehobene Freizeitkleidung**, das bedeutet lange saubere Hosen, sauberes Shirt, keine Sportkleidung, bei Mädchen keine Spaghettiträger oder bauchfreie Kleidung. Solltest du dein Praktikum in der Fertigung ableisten, so ist **Arbeitskleidung** angemessen, eine lange Hose meistens Pflicht. Ebenso kann ein langes Hemd verlangt werden. Feste Schuhe sind ebenso wichtig. Manchmal wird geeignete Kleidung aber auch von der Firma gestellt, damit sie den Sicherheitsstandards entspricht. Nimm am ersten Tag auf jeden Fall Essen und Getränke selbst mit.

Melde dich zu Beginn an der Pforte oder am Empfang. Sei höflich, zurückhaltend und freundlich.

Am Abend, wenn du zu Hause bist, fülle dein Berichtsheft aus.

Wenn dein Praktikum zu Ende geht, frage höflich nach einer Praktikumsbestätigung. Sollte der Betrieb keine solche haben, so wende dich an deine zuständige Lehrkraft.

5 Teilt euch in fünf Gruppen auf und sucht jeweils nach Bildern mit passender Arbeitskleidung für die Berufe
- Industriekaufleute,
- Industriemechaniker,
- Schreiner,
- Krankenschwester,
- Bankkaufleute.

Beschreibt die Kleidung in der Gruppe und stellt die Ergebnisse im Klassenverband vor.

Nachbereitung

Nach dem Praktikum solltest du dein Berichtsheft zur Hand nehmen und die Tage nochmal Revue passieren lassen. Was war besonders beeindruckend? Was hat dir gar nicht gefallen? Könntest du dir vorstellen, diesen Beruf später zu erlernen? Oder gibt es einen ähnlichen Beruf, der vielleicht besser zu dir passen würde?

Erstellt in der Klasse nach Abschluss der Praktika nun alle jeweils ein Plakat.

Methode

Ein Plakat gestalten

1. Formuliere Inhalte zu folgenden Überschriften:
   - Mein Unternehmen
   - Mein Beruf
   - Anforderungsprofil dieses Berufs in diesem Unternehmen
   - Meine Erfahrungen
   - Warum mir dieser Beruf (nicht) gefällt.
2. Gestalte mit den obigen Inhalten ein Plakat in analoger oder digitaler Form. Das könnte wie unten aussehen.
3. Stelle mithilfe des Plakats deinen Beruf in der Klasse vor.
4. Ihr könnt nun eure besuchten Unternehmen auf einer Landkarte markieren und den Namen der Firma ergänzen.

Mein Beruf

- 3-jähriger Ausbildungsberuf im Handwerk
- Betätigungsfeld im Augenoptiker-Handwerk oder in der optischen und feinmechanischen Industrie
- Sehhilfen herstellen und individuell anpassen
- Kunden beraten
- Brillen, Kontaktlinsen und optische Geräte verkaufen
- Sehhilfen reparieren
- kaufmännische Arbeiten erledigen

Mein Unternehmen

Optik Linsmeier
Brillenstraße 5
85550 Sehfelden

Augenoptiker

Anforderungsprofil

- handwerkliches Geschick
- Sorgfalt
- Beobachtungsgenauigkeit
- Kundenorientierung
- Mathematik, Physik, Biologie
- Realschulabschluss sinnvoll

Meine Erfahrungen

Ich durfte
- Brillengestelle erwärmen und anpassen
- ein Glas schleifen
- den Unterschied zwischen harten und weichen Kontaktlinsen kennenlernen
- Brillen reparieren
- ein Kundengespräch führen
- Termine mit Kunden vereinbaren

Warum mir dieser Beruf gefällt

- sauberes Arbeiten
- Kundenkontakt
- präzises Arbeiten
- vielfältig

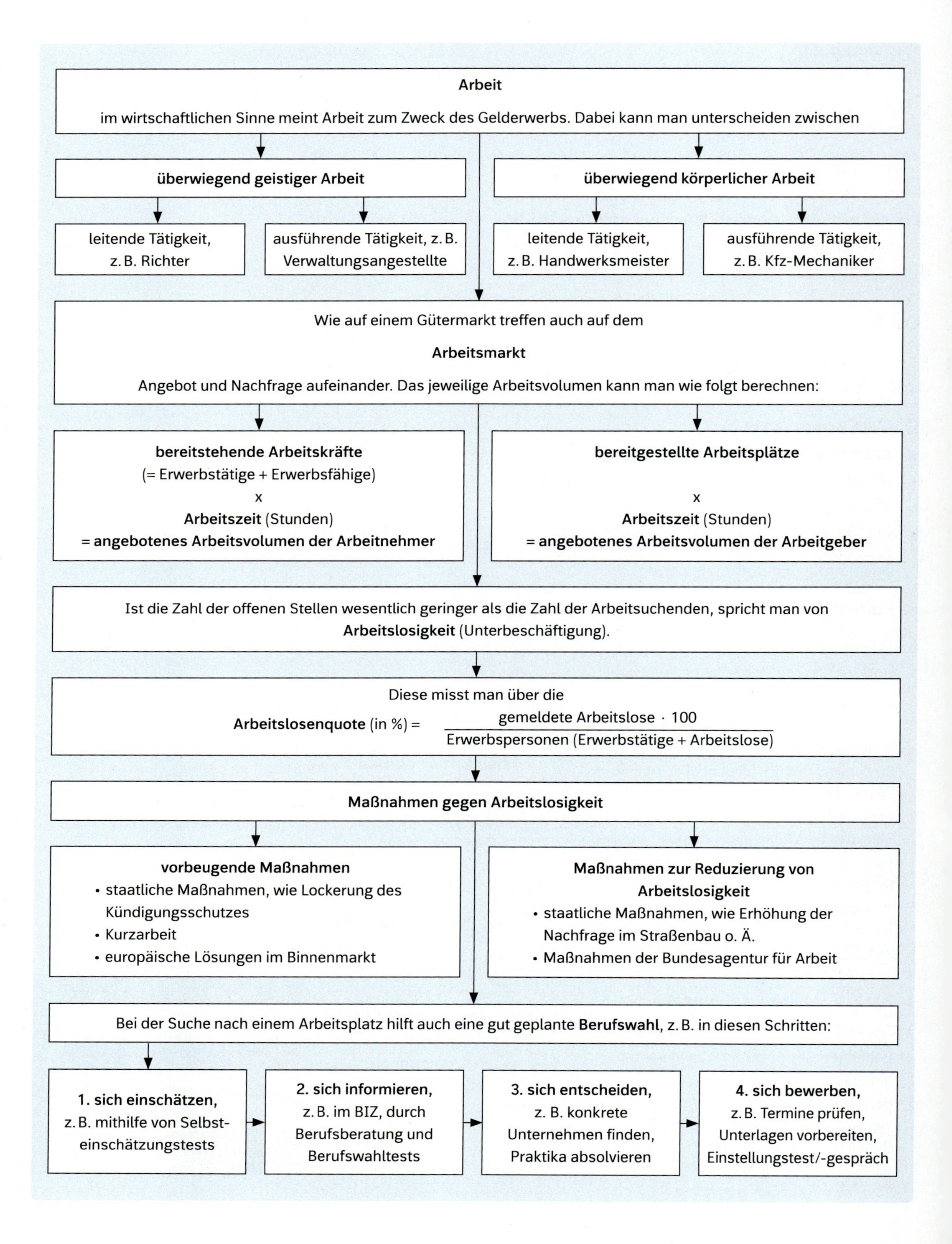
Arbeit
im wirtschaftlichen Sinne meint Arbeit zum Zweck des Gelderwerbs. Dabei kann man unterscheiden zwischen
überwiegend geistiger Arbeit
leitende Tätigkeit, z. B. Richter
ausführende Tätigkeit, z. B. Verwaltungsangestellte
überwiegend körperlicher Arbeit
leitende Tätigkeit, z. B. Handwerksmeister
ausführende Tätigkeit, z. B. Kfz-Mechaniker
Wie auf einem Gütermarkt treffen auch auf dem
Arbeitsmarkt
Angebot und Nachfrage aufeinander. Das jeweilige Arbeitsvolumen kann man wie folgt berechnen:
bereitstehende Arbeitskräfte
(= Erwerbstätige + Erwerbsfähige)
x
Arbeitszeit (Stunden)
= angebotenes Arbeitsvolumen der Arbeitnehmer
bereitgestellte Arbeitsplätze
x
Arbeitszeit (Stunden)
= angebotenes Arbeitsvolumen der Arbeitgeber
Ist die Zahl der offenen Stellen wesentlich geringer als die Zahl der Arbeitsuchenden, spricht man von **Arbeitslosigkeit** (Unterbeschäftigung).
Diese misst man über die
Arbeitslosenquote (in %) = $\frac{\text{gemeldete Arbeitslose} \cdot 100}{\text{Erwerbspersonen (Erwerbstätige + Arbeitslose)}}$
Maßnahmen gegen Arbeitslosigkeit
vorbeugende Maßnahmen
• staatliche Maßnahmen, wie Lockerung des Kündigungsschutzes
• Kurzarbeit
• europäische Lösungen im Binnenmarkt
Maßnahmen zur Reduzierung von Arbeitslosigkeit
• staatliche Maßnahmen, wie Erhöhung der Nachfrage im Straßenbau o. Ä.
• Maßnahmen der Bundesagentur für Arbeit
Bei der Suche nach einem Arbeitsplatz hilft auch eine gut geplante **Berufswahl**, z. B. in diesen Schritten:
1. sich einschätzen, z. B. mithilfe von Selbst-einschätzungstests
2. sich informieren, z. B. im BIZ, durch Berufsberatung und Berufswahltests
3. sich entscheiden, z. B. konkrete Unternehmen finden, Praktika absolvieren
4. sich bewerben, z. B. Termine prüfen, Unterlagen vorbereiten, Einstellungstest/-gespräch

Hilfestellungen

Kapitel I

SEITE 11, AUFGABE 5:
Welcher Stufe würdest du z. B. ein Smartphone zuordnen? Gehört es zu den Sicherheitsbedürfnissen (in Notfällen erreichbar sein oder telefonieren können), den sozialen Bedürfnissen (mit anderen in Kontakt sein) oder den Individualbedürfnissen (als Statussymbol) ...?

SEITE 13, AUFGABE 4:
Denke dabei z. B. an saubere Luft, Sand oder Schnee.

SEITE 17, AUFGABE 1:
Lies dafür jeden Abschnitt genau.
Notiere zu jedem Abschnitt die wichtigen Informationen, die du zu den verschiedenen Wirtschaftsstufen erhältst. Achte besonders auf die Hinweise zur jeweiligen Arbeitsteilung.
Recherchiere ggf. den richtigen Zeitraum.
Erstelle mithilfe eines Lineals eine Zeitleiste und ordne deine Stichpunkte zu, z. B. so:

Zeitraum

Wirtschaftsstufe

SEITE 21, AUFGABE 4:
Die Tabelle kannst du z. B. wie folgt anlegen. Formuliere zu jedem Punkt einen Satz oder Stichworte:

Angebot	Nachfrage
Preis: Steigt der Preis, steigt auch das Angebot, sinkt der Preis, verringert es sich.	Preis: ...
Herstellungskosten: ...	Einkommen: ...
Konkurrenz: ...	Preis anderer Güter: ...
Kapazitäten: ...	Bedürfnisse: ...
Gewinnhöhe: ...	Einstellung: ...

SEITE 23, AUFGABE 1:
Verwende dabei z. B. die Formulierung:
„Je höher ..., desto ...“ bzw.
„Je niedriger ..., desto ...“.

SEITE 27, AUFGABE 5:
Das Modell des Wirtschaftskreislaufs bildet nicht eins zu eins die Realität ab. Zum Beispiel geben die Haushalte nicht ihr ganzes Geld aus, sondern sparen es zum Teil. Außerdem existiert keine Volkswirtschaft nur für sich allein, es gibt andere Volkswirtschaften, mit denen sie in Handelsbeziehungen steht ...

Kapitel II

SEITE 37, AUFGABE 1:
Bedenke hierbei Kriterien wie Frische, Vitamingehalt, Auswahl/Vielfalt, Saisonabhängigkeit, Haltbarkeit, Aufwand der Zubereitung, Geschmack ...

SEITE 43, AUFGABE 6:
Auch hier solltest du genau beachten, wer die Seite erstellt hat und welche Interessen damit verfolgt werden. Zuverlässige Informationen findest du z. B. beim Bundesministerium für Ernährung und Landwirtschaft oder beim Bayerischen Staatsministerium für Ernährung, Landwirtschaft und Forsten.
Das Infoblatt sollte z. B. auf diese Fragen eingehen:
Was macht artgerechte Tierhaltung aus?
Welche Vorteile hat dies für Verbraucher?
Woran erkennt man, dass ein Produkt aus artgerechter Haltung stammt?

SEITE 45, AUFGABE 3:
Beachte:
These a) bezieht sich auf die Gerechtigkeit innerhalb eines Landes.
These b) bezieht sich auf die Gerechtigkeit zwischen verschiedenen Ländern.

SEITE 51, AUFGABE 3:
Erinnere dich an das Verhalten der Marktteilnehmer (S. 20/21): Unternehmen wollen möglichst viele Produkte absetzen, Verbraucher wollen möglichst wenig Geld ausgeben.

SEITE 57, AUFGABE 1 a:
In den Gruppen sollt ihr verschiedene Dinge verkaufen. Diese könnten sein: Uhr, Fahrrad, Schulatlas, Pulli, Kopfhörer, Computerspiel, Markenschuhe ...

SEITE 64, AUFGABE 1:
Fake News sind kaum noch zu unterscheiden von echten Nachrichten. Denkt daran, dass auch Bots Nachrichten schreiben können. Was wäre, wenn diese als programmierte Nachrichten gekennzeichnet werden müssten? Wer profitiert? Wer hätte Nachteile? Fallen Fake News nicht unter das Recht auf Meinungsfreiheit?

SEITE 64, AUFGABE 2 b:
Überlege, warum Roboter so handeln, wie sie handeln. Wer hat sie so programmiert? Was und wie viel können Roboter selbstständig lernen?
Stell dir vor, ein autonom fahrendes Auto muss ausweichen. Fährt es rechts an den Baum und riskiert das Leben des Fahrers oder fährt es links, wo eine Gruppe von Kindern spielt, oder fährt es geradeaus, wo ein Lastwagen steht, dessen Fahrer auf der Straße steht?

Kapitel III

SEITE 71, AUFGABE 5:
Bedenke, was passieren würde, wenn man sich nicht an ein Gebot hält, z. B. an das Verkehrsschild, das einen Fußgängerweg kennzeichnet. Welche Folgen für die Menschen hätte dies? Würde man dafür bestraft werden?

SEITE 75, AUFGABE 4:
Beachte Augenbinde, Waage und Schwert.

SEITE 77, AUFGABE 1 a:
Die Bilder zeigen:
(1) Europäisches Parlament,
(2) Bundestag,
(3) Bayerischer Landtag,
(4) Schulgebäude,
(5) Rathaus.

SEITE 79, AUFGABE 2:
Nutze hierfür das Bayerische Gesetz über das Erziehungs- und Unterrichtswesen (BayEUG). Du findest es z. B. unter dem Webcode WES-116645-301.

SEITE 81, AUFGABE 5:
Du findest die entsprechenden Regelungen ebenfalls im BayEUG (siehe den Webcode in den Hinweisen zu Seite 79, Aufgabe 2).

SEITE 85, AUFGABE 1 UND 2:
Finde heraus, ob es sich um einen Konflikt nur zwischen Bürgern handelt (Privatrecht) oder ob auch der Staat beteiligt ist (Öffentliches Recht).

SEITE 85, AUFGABE 3:
Lies hierzu Kapitel IV.1.5, S. 116.

SEITE 93, AUFGABE 3:
Prepaid: Der Nutzer zahlt im Voraus ein Guthaben ein, das er nach und nach verbraucht.
Vertrag: Der Nutzer bindet sich über einen bestimmten Zeitraum (z. B. zwei Jahre) an einen Anbieter und zahlt einen festen monatlichen Betrag.

SEITE 94, AUFGABE 1 b:
Lies dafür § 828 Abs. 3 BGB.

Kapitel IV

SEITE 109, AUFGABE 1:
Beachte dabei den Unterschied zwischen dem Fall,
a) dass du den Täter auf frischer Tat erwischst,
b) dass du den Täter erst einige Zeit später entdeckst,
c) dass du den Täter vor der Wegnahme erwischst.

SEITE 111, AUFGABE 3:
Du kannst z. B. folgende Abschnitte bilden:

	Eigentümer	Besitzer
1. vor dem Verleihen		
2. während des Verleihens		
3. beim Rücktransport		
4. nach der Rückgabe		

SEITE 116, AUFGABE 2:
Schau dir dafür das Inhaltsverzeichnis des Urheberrechtsgesetzes an.

SEITE 123, AUFGABE 2:
Lies dafür erneut Kapitel III.4.2, S. 88–91.

SEITE 129, AUFGABE 1:
Kläre dafür die folgenden Fragen: Was findet am Erfüllungsort statt? Was müssen der Verkäufer und der Käufer dafür jeweils tun? Wo haben sie ihre Pflichten nach der gesetzlichen Regelung zu erfüllen?

SEITE 131, AUFGABE 2:
Betrachte hierzu die Grafiken auf S. 124 und S. 125.

SEITE 131, AUFGABE 5:
Falls du nichts findest, recherchiere im Internet einen Bericht über die Loveparade in Duisburg 2010. Welche Sicherheitsvorkehrungen erwartest du von den Behörden, wenn du ein Open-Air-Festival besuchst?

SEITE 135, AUFGABE 1:
Beachte:
nichtig: Der Kaufvertrag ist von Beginn an nie zustande gekommen.
anfechtbar: Der Kaufvertrag kam zustande, aber unter ungültigen Bedingungen, sodass man ihn nachträglich rückgängig machen kann.

SEITE 138, AUFGABE 4:
Was könnte man alles mit der DVD tun, nachdem man sie entsiegelt hat?

SEITE 144, AUFGABE 2:
Beachte hierfür § 286 Abs. 3 BGB auf S. 143.

SEITE 147, AUFGABE 4:
Unterscheide zuerst die beiden Begriffe in ihrer allgemeinen Bedeutung und nenne dann die konkreten Rechte.

SEITE 149, AUFGABE 3:
Simon weiß, dass er die Waschmaschine nicht unbeaufsichtigt laufen lassen darf, weil er sonst fahrlässig handelt. Deshalb wäscht er am Abend oder am Wochenende.

SEITE 155, AUFGABE 4:
Beispiel:
Kündigung zum 30.6. → 30.6. - 3 Monate = 31.3.
(Wenn der 1., 2. und 3.4. Werktage sind, dann muss spätestens am 3.4. gekündigt werden.)

SEITE 157, AUFGABE 2 a:
Achte darauf, ob die Sache gegen Geld oder kostenlos überlassen wird.

SEITE 157, AUFGABE 2 b:
Stelle jeweils fest, wer Eigentümer der übergebenen Sache ist.

SEITE 163, AUFGABE 4:
Du kannst z. B. nach diesem Schema vorgehen:

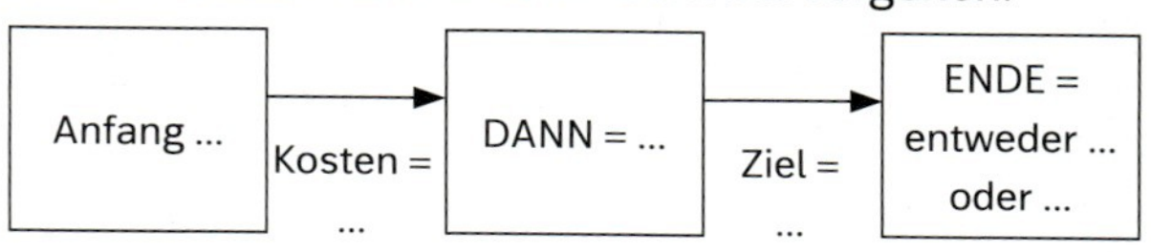

SEITE 167, AUFGABE 4 b:
Beachte dafür S. 132.

Kapitel V

SEITE 175, AUFGABE 3:
Verwende folgenden Webcode zum BERUFENET für die Suche: WES-116645-501.

SEITE 175, AUFGABE 4:
Verwende folgenden Webcode zu Planet Beruf für deine Suche: WES-116645-502.

SEITE 179, AUFGABE 3:
Lies dazu folgende Artikel genauer:
a) und b) Art. 166 (3) BV,
c) Art. 166 (2) BV.

SEITE 185, AUFGABE 5:
Bezieht dabei z. B. diese Aspekte mit ein: Arbeitsweg, Austausch mit Kollegen, Flexibilität, Verhältnis Arbeit/Freizeit ...

SEITE 189, AUFGABE 1:

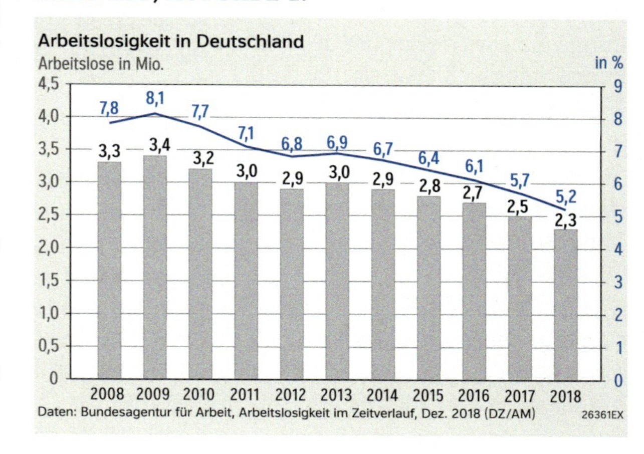

SEITE 195, AUFGABE 5 b:
Denke z. B. an Sprache, persönliche Entwicklung, Kontakte, Erwartungen möglicher späterer Arbeitgeber, zeitliche Flexibilität in verschiedenen Lebensphasen ...

akg-images GmbH, Berlin: mauritius images/Pollmann, Heinz 187 o.re. | **alamy images,** Abingdon/Oxfordshire: imageBROKER 98 o., 106 o.Mi.; PE Forsberg 106 o.re. | **Baaske Cartoons,** Müllheim: Mester, Gerhard 186 o.li. | **Bayerisches Staatsministerium der Justiz,** München: 161 | **Bayerisches Staatsministerium des Innern, für Sport und Integration,** München: 79 u.; © Bayerisches Innenministerium 99 | **Bayerisches Staatsministerium für Umwelt und Verbraucherschutz,** München: Verbraucherportal vis.bayern.de 48 | **Bergmoser + Höller Verlag AG,** Aachen: Zahlenbilder 163 o., 166 u., 199 re. | **Bertelsmann Stiftung,** Gütersloh: Kooperationsprojekt von GfK Verein und Bertelsmann Stiftung 177 o., 177 u. | **BRmedia Service GmbH,** München: © BR/Max Hofstetter; in Lizenz der BRmedia Service GmbH 178 u. | **Bundesministerium für Ernährung und Landwirtschaft (BMEL),** Bonn: 49 2.v.o. | **Deutsche Gesetzliche Unfallversicherung e. V. (DGUV),** Sankt Augustin: 49 2.v.u. | **Deutscher Verkehrssicherheitsrat e. V. (DVR)/www.dvr.de,** Bonn: 71.6 | **Disney Publishing Worldwide,** München: 11 re. | **Drei-W-Verlag GmbH,** Essen: 96 | **EHI Retail Institute GmbH,** Köln: Quelle: ifes Institut für Empirie & Statistik der FOM Hochschule für Ökonomie & Management, www.handelsdaten.de 56 o. | **Europäische Kommission,** Berlin: © Europäische Union, 1995–2018 49 3.v.u. | **European Union,** Brüssel: © European Union, 2017 49 3.v.o. | **Forest Stewardship Council (FSC) Deutschland,** Freiburg: 45 Mi. | **fotolia.com,** New York: 123 o.; bluedesign 196 o.; Daniel Ernst 74 o.; eccolo 180; Franjo 118; Marco2811 36 o.; Pixi 49 o.; Popov, Andrey 59; Rawpixel 176 u.; SyB 16 | **Getty Images,** München: 2009 Tom Stoddart 44 li. | **GoodWeave International,** Berlin: 45 u. | **Imago,** Berlin: IPON 114 o.; MITO 176.4; Photocase 176.1, 176.5; Westend61 176.2, 176.3 | **iStockphoto.com,** Calgary: 50 u.li.; AIMSTOCK 132 u.; anyaberkut 3, 9; Frizi 85 o.; gilaxia 73; lzf 4, 103; M-KOIZUMI 162 u.; MangoStar_Studio 3, 35; mihailomilovanovic 132 o.; Neustockimages 4, 8, 69; PeopleImages Titel; poplasen 133 u.; psphotograph 5, 171; Solovyova-Vincent, Alina 90 | **Kassing, Reinhild,** Kassel: 6 u.re. | **Kompetenzzentrum Technik-Diversity-Chancengleichheit e. V.,** Bielefeld: Boys'Day – Jungen-Zukunftstag, www.boys-day.de 205 u.; Girls'Day – Mädchen-Zukunftstag, www.girls-day.de 205 o. | **LBS Infodienst Recht & Steuern,** Berlin: Tomicek, Jürgen 151, 154 u. | **luna-park GmbH,** Köln: 43 | **OEKO-TEX® Service GmbH,** Zürich: 67 | **Picture-Alliance GmbH,** Frankfurt/M.: All Canada Photos/Maxim, Alex 64 o.; Anderson, Tomas 172 u.re.; Balk, Matthias 206; Baumgarten, Ulrich 78 re., 172 o.re.; Berg, Oliver 174 o.; Bombaert, Patrick 153; Burgi, Arno 109; chromorange 190 Mi.; dieKLEINERT.de/Möller, Christian 139; Dilly, Gabi 183 Mi.; dpa Info-Grafik GmbH 18; dpa-infografik 10, 41, 63 Mi., 119, 137, 144, 155 li., 155 re., 175 u., 181 o., 182 o., 182 u., 184, 185, 187 o., 187 u., 188, 189, 191 u.li., 191 u.re., 193 li., 193 re., 199 u.li.; dpa-infografik GmbH 38, 181 u.; dpa/Marks, Bodo 179 u.; Ebener, David 75 li.; Fischinger, Mareen 172 Mi.re.; Geisler-Fotopress/Zumbusch, Jennifer 75 re.; Gies, Ludwig/© VG Bild-Kunst, Bonn 2019 78 li.; Guhl, Martin 105 Mi.; Hase, Tobias 209; Heimken, Axel 152 o.; Hoppe, Sven 187 u.re.; Ingold, Daniel 173.1, 173.3, 183 o.; Kaegi, Bruno 173.4; Karmann, Daniel 194; KEYSTONE/GAETAN BALLY 196.6; Klose, Christin 173.9; Kneffel, Peter 123 3.v.o.; Koester, Reinhard 44 Mi.; Linke, Heinz 196.1; Mediacolors 179 o.li.; Michaudeau, Fabrice 208; MITO images 172 Mi.li.; Nietfeld, Kay 44 re.; Osterrieder, Michael 12; Pacek, Andreas 173.6; Paul, Stefanie 64 u.; Pindyurin, Vasily 173.8; Pleul, Patrick 172 u.li.; Popov, Andriy 179 o.re.; Schellnegger, Alessandra 196.2; Schmidt, Christoph 77.1; Scholl, Peter 173.2; Shotshop/marcus 175.2; Synnatzschke, Kniel 192; Umstätter, Uwe 172 o.li., 188 o., 196.11; Wavebreak Media LTD 174 u.; Westend61/Gustafsson 173.7; Westend61/Vorhofer, Christian 196.4; Wiegmann, Arnd 13.2; Woitas, Jan 42 o.; Wolf, Jens 106 o.li.; Yuhe, Geng 196.10; ZB/Woitas, Jan 190 o.; zerocreatives 173.5 | **plainpicture,** Hamburg: mia takahara 115 u. | **Pritscher, Jakob:** 77.2, 77.3, 77.4, 77.5 | **SCHUFA Holding AG,** Wiesbaden: 154 o. | **Shutterstock.com,** New York: Burmakin, Andrey 162 Mi.; Halfpoint 149; morrowlight 148 2.v.u.; Tashatuvango 116; timyee 152 u. | **Spangenberg, Frithjof,** Konstanz: 6 o.li., 6 o.re., 7 o.li., 7 o.re. | **Stiftung Warentest,** Berlin: 46 o., 46 u. | **stock.adobe.com,** Dublin: ADDICTIVE STOCK 196.3; aerogondo 157 o.; Africa Studio 158 o.; aliyev84 127 li.o.+u., 127 re.o.+u.; anetlanda 104; animaflora 148 u.; Anna Om 122 o., 122 u.li., 122 u.re.; Anton Gvozdikov 159 u.; anton vasilev 72; AR 162 o.; arsdigital 42 u.; ArtCookStudio 160 o.; artem_goncharov 97.4; asem arab 159 o.; askib 70; auremar 74 u.Mi.; beerfan 21; blende11.photo 146; bluedesign 82, 190 u.; Bokeh Art Photo 50 u.re.; checker 110 .5; cherstva 30 u.li.; Coloures-Pic 191 o.li.; contrastwerkstatt 74 u.li., 196.12; Dagmar Breu 110.2; Daisy Daisy 93, 106 u.; Dian Elvina 14, 170; Dionisvera 25 u.; Dmitry Vereshchagin 115 o.; dobri71 112; Dron 148 2.v.o.; DWP 97.1; ebenart 40 li.; eccolo 130; ehrenberg-bilder 202; Ekkehard Stein 30 o.li.; elxeneize 31 o.; Eppele, Klaus 94; Ernst, Daniel 145 o., 175.3; eugenesergeev 108; eyetronic 80 o.; F8studio 91 u.; familie-eisenlohr.de 25 o.; flairimages 156 o.; fotohansel 127 o.Mi.; FotoIdee 16; Gresei 13.6; Guler 83 u.re + li.; Halfpoint 27 li., 74 u.re.; Herrndorff 196.8; Herrndorff, Marco 56 u.; IEVGEN 124; industrieblick 110.3, 175.1; Innovated Captures 76; JackF 27 re.; Janina Dierks 107 re.; Jeanette Dietl 13.5; jk1991 196.7; Joerg Krumm 114 Mi.; Julie Clopper 36 u.; jura 126 o.; Jürgen Fälchle 14; Kadmy 175.4; katy_89 85 u.; KB3 113; Kzenon 133 o.; leremy 29 li., 29 re., 30, 31 u.re., 31 u.li., 134 o.; Lorelyn Medina 148 o.; Louis Renaud 24; lucadp 60; made_by_nana 98 Mi.; Maksym Yemelyanov 196.5; markus_marb 71.5, 71.7; Michael 160 u.; michelangeloop 91 o.; Monkey Business 117; mouse_md 123 u.; Nataliya Hora 13.4; NatureQualityPicture 13.1; nikolae 71.4; Olga 62 u.; pandavector 127 u.Mi.; photowahn 30 o.re.; Pict, Brad 62 o.; Picture-Factory 84; PictureP. 71.2; Piereck, Burkhard 158 u.; pikselstock 97.2; Pretorius, Belinda 97.3; racamani 183 u.; Race, Dan 131; Racle Fotodesign 204; Ramón Antiñolo 111 u.; rbkelle 40 re.; Robert Kneschke 196.9; S.H.exclusiv 20; S_E 40 Mi.; Sanders, Gina 123 2.v.o., 188 Mi.; Serikov 110.4; silverkblack 136 o.; Smokovski, Ljupco 54; starsstudio 111 o.; Steinbach, Manfred 126 u.li.; stockphoto-graf 71 .1; styleuneed 143 u.; Teteline 71.3; vchalup 140; vege 125 o.; Veniamin Kraskov 110.1; VRD 107 li.; vulkanismus 156 u.; Waldteufel 126 u.re.; webmetix.de 80 u.; Wellnhofer Designs 114 u.; windu 15; yeehaaa 52 o.; Yumemiru shijin 13.3; © kasto 36 Mi. | **Tonn, Dieter,** Bovenden-Lenglern: 6 u.li., 7 u.li. | **toonpool.com,** Berlin, Castrop-Rauxel: besscartoon 163 u.; HSB-Cartoon 58 | **TransFair e. V.,** Köln: 45 o. | **Verband der TÜV e. V.,** Berlin: 49 u. | **Verbraucherzentrale Bayern e. V.,** München: Gebauer/Verbraucherzentrale NRW e.V 47

Wir arbeiten sehr sorgfältig daran, für alle verwendeten Abbildungen die Rechteinhaberinnen und Rechteinhaber zu ermitteln. Sollte uns dies im Einzelfall nicht vollständig gelungen sein, werden berechtigte Ansprüche selbstverständlich im Rahmen der üblichen Vereinbarungen abgegolten.

Operatorenübersicht – Hinweise zum Bearbeiten der Aufgaben

Operatoren sind Verben, die in den Aufgabenstellungen verwendet werden. Hinter jedem Operator steckt ein konkreter Arbeitsauftrag, den es zu bearbeiten gilt, das heißt, der Operator sagt dir genau, was du bei einer bestimmten Aufgabe tun sollst.
Im Folgenden wollen wir dir die in diesem Band verwendeten Operatoren für das Fach Wirtschaft und Recht kurz vorstellen.

abgrenzen
Hier sollst du unterschiedliche Sachverhalte begründet voneinander trennen, also die Unterschiede zwischen zwei Inhalten (z. B. Leihen und Mieten) verdeutlichen.

ableiten
Du sollst bestimmte Verhaltensweisen begründen. Beispielsweise kannst du aus einer dir bekannten Situation oder aus einem Modell Rückschlüsse darauf ziehen, was in einer ähnlichen Situation passieren wird.

analysieren
Du untersuchst ein Material (z. B. ein Beispiel, einen Text oder eine Grafik) gezielt auf seine wichtigen Merkmale oder nach in der Aufgabe genannten Kriterien. Deine Ergebnisse stellst du strukturiert und ohne Bewertung dar. Für die Analyse von Grafiken kannst du die Methode auf S. 184 nutzen.
Bei Texten solltest du Belegstellen angeben (siehe Zeile XY) oder Zitate einbinden.

angeben
Du sollst knapp und genau etwas benennen.

aufstellen/erstellen
Informationen sollen von dir zu einem bestimmten Zweck zusammengestellt bzw. in eine bestimmte Form (z. B. Liste, Tabelle) gebracht werden.

auswählen
Unter mehreren Alternativen/Möglichkeiten wählst du etwas aus. Häufig wird von dir auch eine Begründung erwartet.

auswerten
Dies wird oft bei der Bearbeitung von Grafiken/Statistiken verlangt. Du sollst die Daten, Einzelergebnisse oder sonstigen Sachverhalte in einen Zusammenhang bringen und gegebenenfalls zu einer abschließenden Gesamtaussage zusammenführen.
Dabei solltest du zuerst einzeln die Aussagen erarbeiten, sie anschließend miteinander verknüpfen und am Ende ein Fazit ziehen.

begründen
Du sollst eine vorgegebene Aussage oder eine von dir selbst zu findende Lösung durch Argumente untermauern.

belegen
Hier ist etwas nachzuweisen oder zu beweisen. Während bei „begründen" der Schwerpunkt auf der Argumentation liegt, ist bei „belegen" das Anführen von Beweisen für eine Aussage/Lösung zentral.

berechnen/ermitteln
Entweder ist eine Rechenaufgabe zu lösen oder du sollst aus einem Material bestimmte, in der Aufgabe vorgegebene Aspekte herauslesen.

beschreiben
Die wichtigsten Informationen eines Textes oder einer Grafik sollen von dir herausgefiltert werden und ohne Bewertung in eigene Worte gefasst werden. Achte dabei auf eine nachvollziehbare logische Struktur deiner Aussagen, schreibe ganze Sätze und verwende die Fachsprache.

bestimmen
Du sollst etwas ermitteln, klären oder definieren. Es ist eine präzise und eher knappe Antwort gefragt.

beurteilen (kritisch)
Du stellst deine eigene Meinung zu einer Aussage oder einem Problemfall dar und begründest sie schlüssig mithilfe deines Fachwissens und in der Fachsprache. In der Regel sind in der Aufgabe Kriterien vorgegeben, auf die du dich beziehen sollst.
Es geht hier vor allem um eine sachliche Argumentation, die aber kritisch sein soll. Das heißt, du solltest verschiedene Positionen bedenken und dich begründet für eine entscheiden.

bewerten (kritisch)
Du gehst hier ähnlich vor wie bei „beurteilen", begründest also deine Meinung zu einer bestimmten Fragestellung.
Nun beziehst du dich aber auf vorgegebene Wertmaßstäbe (z. B. Gerechtigkeit).

charakterisieren
Wesentliche Merkmale und Besonderheiten einer Sache, Situation oder Person sollen von dir anschaulich und treffend herausgestellt werden.

darstellen
Du beschreibst einen Sachverhalt oder eine Entwicklung zusammenhängend und geordnet. Eventuell wird dir eine Form der Darstellung vorgegeben, z. B. ein Flussdiagramm. Verwende bei Texten ganze Sätze.

differenzieren
Ähnlich wie bei „abgrenzen" sollst du genau zwischen etwas unterscheiden.